Le Bac Anglais

POUR LES NULS

Jean-Bernard Piat

FIRST Editions

Pour Florent et Théodore

Le Bac Anglais pour les Nuls

ISBN 978-2-7540-2260-6
Dépôt légal : février 2011

Édition : Marie-Anne Jost-Kotik
Assistante d'édition : Charlène Guinoiseau
Mise en page : Stéphane Angot
Illustrations intérieures : Denis Truchi
Production : Emmanuelle Clément
Imprimé en France

Éditions First-Gründ
60, rue Mazarine
75006 Paris – France
Tél. : 01 45 49 60 00
Fax : 01 45 49 60 01
E-mail : firstinfo@efirst.com
Internet : www.editionsfirst.fr

Sommaire

Introduction

Assurément, vous avez bien fait d'acheter ce livre ! Il ne se prétend pas exhaustif, mais fait le tour de la « question » et répondra sans doute à (presque) toutes celles que vous vous posez sur l'épreuve du bac en anglais.

Malgré ce départ en fanfare claironnant, n'ayez crainte. Ce n'est pas parce que le livre est lourd et copieux que vous avez choisi un pavé que vous n'ouvrirez pas !

En fonction de votre niveau, de votre section et de… l'époque de l'année, vous pouvez en tirer profit sans avoir à l'assimiler *in extenso* !

Il suffit de suivre les recommandations que voici.

Des bienfaits du travail régulier…

Le conseil n'est pas original, avouons-le… Mais ne commencez pas à vous servir de ce livre quelques jours avant l'épreuve. Travailler régulièrement présente deux avantages majeurs : c'est moins fatigant et beaucoup plus efficace. Si vous voulez approfondir ce point, consultez le premier chapitre de la deuxième partie. Vous y trouverez quelques conseils sur la méthode à mettre en œuvre pour travailler de façon approfondie, ce qui diffère du simple « bachotage » à partir des textes étudiés en classe.

Voici, en tout cas, ce que vous trouverez dans cet ouvrage :

- **la description précise des différents exercices de l'épreuve écrite**, à savoir : les diverses questions de compréhension sur un texte inconnu, la nature de la « production personnelle » demandée, la traduction en français ;
- **le vocabulaire « technique »** indispensable pour bien comprendre ces questions et y répondre ;
- **des conseils de méthode pour la « production personnelle »** et les outils lexicaux pour vous y aider ;
- **des conseils pour l'oral et le vocabulaire indispensable** pour la préparation de texte ;
- **des conseils, trucs et astuces pour aborder la traduction** en français ;

- **un mémento grammatical** « de survie » ;
- **un corpus lexical** abordant le vocabulaire qui vous sera utile à coup sûr pour aborder les sujets les plus fréquents dans les textes du bac, vocabulaire parfois assorti d'une explication détaillée (bilingue) de telle ou telle notion ;
- **des éléments de civilisation**, qui vous serviront à éclairer ces sujets et à apprécier des textes inconnus pouvant traiter de la civilisation et de la culture anglo-saxonnes ;
- **des conseils pour vous organiser** et fournir un travail de fond tout au long de l'année ;
- **de nombreux exercices** pour vous entraîner et progresser ;
- **quelques petits « plus »** pour compléter le tout, abordés dans *La partie des Dix* chère à cette collection (présentation d'auteurs anglais et américains, introduction à quelques œuvres littéraires de premier plan, extraits de ces mêmes œuvres, fautes à éviter en… français, sites internet utiles).

Ne vous trompez pas de cible !

À la lecture de ce qui précède, vous avez compris que les compétences requises étaient fort diverses et qu'il allait falloir viser juste pour ne pas perdre de temps. En effet, il y a certainement mieux à faire que de se lancer inconsidérément dans des révisions tous azimuts, ambitieuses et totalement floues, même en début d'année. Passer à l'action, soit, mais en décidant de bien cibler les priorités. Par exemple, si votre niveau est un peu hasardeux, n'allez pas vous abonner à un périodique anglais ou américain pour l'année scolaire, vu que vous aurez à peine le temps de le feuilleter, encore moins de le lire !

Bon ! Prenez d'abord bien connaissance des épreuves dans la première partie de ce livre, afin de savoir quelles compétences particulières, quelles connaissances spécifiques sont à développer ou renforcer.

Cela est, certes, une affaire de choix personnel, en fonction de votre niveau et de votre section. Mais on peut tout de même proposer aux plus pressés et aux plus anxieux un « ordre de priorité ».

Travaillez successivement les rubriques suivantes de ce livre : 1) la grammaire de survie ; 2) la partie traitant des questions de compréhension ; 3) le vocabulaire du compte rendu et du commentaire (à calibrer selon votre niveau !) ; 4) le vocabulaire thématique indispensable ; 5) les éléments de civilisation.

Boileau l'a déjà dit !

« Hâtez-vous lentement, et sans perdre courage,
Vingt fois sur le métier remettez votre ouvrage... »
(Boileau, *Art poétique*, chant 1)

Voilà le genre de conseil que l'on ne supporte pas quand un prof vous le serine ! Boileau vous aidera-t-il, même s'il parle ici de création littéraire ?

Il faut consigner dans un carnet « fourre-tout » tout ce que vous apprenez et le réviser en permanence ! Il est indispensable de réactiver continuellement les connaissances acquises en les répétant par cœur chaque jour. Cinq minutes par jour sont plus utiles que deux heures le dimanche en fin de journée. Ce sont là des conseils bien traditionnels, valables de surcroît pour presque toutes les matières, mais particulièrement adaptés à l'étude d'une langue vivante. En effet, faute de pratique quotidienne, il est impossible d'acquérir les automatismes qui sont les rouages mêmes de la langue. S'il est une discipline qui ressemble à la pratique d'une langue, c'est la musique, car il faut pratiquer son instrument le plus régulièrement possible !

Comment est organisé ce livre ?

Voici le contenu des différentes parties de ce livre.

Première partie : Mode d'emploi des épreuves

Avant de vous atteler à travailler cette épreuve d'anglais, il est indispensable de connaître précisément ce qui vous est demandé. C'est dans cette première partie que vous trouverez :

- l'explication du « référentiel », c'est-à-dire du contenu des épreuves, à l'écrit comme à l'oral ;
- les coefficients selon les différentes sections ;
- la durée des épreuves ;
- le descriptif des « questions de compréhension » et la façon d'y répondre ;
- le descriptif de la « production personnelle » et la façon de l'aborder ;

- le descriptif de la « traduction en français » et la façon de la traiter ;
- le descriptif de l'oral d'anglais, des conseils pour la présentation des textes étudiés pendant l'année et de l'éventuel document inconnu (selon votre section), des conseils pour améliorer votre prononciation ;
- toutes sortes de conseils pour vous entraîner toute l'année afin de consolider votre niveau en profondeur ;
- la question de la lecture régulière, gage de réactivation permanente de vos connaissances ;
- des suggestions de lecture, ainsi que les pièges à éviter pour peu que vous ayez une boulimie de lecture dès le début de l'année ;
- des pistes pour renforcer votre qualité d'écoute et votre compréhension de l'anglais oral. Sans oublier la façon d'améliorer votre prononciation.

Deuxième partie : L'essentiel du cours

C'est probablement le plat de résistance de ce livre. Vous y trouverez les connaissances indispensables pour aborder le bac en anglais. À savoir :

- **La grammaire de survie**, assortie du sacro-saint tableau de conjugaison et de la non moins sacro-sainte liste des verbes irréguliers ; vous serez en effet principalement jugé sur la qualité grammaticale, notamment syntaxique, de votre anglais (dans la mesure, bien entendu, où vous ne répondez pas « à côté » des questions).
- **Le vocabulaire indispensable** pour cette épreuve, c'est-à-dire celui que vous avez le plus de chances de rencontrer selon les thèmes abordés en terminale, souvent des sujets en rapport avec la vie en société et certains grands problèmes contemporains.
- **Un vocabulaire plus spécialisé**, celui qui est consacré à la présentation de texte, au commentaire, à l'appréciation d'un texte littéraire, que l'on peut considérer comme un vocabulaire « technique » qu'il convient de maîtriser pour cette épreuve.
- **Le vocabulaire de la correspondance**, aussi bien générale que commerciale, puisque, pour la production personnelle, on peut vous demander de rédiger une lettre.

- **Le vocabulaire du dialogue**, car l'on peut vous demander de rédiger un texte d'imagination, sous forme de dialogue notamment, comme suite au texte de l'épreuve.
- **Les principaux « faux amis »**.
- **Enfin des éléments de civilisation sur le monde anglophone**, le Royaume-Uni et les États-Unis naturellement, mais aussi concernant l'Irlande, l'Australie, la Nouvelle-Zélande, l'Afrique du Sud, l'Inde, le Canada… Tout cela vous aidera à mieux situer le cadre d'un texte étudié en classe ou d'un texte inconnu, à pouvoir le commenter ou l'éclairer, bref tout simplement à mieux le comprendre. Certes les épreuves à l'écrit et à l'oral ne cherchent pas à « contrôler » des connaissances générales en soi. Mais ne jouons pas trop sur les mots ! Il est bien évident que si vous montrez une bonne connaissance d'un sujet en commentant le texte, cela ne pourra qu'impressionner favorablement l'examinateur ! Même si, répétons-le, on ne vous demande pas de resservir un plat tout prêt en récitant quelque article d'encyclopédie appris par cœur, un minimum de culture générale agrémentera votre prestation… surtout si votre niveau en anglais n'est pas mirobolant !

Troisième partie : Ressources

Cette partie contient de nombreux exercices (accompagnés de leurs corrigés) en rapport avec les différentes épreuves.

- **D'abord beaucoup d'exercices de compréhension – QCM, right or wrong ?, reformulation** … – sur des textes courts ou beaucoup plus longs, qui vous permettront de vous entraîner (parfois rapidement !) à ce type de question.
- **Ensuite une série de passages à traduire en français** pour vous entraîner à la version. Ces passages à traduire sont inclus dans cette section ou se trouvent dans la petite anthologie de textes d'auteurs anglais et américains de *La partie des Dix* (quatrième partie). La traduction des passages est bien entendu fournie, assortie de remarques pour vous aider à acquérir quelques principes de traduction, certaines pistes pouvant contribuer à améliorer vos capacités à traduire.
- **Puis des exercices de grammaire** reprenant les principaux points.
- **Enfin des exercices de thème concernant le vocabulaire thématique**. Cette dernière section vous fournira un corpus de petites phrases à répéter par cœur pour vous aider à mémoriser le vocabulaire. (Vous pouvez également faire les exercices à l'envers en traduisant en français le corrigé en anglais !)

Quatrième partie : La partie des Dix

Cette partie, traditionnelle dans la série du *Bac pour les Nuls*, recense, par dizaines, les « top ten » de diverses annexes culturelles ou pédagogiques : dix grands auteurs anglais, dix grands auteurs américains, dix fautes de... français, dix sites internet.

Les deux sections consacrées aux auteurs anglais et américains vous fourniront une petite anthologie de textes tirés d'œuvres célèbres. Cela est intéressant en soi naturellement, vous suggérant des idées de lecture, mais bon nombre de ces textes vous serviront par ailleurs pour des exercices de compréhension ou de traduction.

Les icônes utilisées dans ce livre

Respectant la tradition de la collection « Pour les Nuls », ces petites icônes vous accompagneront tout au long de la lecture de ce livre. Elles indiquent une pause ou plutôt un changement de rythme. Il est, du reste, bien agréable de voir une page compacte s'aérer soudain d'un encadré agrémenté d'un pictogramme accrocheur !

Cela dit, ne considérez pas ces encadrés comme des mignardises sans réelle importance. Au contraire, nombre de ces **Gros plans** ou de ces **Gare au piège !** traitent de sujets de cours de premier plan. En grammaire, par exemple, il n'est pas absurde de vouloir lire d'emblée tous les **Gare au piège !**

Cette icône veut attirer l'attention sur un point important ou remarquable en rapport avec le sujet traité. Cela permet souvent de mieux fixer le point étudié en l'illustrant. Cette rubrique peut offrir un aperçu concret ou complémentaire, braquer le projecteur sur un exemple particulièrement frappant ou courant.

Celle-ci signale tous les traquenards, embûches et autres chausse-trapes de la langue anglaise. Ce sont souvent sur ces points classiques que l'on vous « attend au tournant » ! Il va sans dire qu'il est indispensable de les connaître – parfois seulement pour montrer implicitement au correcteur ou à l'examinateur que vous avez sérieusement travaillé ces points délicats au cours de vos études et que, malgré vos lacunes par ailleurs, vous êtes un candidat sérieux. S'il ne suffit pas bien sûr de déjouer ces pièges pour avoir une bonne note, cela aide !

Annexe de la rubrique précédente, indique ces fautes typiques des Français qui traduisent mot à mot bon nombre d'expressions, ne se méfiant pas suffisamment. (Les plus facétieux d'entre vous connaissent sûrement le recueil de pseudo-expressions anglaises *Sky my husband!* de Jean-Loup Chiflet.) Avouons malgré tout qu'il n'est souvent pas facile de savoir a priori que, par exemple, « mourir de faim » peut se dire tout simplement en anglais *to die of hunger*...

Il s'agit de l'avis d'un prof en tant que correcteur et examinateur. À force d'interroger des candidats et de corriger des copies, les profs repèrent les différents écueils qui menacent le candidat. Les conseils du prof doivent vous aider ainsi à éviter ces écueils, à connaître quelques « trucs » pour travailler plus efficacement. À vrai dire, ces conseils, ce sont ceux que vous avez souvent du mal à supporter pendant l'année quand votre prof vous les donne de vive voix... Mais, vous verrez, ça va mieux quand on les lit !

C'est une pause détente tout en continuant à faire de l'anglais. Le point de vue d'un humoriste sur la question étudiée n'est jamais à négliger. Il vous aidera à mieux mémoriser, voire à envisager la question différemment.

Première partie

Mode d'emploi des épreuves

Dans cette partie...

- Le bac au peigne fin
- La compréhension du texte
- L'expression personnelle
- La traduction en français
- L'oral
- La préparation tout au long de l'année

Chapitre 1

Passez le bac… au peigne fin

Il est vraiment indispensable que vous analysiez de près le contenu des épreuves afin de ne pas avoir de mauvaise surprise le jour J…

Les épreuves écrites du bac en anglais

L'épreuve écrite (3 ou 2 heures selon les sections), basée sur un ou plusieurs textes inconnus (d'une soixantaine de lignes en tout), comporte deux parties, voire trois : 1) des questions de **compréhension** sur ce(s) texte(s), 2) une « **production personnelle** », 3) la **traduction** (éventuelle) d'un passage du texte (d'environ dix lignes) en Séries S, ES et L anglais première langue. L'usage de tout **dictionnaire** est **interdit**.

Entrons un peu plus dans le détail des sections

Anglais LV1

Série L

Durée de l'épreuve : 3 heures

Contenu de l'épreuve : compréhension, expression, traduction

Coefficient : 4

Série ES et S

Durée de l'épreuve : 3 heures

Contenu de l'épreuve : compréhension, expression, (éventuellement) traduction

Coefficient : 3

Séries STG, STD2S, STI, STL

Durée de l'épreuve : 2 heures

Contenu de l'épreuve : compréhension, expression

Coefficient : 2

Anglais LV2

Série L

Durée de l'épreuve : 3 heures

Contenu de l'épreuve : compréhension, expression, traduction

Coefficient : 4

Série S

Durée de l'épreuve : 2 heures

Contenu de l'épreuve : compréhension, expression

Coefficient : 2

Les épreuves orales du bac en anglais

L'épreuve orale obligatoire consiste à présenter, après 20 minutes de préparation, un texte choisi sur la liste de textes étudiés en classe pendant l'année. Cette présentation est suivie d'un entretien avec l'examinateur, le tout durant 20 minutes.

Pour l'épreuve orale de spécialité, ça se corse ! Elle consiste à présenter un texte choisi sur la liste + un texte inconnu ou un document iconographique qui vous est remis par l'examinateur 20 minutes avant que vous ne passiez l'épreuve qui dure également 20 minutes, après 20 minutes de préparation.

Entrons un peu plus dans le détail pour chaque section

Anglais LV1

Série L

Épreuve orale de spécialité

Liste de 20 textes, éventuellement extraits d'une œuvre étudiée en classe

20 minutes de préparation + 20 minutes d'épreuve

2 parties : un texte de la liste + un document inconnu

Coefficient : 4

Série ES

Épreuve orale de spécialité

Liste de 20 textes

20 minutes de préparation + 20 minutes d'épreuve

2 parties : un texte de la liste + un document inconnu

Coefficient : 2

Séries STG et ST2S

Epreuve orale obligatoire

10 minutes de préparation + 10 minutes d'épreuve

Coefficient : 3

L'épreuve consiste à commenter un document iconographique ou un texte très court (devise, proverbe…) fournis par l'examinateur, puis à tenir une brève conversation sur le thème abordé.
Le candidat a le choix entre les deux « déclencheurs » (document iconographique ou texte très court). Les dix minutes d'épreuve se divisent théoriquement en deux parties de 5 minutes chacune : le candidat présente et commente d'abord seul le document (« prise de parole en continu »), puis en discute avec l'examinateur en un second temps (« interaction »).

LV2

Série L

Épreuve orale de spécialité

20 minutes de préparation + 20 minutes d'épreuve

Coefficient : 4

Série ES

Épreuve orale obligatoire

20 minutes de préparation + 20 minutes d'épreuve

Coefficient : 3

Épreuve orale de spécialité de langue de complément

10 minutes supplémentaires

Coefficient : 2

Série STG

Epreuve orale obligatoire

10 minutes

Coefficient : 2

Chapitre 2

La compréhension du texte

Extrait du *BO* n° 23 du 7 juin 2001 :

« L'épreuve porte sur un ou plusieurs textes dont la longueur totale n'excède pas soixante lignes. (...)

Le ou les textes supports de l'appareil d'évaluation de l'écrit sont extraits d'œuvres littéraires (nouvelle, roman, pièce de théâtre, poème, essai, etc.) ou de la presse écrite (éditorial, analyse d'événements ou de faits de société, etc.)

L'évaluation de la compréhension de la langue écrite porte aussi bien sur le sens explicite du texte que sur sa signification profonde ou implicite. Elle porte également sur le fonctionnement du texte. »

Première lecture sans déconfiture : quelques trucs sûrs !

Avant même de lire la première ligne

- **Glissez tout de suite les yeux vers la date de publication du livre ou de l'article.** Cela vous renseignera (peut-être) sur les sujets ou problématiques qui peuvent être évoqués et ceux qui, au contraire, se trouvent exclus du fait de l'époque.
- **Connaissez-vous l'auteur et le livre ?** Même si vous n'avez lu aucun livre de cet auteur, avoir quelques lumières sur son œuvre peut se révéler fort utile. Par exemple, si vous avez droit à un extrait de *1984* de George Orwell, ou de *For Whom the Bell Tolls* d'Hemingway, il peut-être payant de connaître ces auteurs et de savoir de quoi parlent ces livres.

La lecture : méthode et conseils pour aborder un texte inconnu

- Tout d'abord, ne pas… se désespérer à la lecture du titre, qui peut très bien ne pas éclairer d'emblée sur le sens général du texte…
- Lire les questions de compréhension **avant** de lire le texte : elles donnent une première idée du texte et éclairent sur ce qu'il convient de repérer.
- Finalement, lire le texte ! Lire une première fois le texte rapidement, sans chercher forcément à comprendre chaque mot des premières phrases. Après cette lecture rapide, première approche du sujet, relire plusieurs fois le texte de plus en plus attentivement.

Un excellent moyen pour s'y retrouver dans le texte lors de la première lecture, c'est de se raccrocher aux « mots de liaison », balises introduisant des rapports logiques entre les idées du texte. En particulier, il y a deux articulations primordiales :

- le « coup d'accélérateur », c'est-à-dire la notion de conséquence introduite par des adverbes et expressions comme *so, consequently, as a result*….
- le « coup de frein », c'est-à-dire la notion de contraste et d'opposition introduite par des adverbes et locutions comme *however, yet, by contrast, on the contrary*….

Par exemple, l'idée d'un paragraphe débutant par *consequently* a des chances d'aller dans le sens du paragraphe précédent. A contrario, l'idée d'un paragraphe débutant par *however* va en quelque sorte s'opposer à celle du paragraphe précédent.

CONSEILS DU PROF

Il peut être très utile de **surligner les mots de liaison** dans le texte à la seconde lecture. Cela permet ensuite de retrouver d'un coup d'œil l'agencement des idées.

On peut aussi conseiller de **surligner** (d'une autre couleur) **le nom des différents personnages** dans le cas d'un texte de fiction.

Mais de quel texte s'agit-il ? Les différents types de textes

Très souvent, on vous demandera d'identifier et de préciser la nature du texte à étudier, notamment la nature du genre littéraire.

Un peu de vocabulaire s'impose aussitôt. Consultez la liste dans la deuxième partie.

Qui écrit ?

D'autre part, celui qui a écrit le texte ne doit pas sempiternellement être désigné sous le terme *author* ! Là encore, il faut utiliser le mot juste, selon le texte à étudier. De même, consultez la liste en deuxième partie.

La nationalité de l'auteur ?

Cela aussi, on peut vous le demander. L'auteur est-il anglais ou américain ?

En survolant le texte, vous pourrez sans doute découvrir si l'auteur est anglais ou américain grâce aux différences orthographiques entre Britanniques et Américains. Il faut donc en connaître les principales.

britannique	**américain**
favour	*favor*
centre	*center*
traveller	*traveler*
to criticise	*to criticize*

Ces quelques mots ne servent que d'exemples. Ce qui signifie que ces différences s'appliquent de manière générale aux mots en *-our/-or, -re/-er*, etc.

Il y a aussi de nombreuses différences lexicales – surtout dans le vocabulaire concret et dans la langue familière ou argotique –, qui vont permettre d'affiner votre recherche. En voici quelques-unes :

	britannique	**américain**
un appartement	*a flat*	*an apartment*
un ascenseur	*a lift*	*an elevator*
un film	*a film*	*a movie*
un billet de banque	*a banknote*	*a bill*
un camion	*a lorry*	*a truck*
un parking	*a car park*	*a parking lot*
une boîte de conserve	*a tin*	*a can*

	britannique	**américain**
une autoroute	*a motorway*	*a freeway*
l'essence	*petrol*	*gas*
l'automne	*autumn*	*fall*
un pantalon	*trousers*	*pants*
un type, un mec	*a bloke*	*a guy*
un avocat	*a barrister*	*a lawyer*

Quelles questions de compréhension ?

À quelles questions vous attendre ? À des questions en… anglais, auxquelles il faut répondre en anglais et qu'il est préférable de… bien comprendre. Les questions peuvent être réparties entre questions de « compréhension générale » et questions de « compréhension détaillée ».

Assimilez bien le vocabulaire et la formulation des consignes suivantes. Vous avez toutes les chances de les rencontrer. La plupart des mots sont évidents, d'autres moins…

On vous priera :

- **de préciser le lieu de l'action :**

  Where does the action take place? (Où l'action se déroule-t-elle ?)
- **d'en préciser le moment ou l'époque :**

  When does this scene take place? (Quand l'action se déroule-t-elle ?)
- **d'expliquer qui est tel ou tel personnage :**

  Who is John? (Qui est John ?)
- **d'expliquer telle ou telle attitude :**

  Explain the main character's attitude in your own words. (Expliquez l'attitude du personnage principal en vous exprimant de façon personnelle.)
- **d'imaginer ce que pense tel ou tel personnage :**

  What does the narrator fear? (Que craint le narrateur ?)

  How does the narrator expect his wife to react? (Comment le narrateur s'attend-il à voir réagir sa femme ?)
- **de vous pencher sur tel ou tel point et de répondre à des questions :**

  Focus on the main character's personality and say whether his reaction is in keeping with his personality. (Penchez-vous sur la personnalité du personnage principal et dites si sa réaction correspond à sa personnalité.)

What does this detail reveal about his personality? (Qu'est-ce que ce détail révèle sur sa personnalité ?)

- **de justifier votre réponse :**

  Justify your answer by quoting from the text. (Justifiez votre réponse en citant le texte.)

  Pick out two clues in the text. (Relevez deux indices dans le texte.)

  Pick out three words from the text illustrating this opinion. (Relevez trois mots dans le texte pour illustrer cette opinion.)

- **d'expliquer à quoi renvoie tel ou tel mot :**

  What do these words refer to? (À quoi ces mots font-ils allusion ?)

- **de répondre à un QCM :**

  True or false? Right or wrong? Tick the right answer. (Vrai ou faux ? Cochez la bonne réponse.)

  Choose the most suitable title for this part. (Choisissez le titre qui convient le mieux à cette partie.)

- **de remplacer des mots :**

  Use proper English to replace these colloquial words. (Utilisez un anglais correct pour remplacer ces mots familiers.)

- **de compléter un texte lacunaire (un texte « à trous ») :**

  Complete this summary with words from the text. (Complétez ce résumé en vous servant de mots du texte.)

- **de trouver des synonymes ou des équivalents :**

  In the text find the synomyms for these words and expressions. (Trouvez dans le texte les synonymes de ces mots et expressions.)

Il est évidemment indispensable de disposer d'un bon bagage lexical pour apprécier un texte littéraire et parler d'un article de journal ou de magazine. C'est un vocabulaire technique comme un autre, que l'on peut considérer comme « faisant partie du programme du bac ». Reportez-vous à la deuxième partie ***L'essentiel du cours***.

Astuce pour répondre aux questions de compréhension

CONSEILS DU PROF

Comme vous l'avez constaté à la lecture des questions les plus fréquentes (voir ci-dessus), ces dernières contiennent un certain nombre d'expressions. Il n'est certes pas interdit de s'en resservir pour introduire votre réponse. En ce cas, veillez bien à réutiliser l'expression en en respectant scrupuleusement la construction !

Mais avouons que cela fait bien meilleur effet de se servir d'équivalences montrant que vous disposez d'un riche vocabulaire. Il sera très payant de disposer d'une petite collection d'expressions analogues permettant de ne pas répéter les mêmes mots. Ajoutons que ces expressions seront également bien commodes pour l'épreuve orale afin de pouvoir rendre compte du texte. Consultez la deuxième partie.

Chapitre 3

L'expression personnelle

Continuons la lecture du *BO*.

Extrait du *BO* n° 23 du 7 juin 2001 : « L'expression personnelle est liée ou non au(x) texte(s) de support de la compréhension de l'écrit. Le candidat doit faire la preuve qu'il est capable de défendre un point de vue, d'exprimer son jugement, de commenter un fait de civilisation, etc. Il est tenu compte de la correction et de la richesse de la langue pour évaluer les compétences linguistiques des candidats. »

Quels types de sujets ?

L'épreuve est, là encore, à géométrie variable. Selon les cas, vous aurez droit à :

- des questions sur le texte faisant appel à votre opinion personnelle,
- la rédaction d'une suite au texte de l'épreuve,
- la rédaction d'un dialogue en rapport avec le texte,
- la rédaction d'une lettre,
- un sujet d'imagination pure,
- un essai.

Vous aurez le choix entre plusieurs sujets.

Adaptez votre style

Selon le type de production personnelle choisi, il conviendra d'utiliser le style d'écriture idoine. On se doute bien, par exemple, que le style d'écriture d'un essai sera didactique et rhétorique. Il faudra donc parfaitement maîtriser le vocabulaire argumentatif, les divers mots de liaison, l'articulation du discours. En revanche, un dialogue, une narration ou même une lettre réclameront un anglais moins formaliste, voire très courant et familier.

D'autre part on n'utilisera pas de contractions dans un essai, alors qu'elles seront les bienvenues dans un dialogue.

Faites le plan !

Il n'a pas forcément besoin d'être « en trois parties », spécialité française ! Mais il est indispensable. Vos idées, vos réflexions, vos remarques doivent être présentées de façon organisée. C'est indispensable pour la clarté du raisonnement. Pourquoi du reste ne pas utiliser d'intertitres pour chapeauter les différentes parties de votre production ? Et n'oubliez pas de faire une introduction et une conclusion.

Servez-vous bien entendu des mots de liaison (dont la liste se trouve en troisième partie). Il faut que vos idées s'enchaînent de manière logique.

Une idée par paragraphe : aérez !

C'est un bon principe, que vous n'êtes pas nécessairement tenu de suivre à la lettre. Cela dit, il est certain qu'un essai, une lettre, une narration doivent être présentés de façon aérée, et qu'une page compacte à l'écriture serrée a toutes les chances d'être indigeste !

Des exemples !

Dans le cas d'un essai, le contenu de votre texte sera bien entendu… personnel. N'oubliez pas néanmoins d'utiliser des exemples tirés de lectures, de la vie ou de l'expérience de gens que vous connaissez (parents, amis, etc.). Vous pouvez également illustrer votre propos à partir d'exemples tirés de la presse, de films, de lectures diverses…

Savoir-faire épistolaire

Si vous devez rédiger une lettre personnelle, bien entendu le corps de la lettre s'apparentera à un récit ou à une argumentation. Cela ne nécessite donc pas de vocabulaire spécifique. Il n'en va pas de même pour la présentation de la lettre, les formules d'attaque ou de politesse. Cela sera encore plus vrai si vous devez rédiger une lettre commerciale. Vous trouverez, une fois encore, cet appareil lexical et ces indications dans la troisième partie.

D'autre part, il faut ici encore souligner que vous devez adapter le « niveau de langue » au type de lettre que vous avez à rédiger. Méfiez-vous par exemple de l'abus des contractions dans une lettre « officielle », administrative, commerciale, etc.

L'art du dialogue

On vous demande souvent d'inventer une conversation entre les personnages du texte proposé, par exemple d'imaginer une suite à une situation donnée. C'est dire que vous avez tout intérêt à connaître et utiliser un anglais courant, qui soit naturel sans forcément être incorrect.

L'emploi des contractions sera le bienvenu dans ce dialogue, puisque ces fameuses contractions - tout à fait correctes grammaticalement, rappelons-le - sont très utilisées dans la conversation.

Cela dit, il y en a trois, appréciées des Français écoutant des *pop songs* anglo-saxonnes, qu'il est déconseillé d'utiliser. Ce sont :

gonna = going to

wanna = want to

gotta = got to

I'm gonna give him a piece of my mind. – J'vais lui dire c'que j'pense.

I don't wanna go. – J'veux pas y aller.

Gotta beat it. – Faut qu'j'me casse.

Vous constatez, à la lecture de ces exemples un brin caricaturaux, que l'on a essayé de rendre les incorrections des phrases anglaises. Il ne faut donc utiliser ces contractions incorrectes que si l'on désire expressément (comme un véritable écrivain !) souligner que le personnage se sert d'une langue incorrecte.

On trouvera dans la deuxième partie quelques expressions familières employées couramment dans la conversation..

Allez bien sûr à la ligne chaque fois que vous rapportez les propos d'un personnage différent.

Vous pouvez naturellement conclure les échanges par « …, *he (she) said* » (dit-il, dit-elle). Mais on peut quand même varier un peu : *he remarked* (fit-il observer)/*he asked* (demanda-t-il)/*he wondered* (se demanda-t-il)/*he retorted* (rétorqua-t-il)/*he exclaimed* (s'exclama-t-il)/*he cried* (s'écria-t-il)/*he shouted* (cria-t-il)/*he sighed* (soupira-t-il)/etc.

Essayez de rester dans le ton du texte qui vous est proposé. Observez donc bien le « niveau de langue » (*bis*) du passage, le milieu social des personnages, pour qu'il n'y ait pas de disparité entre ceux-ci et le ton que vous allez donner à « votre » dialogue. Par exemple, un mot d'argot n'est pas à exclure *a priori*, mais il faudra l'utiliser à bon escient, en sachant pourquoi on le met dans la bouche de tel ou tel personnage.

Chapitre 4

La traduction en français

Voici un autre extrait du BO : le passage retenu pour la traduction n'excède pas dix lignes (ligne s'entend au sens de 70 signes y compris les blancs et la ponctuation). Cette partie de l'épreuve a pour but de permettre au candidat de montrer qu'il est apte à traduire en étant fidèle au sens et en respectant le niveau de langue ».

Mise en garde et conseils

Contrairement à l'idée reçue, traduire en français n'est aucunement facile. Écrire en français correct, clair et, *a fortiori*, élégant n'est absolument pas naturel. C'est le fruit d'un apprentissage. Autrement dit, énonçons une lapalissade : écrire n'est pas parler.

En conséquence, il faut :

- **Enrichir son vocabulaire et se forcer à utiliser de nouveaux mots et expressions dans sa langue maternelle.** D'où l'importance de la lecture régulière en français de romans et de la presse. Le conseil est classique mais on ne peut plus vrai aujourd'hui : plus vous lisez, plus vous mettez de chances de votre côté. Pour cette épreuve, mais également pour beaucoup… d'autres matières - français naturellement, mais aussi histoire, géographie, SVT, économie, maths (raisonnement et démonstration !)… Bref, être bon en expression française est la clé de voûte de la réussite dans bon nombre d'autres matières…
- **S'entraîner pour cela à trouver des synonymes, analogies et autres équivalences, en français.** Un dictionnaire des synonymes peut être d'un grand secours. Ne répétez pas : « Oh, mais je ne dis jamais ça », non, bien au contraire forcez-vous à utiliser des mots plus précis, moins banals, plus « riches » dans votre français quotidien.
- **Se méfier tout particulièrement des anglicismes** et du franglais, dont l'utilisation est souvent ridicule, inutile, ou snob.

- **Avoir à cœur d'écrire le français le plus correct possible.** On ne saurait trop recommander un type d'ouvrage souvent passé sous silence par les professeurs de français, à savoir un dictionnaire des difficultés de la langue française. Ce genre d'ouvrage rendra beaucoup plus de services qu'une grammaire classique !
- **Faire également attention aux répétitions, auxquelles nous sommes allergiques en français,** alors que - toute proportion gardée - les anglophones s'en accommodent plus aisément. Une fois encore, avoir en tête toute une série de synonymes, d'équivalences ou d'analogies est un moyen rapide et fiable d'éviter ces répétitions. On peut même légitimement utiliser un mot de sens voisin pour éviter cet écueil. Par exemple, l'anglais n'hésitant pas devant l'utilisation généreuse de *but*, retrouver un texte français truffé de « mais », « mais », « mais » est assez agaçant pour le correcteur. Utilisez en revanche la gamme d'adverbes comme « pourtant », « cependant », « toutefois », « néanmoins », « malgré tout », « cela dit » (pas « ceci dit », considéré comme fautif), sans aller peut-être jusqu'à « nonobstant » !
- **Connaître et apprendre à utiliser les divers procédés de traduction** évoqués plus loin.

Méthode pour réussir une bonne « version »

Repérer la structure du texte

Un moyen logique et simple pour « s'y retrouver » dans le passage à traduire est de s'appuyer sur les repères que sont les mots de liaison. Ainsi, un mot inconnu dans un paragraphe commençant par *however* (cependant) peut très bien avoir un sens opposé à celui du mot directeur du paragraphe précédent !

Au sein de la phrase elle-même, on pourra éventuellement deviner le sens de mots inconnus dans la mesure où l'on analyse impeccablement la structure de la phrase, et que l'on en comprend la syntaxe.

Il convient notamment de bien saisir l'articulation de la proposition principale et des subordonnées (dans le cas de phrases complexes).

Prenons l'exemple simple de la phrase suivante : *"Technology can greatly reduce the second category of incidents by ensuring calls are answered promptly."* On ne saisira rien à cette phrase si l'on ne s'avise pas que le *that* de *to ensure that*... (« s'assurer que... ») est omis… La phrase signifie donc : « La technologie peut réduire grandement les incidents de la seconde catégorie en faisant en sorte qu'il soit répondu promptement aux appels. » (Voir ci-dessous le commentaire sur cette traduction.)

Relire, relire, relire…

Il convient de relire le texte traduit et d'essayer de… l'améliorer. Écrire, ou traduire, c'est relire sans cesse ce que l'on vient de produire. Il ne faut absolument pas se contenter du premier jet… Ainsi, dans le cas de la phrase ci-dessus, on peut, une fois celle-ci comprise, la reprendre et parvenir à une meilleure traduction : « La technologie peut considérablement réduire les incidents du second type en assurant une réponse rapide aux appels. »

Procédés et astuces de traduction

Il faut acquérir la souplesse mentale du passage d'une langue à l'autre, en s'avisant que l'anglais et le français n'expriment pas les choses de la même façon, que les points de vue sont (souvent radicalement) différents. On peut même affirmer que la traduction de l'anglais vers le français (et vice versa) est particulièrement malaisée. Il est certainement d'autres langues étrangères qui « viennent » mieux en français.

De fait, il existe un certain nombre de procédés classiques de transposition de l'anglais au français. La plupart du temps, il ne convient donc pas de traduire « mot-à-mot », quoiqu'il faille rester « fidèle » au texte. Rappelez-vous l'adage des Italiens, appelant à la méfiance : *Traduttore, traditore*… L'important est de rendre toutes les idées d'une phrase (nuances comprises), sans forcément utiliser les mêmes mots, les mêmes tournures, l'ordre des mots de la langue source, etc.

Principaux procédés

Le « mot-à-mot »

Avant de passer en revue ces procédés, observons qu'on peut tout de même assez souvent se contenter du… « mot-à-mot ».

The book was on the table. – Le livre était sur la table.

La transposition (= changement de catégorie grammaticale)

Tapping this new market was particularly difficult. – La pénétration de ce nouveau marché fut particulièrement difficile.

After they had left… – Après leur départ…

We are to see them on Friday. – Nous avons rendez-vous avec eux vendredi.

She nearly fainted. – Elle faillit s'évanouir.

In the late 19th century : À la fin du XIXe siècle

He was awarded the first prize. – Il s'est vu décerner le premier prix.

The lady in the green dress... : La dame portant une robe verte...

Le « chassé-croisé »

He ran out. – Il sortit en courant.

He staggered to the door. – Il se dirigea vers la porte en titubant.

I cycle to work every day. – Tous les jours je vais au travail à vélo.

He stole into the house. – Il entra furtivement dans la maison.

They ran across the garden. – Ils traversèrent le jardin en courant.

L'équivalence (= « expression toute faite » dans chaque langue)

Looking forward to hearing from you. – Dans l'attente de votre réponse.

It was raining cats and dogs. – Il tombait des cordes.

No trespassing. – Propriété privée.

Staff only. – Réservé au personnel.

No smoking. – Interdiction de fumer.

L'étoffement

An answer from our supplier. – Une réponse émanant de notre fournisseur.

We are planning to fly to Madrid. – Nous avons l'intention de nous rendre à Madrid en avion.

He looked around. – Il regarda autour de lui.

Passez à l'analogique !

Il faut savoir se servir en français de toute une gamme d'analogies, de synonymes ou de quasi-synonymes pour enrichir ou varier les traductions, et ne pas se contenter d'une traduction unique pour tel ou tel mot dans tous les cas. On peut faire un balayage radar mental afin d'essayer de trouver autre chose que le mot qui vient tout de suite à l'esprit. Cela peut parfois conduire à « surtraduire », mais ce n'est pas bien grave, si la « surtraduction » semble bienvenue. Voici deux ou trois exemples :

to realize : se rendre compte de, s'aviser de, prendre conscience de, comprendre, saisir la portée de.

…., *he asked.* – …, demanda-t-il/…, s'enquit-il/ …, interrogea-t-il/ …, questionna-t-il.

moreover : de plus, en outre, qui plus est, de surcroît.

Vous vous constituerez facilement des listes d'équivalences pour les mots les plus fréquents.

Vérifiez les niveaux !

Le « niveau de langue » : voilà un autre paramètre, qui ira peut-être de soi pour certains, mais qui, en tout cas, ne doit vraiment pas être négligé. Selon le type de texte, le contexte, l'époque où l'action se déroule, la date de publication de l'œuvre, le ton, le style de l'écrivain, le niveau social des personnages, etc., il convient impérativement d'adapter le registre de langue. Faites donc bien la distinction (en français, mais aussi en anglais) entre les styles courant, familier, argotique, vulgaire, précieux, pédant, soutenu, désuet, archaïque, etc. Méfiez-vous tout particulièrement des mots trop familiers en français ou des anglicismes, dont l'utilisation est déplacée dans tel ou tel passage. Par exemple ; ne traduisez pas forcément *He found a job* par : « Il trouva un job [ou] un boulot. » Si le ton du passage est neutre, il faut évidemment se contenter de : « Il trouva un emploi. »

D'après les critères évoqués ci-dessus, même une expression aussi simple que *I don't know* peut être rendue de plusieurs façons : « Je ne sais pas », « Je n'en sais rien », « Qu'en sais-je ? », « J'sais pas » (si le personnage commet par ailleurs des fautes en anglais), etc.

N.B.

- Pour vous entraîner et vous rendre compte de la façon dont tous ces principes peuvent être appliqués au quotidien, faites les exercices d'entraînement à la traduction de la troisième partie. Les passages traduits sont assortis de remarques et de conseils montrant comment procéder de manière concrète.
- Consultez également dans *La partie des Dix*, les dix fautes de français à éviter.

Chapitre 5

L'oral d'anglais

La sacro-sainte « liste » et le « document inconnu »

Rappelons qu'il s'agit de présenter un article étudié en classe pendant l'année et faisant partie d'une liste (signée par le professeur et portant le cachet de l'établissement) d'une vingtaine de textes, voire d'une quinzaine de textes environ. Pour l'épreuve de spécialité, l'examinateur vous donnera également un texte inconnu à présenter et commenter. L'épreuve dure 20 minutes. La répartition du temps entre présentation et commentaire peut varier, selon le texte, le niveau du candidat, etc. Mais la répartition suivante est la plus fréquente : 5 minutes pour le résumé, 15 minutes pour le commentaire et l'entretien. Si votre oral comporte un second document à commenter (document iconographique ou texte inconnu), les 10 premières minutes sont consacrées au premier document, les 10 suivantes au second document.

Soyez multicarte !

La note attribuée par l'examinateur dépend bien entendu de plusieurs critères :

- de la connaissance précise des textes préparés pendant l'année, et éventuellement de l'auteur ;
- de l'aisance à s'exprimer dans un anglais correct ;
- de l'aptitude à comprendre les questions de l'examinateur et à y répondre.

CONSEILS DU PROF

Il ressort des remarques précédentes que **vous ne devez en aucun cas réciter par cœur ou lire de compte rendu tout fait**. Vous devez être prêt à répondre aux sollicitations de l'examinateur, qui pourra très bien vous interrompre pour vous demander de préciser le sens de tel ou tel mot, de telle ou telle notion. De toute façon, il n'est pas non plus question que vous rédigiez – en 20 minutes cela tiendrait de la gageure – un compte rendu + un commentaire *in extenso*. Ce que l'on peut conseiller en revanche, c'est une solution hybride : 1) dégager le plan du texte, noter quelques mots clés qui seront autant de garde-fous pendant votre prestation et à partir desquels vous devez pouvoir développer en improvisant plus ou moins ; 2) rédiger en entier quelques phrases choisies que vous aurez apprises par cœur, mais que vous ferez semblant de ne pas réciter !

Il vous sera très utile, au cours de l'année, de vous entraîner à vous faire, à haute voix, des comptes rendus des textes étudiés en classe. Il ne faudra pas vous contenter des notes griffonnées à la va-vite pendant les cours. Dans la plupart des cas - sauf si votre professeur vous a obligeamment fourni des comptes rendus et commentaires « prêts à l'emploi » – vous devrez reprendre vos notes et vous constituer des fiches sur chacun des textes étudiés en classe. Servez-vous pour cela de ces notes, mais aussi de tous les éléments qui pourront les enrichir.

Il faudra de surcroît vous entraîner à lire chez vous à haute voix les textes de votre liste. Pour corriger votre prononciation, il est indispensable que vous connaissiez la **phonétique**. C'est – qu'on se le dise ! – le moyen le plus scientifique, le plus sûr, le plus efficace, le plus complet, le plus commode et le plus... économique pour obtenir une prononciation authentique. Il faut impérativement vous en convaincre. Dernière remarque : la phonétique est d'une simplicité enfantine ! Le problème, c'est la prononciation de l'anglais, pas la phonétique ! Vous trouverez dans la partie suivante la table des symboles phonétiques, son mode d'emploi et des conseils de prononciation.

Citons toujours le *BO* : « Conduite dans un esprit d'évaluation positive, l'épreuve se déroule dans un climat de bienveillance. Dans son appréciation, l'examinateur prend en compte la série et l'horaire d'enseignement. Il module ses exigences selon le rang de la langue et veille à ce qu'il y ait cohérence entre son mode d'évaluation et l'enseignement suivi par le candidat. Lorsque le candidat est interrogé sur un texte, il peut lui être demandé de lire un passage de celui-ci. Si l'examinateur le juge nécessaire, une traduction de plusieurs lignes peut être également demandée.

Lorsque le candidat est interrogé sur une œuvre (roman complet, larges extraits de roman, nouvelles, pièce de théâtre, etc.), il s'agit pour lui d'en présenter d'abord le contenu : action, personnages, lieu, époque, thèmes principaux, etc., puis de donner un avis personnel sur l'œuvre. En aucun cas le candidat ne doit réciter une présentation, un résumé ou une analyse appris par cœur. L'examinateur veille à obtenir des précisions ou des développements sur un personnage, sur une situation, sur l'évolution de l'intrigue ou sur les thèmes principaux, mais il s'interdit de demander le commentaire d'un extrait ou de poser des questions sur la vie de l'auteur ou sur l'histoire littéraire. »

Le *BO* met l'accent sur deux points essentiels : **ne pas réciter de préparation par cœur** (comme il a déjà été souligné) et être prêt à **donner un avis personnel**. Cela implique d'avoir pris le temps de lire l'œuvre à loisir et d'avoir réfléchi à la façon de formuler ses réactions personnelles. Cela dit, rien ne vous empêche d'apprendre plus ou moins par cœur une présentation, que vous pouvez émailler de commentaires personnels, mais que vous éviterez de « réciter » !

L'articulation du discours

L'articulation du discours, c'est la façon dont on va présenter les différentes parties du texte ou simplement ménager le passage d'une idée du texte à l'autre. Pour maîtriser l'enchaînement de ces idées, il faut connaître les mots du discours qui servent notamment à classer les idées, voire les hiérarchiser, marquer des réserves, souligner des contrastes, introduire des conséquences. Vous trouverez tout le vocabulaire indispensable pour ce faire dans la troisième partie.

Grain de sel !

Après que vous aurez présenté l'article ou le texte de fiction, l'examinateur va bien entendu vous poser des questions et vous demander votre avis sur tel ou tel point. Le vocabulaire indispensable se trouve aussi dans la troisième partie. Mais il ne suffit pas de disposer du vocabulaire adapté. Il faudra, répétons-le, avoir réfléchi à la problématique du sujet et essayer de trouver des arguments pour étayer votre point de vue. Il serait donc préférable de ne pas attendre le jour de l'examen pour s'intéresser à la question.

Comment rendre compte d'un document iconographique

Là encore, un peu de méthode s'impose. Quelques principes de présentation s'avèrent bien commodes.

- **Il faut tout d'abord définir la nature du document proposé.** Certains mots vous seront ici indispensables (voir en troisième partie).

- **Il faut ensuite, si l'on peut, donner des indications sur la provenance du document,** préciser par exemple dans quel journal ou magazine il a été publié, quand, où.
- **Puis il faut essayer de décrire ce que l'on voit** et de définir brièvement le sujet du document. On évoquera éventuellement le contexte culturel, historique, sociologique du document.
- **En même temps que le sujet du document, il faut tenter de discerner quelle est la *fonction* qu'il remplit.** A-t-il pour fonction d'informer, de caricaturer, de choquer, de faire réagir, d'apitoyer, etc.
- **Pour décrire le document, il est toujours utile de se poser les questions traditionnelles :** qui voit-on ? que voit-on ? que font les personnages ?
- **Vous pourrez alors passer au commentaire du document.** Vous aurez peut-être à caractériser les sentiments, attitudes, réactions de tel ou tel personnage représenté.

Chapitre 6

Conseils à appliquer toute l'année

Un travail au long cours

Il ne faut évidemment pas préparer l'épreuve d'anglais (ni les autres matières, du reste !) quelques semaines avant le jour J. Cela vous amènerait à travailler trop, trop vite, et mal… Le conseil n'est de toute façon pas si contraignant. Il est beaucoup plus reposant, moins « stressant » et plus intéressant d'améliorer intelligemment et posément son niveau d'anglais tout au long de l'année.

Comment faire ?

Tout d'abord, rentabilisez votre investissement en étudiant ce livre à tête reposée. Mais l'étudier ne veut pas dire simplement le lire. Voici la recette :

- **Achetez un carnet à spirale** de format moyen.
- **Notez au fur et à mesure tout ce que vous apprenez en vocabulaire et en grammaire** sur ce carnet en disposant sur la page de gauche la phrase anglaise et sa traduction sur la page de droite.
- **Révisez ce que vous aurez appris en sollicitant votre mémoire** par la traduction française et en répétant par cœur la phrase anglaise.
- **Répétez par cœur 15 phrases chaque jour**, et ce en boucle durant toute l'année.

CONSEILS DU PROF

Ne méprisez pas le travail de mémorisation bébête ! Il est, au contraire, très payant. Il faut absolument que vous favorisiez les automatismes de la conversation, que les règles de grammaire, les mots de vocabulaire, les expressions deviennent des réflexes langagiers. Considérez ces exercices de répétition comme de simples exercices d'assouplissement de la mémoire.

Lecture régulière !

Par ailleurs, si vous ne l'avez pas déjà prise, il faut contracter l'habitude de lire régulièrement en anglais. C'est de fait l'un des moyens les plus simples et pratiques pour que l'anglais devienne une langue naturelle pour vous. La chose paraît évidente. Il n'est vraiment pas raisonnable de lire des articles anglais ou des extraits d'œuvres littéraires anglaises exclusivement en cours et à l'examen… Enfonçons une porte ouverte : pour vous entraîner à découvrir un texte inconnu au bac, vous devez vous entraîner à lire en anglais quasiment tous les jours !

Que lire ?

Journaux et magazines

Tout d'abord un conseil inattendu !

Ne lisez pas de journaux ni de magazines anglais et américains !!! Du moins, pas en priorité. Ces journaux et magazines utilisent un anglais journalistique, souvent spécialisé, beaucoup trop difficile. Par exemple, n'attaquez pas la rentrée de septembre, animé d'ambitieuses velléités, en vous abonnant à *Newsweek* ou *Time* ! Malgré tout l'intérêt de ces magazines, on peut douter de l'utilité bien réelle de cet investissement.

Il est certainement préférable de lire des magazines en anglais mais s'adressant à … des Français. Deux publications sont particulièrement intéressantes.

- ***Today in English* (Bayard Presse), qui comporte des articles originaux en anglais, rédigés par des journalistes anglophones, et traitant de sujets très divers,** tels que politique, économie, modes de vie, musique, cinéma, sport, tourisme… S'y ajoutent des extraits de journaux et magazines anglais ou américains sélectionnés pour pouvoir intéresser un public français et pour leur abord relativement facile. À bien noter : la plupart des mots sont **traduits en français**, ce qui évite d'avoir à les chercher dans le dictionnaire. Ce magazine est en outre assorti de dossiers sur des œuvres littéraires (*Books of the month*), de nombreuses fiches de vocabulaire, de tests, de conseils pratiques en tout genre, d'adresses… L'anglais utilisé est l'anglais contemporain le plus courant, volontiers riche mais évitant les mots trop rares.

- ***Vocable*, composé d'articles de la presse anglaise et américaine.** Ce ne sont donc pas des articles écrits pour des Français. Mais alors *quid* du conseil énoncé plus haut ? Quelle est la différence avec d'authentiques magazines et journaux anglais ? Eh bien, là encore, la plupart des mots sont traduits en français dans des encadrés. De plus, on trouve dans *Vocable* des extraits de divers journaux et magazines, ce qui offre une pluralité de styles journalistiques et de points de vue. Enfin, les articles ont été sélectionnés pour un public français et ont donc plus de chances de vous intéresser ! Cela dit, *Vocable* s'adresse à des lecteurs ayant un solide niveau d'anglais.

Second conseil inattendu !

Si vous avez à plancher sur un document inconnu (texte, document iconographique ou sonore), il a de fortes chances d'être en rapport avec l'actualité du moment. L'idéal est évidemment de lire, comme il vient d'être dit, la presse anglo-saxonne. Mais si votre niveau d'anglais ne vous permet pas de le faire régulièrement et efficacement, vous avez tout intérêt à vous tenir informé des sujets de société du moment en lisant des journaux et magazines français. Vous pensez bien que si vous « tombez sur » un texte que vous comprenez mal mais qui traite d'un sujet sur lequel vous avez tout appris un mois plus tôt, la donne ne sera plus la même... Vous rattraperez votre niveau d'anglais par des connaissances qui peuvent bluffer le correcteur ! (N'en négligez pas pour autant de tenter d'améliorer votre niveau...)

Littérature

Une fois encore, rien ne vous empêche de vous lancer dans la lecture d'un pavé de 400 pages... Mais honnêtement, pour débuter, cela n'est guère à conseiller. Bien sûr, tout dépend des goûts de chacun. Voici néanmoins quelques suggestions qui peuvent vous guider. En outre, privilégiez les collections pédagogiques des éditeurs français, qui proposent beaucoup de nouvelles avec notes et commentaires, ou carrément en version bilingue.

Voici une liste d'auteurs et d'œuvres sélectionnés pour leur (toute) relative « facilité » de lecture et non exclusivement pour leur valeur littéraire intrinsèque, car sinon une multitude d'autres œuvres et auteurs seraient mentionnés !

- Jane **Austen** : *Pride and Prejudice*
- Ray **Bradbury** : *Short Stories*
- Charlotte **Brontë** : *Jane Eyre*
- Arthur **Conan Doyle** : *The Adventures of Sherlock Holmes*
- Joseph **Conrad** : *Heart of Darkness, Typhoon*

- Roald **Dahl** : *Short Stories*
- Graham **Greene** : *The Power and the Glory, The Third Man, Short Stories*
- Ernest **Hemingway** : des nouvelles (*The Snows of Kilimandjaro*), des romans tels que *The Old Man and the Sea, For whom the Bell Tolls*
- Aldous **Huxley** : *Brave New World*
- Henry **James** : *The Turn of the Screw, Daisy Miller*
- Jerome K. **Jerome** : *Three Men in a Boat*
- David **Lodge** : *Small World*
- Katherine **Mansfield** : recueil de nouvelles, comme *The Garden Party*
- Somerset **Maugham** : nouvelles, roman *The Moon and Sixpence*
- George **Orwell** : *Animal Farm, 1984, Down and out in Paris*
- Harold **Pinter** : ses pièces de théâtre, comme *The Caretaker, Betrayal*, etc.
- G.-B. **Shaw** : des pièces comme *Pygmalion, Man and Superman*
- Robert Louis **Stevenson** : *The Strange Case of Dr Jekyll and Mister Hyde*
- Evelyn **Waugh** : des romans comme *Decline and Fall, The Loved One*
- H.G. **Wells** : *The Time Machine*
- Oscar **Wilde**, ses pièces (par exemple *The Importance of Being Earnest*), ses nouvelles, son roman *The Picture of Dorian Gray*
- des romans policiers, pourvu que l'anglais n'en soit pas trop argotique, par exemple les romans d'Agatha **Christie** (dont l'anglais, bien qu'un peu daté, est assez passe-partout), ceux d'Arthur **Conan Doyle**, P.D. **James**, Ruth **Rendell**, Ed **McBain**, pour choisir des auteurs sans difficultés excessives.

N'oubliez pas de relire vos précieuses bêtises !

Pour corriger vos fautes (de grammaire ou de vocabulaire), il est très utile de relire attentivement les devoirs faits en classe et scrupuleusement corrigés par votre professeur. Comme ce dernier a pris la peine de vous signaler vos erreurs personnelles et de vous en administrer l'antidote, vous avez vraiment intérêt à vous y replonger pour bien assimiler les termes qu'il convient d'utiliser.

Formatez vos oreilles !

On ne peut que conseiller d'écouter de l'anglais, d'autant plus que vous pouvez avoir à l'oral un document sonore au titre de document inconnu. Pour cela sont à votre disposition :

- la radio,
- la télévision par câble ou satellite,
- les films en VO au cinéma,
- l'Internet,
- et surtout : les DVD, qui offrent le merveilleux avantage de pouvoir s'écouter sans sous-titres, avec sous-titres en français, avec sous-titres en anglais, excusez du peu ! Cela permettant naturellement tous les « niveaux d'écoute » qui vous chantent.

On privilégiera notamment les séries télévisées en tout genre, lesquelles donnent la possibilité de travailler sur des séquences autonomes relativement courtes.

La phonétique

Table des symboles phonétiques

Voyelles

[ɪ] it, sick, wanteded

[i:] feet, sea

[ɒ] lot, wash

[ɔ:] war, ball, more

[e] net, m<u>ea</u>dow

[æ] cat, shall, match

[a:] bar, large, task

[u] foot, put, hood

[u:] mood, shoe

[ə] <u>a</u>side, bett<u>er</u>

[ɜ:] learn, work, burst

[ʌ] but, come, bunch

Diphtongues

[əu] coat, moan, rose

[au] now, cow, mouse

[ei] day, eight

[ai] mine, light, height

[iə] beer, clear, pier

[ɛə] there, bear, air

[ʊə] moor, sure

[ɔi] joy, coin

Consonnes

[b] boat, bath

[d] dog, duck

[f] flower, fat

[g] ghost, get, gull

[ʒ] measure

[dʒ] Jack, jolly

[h] house, hot

[k] cow, kilt

[l] low, life

[m] my, mean

[n] nature, fan

[ŋ] ringing, long

[p] pat, pleasure

[r] right, run

[s] soft, sad

[z] zen, Liz

[ʃ] shy, short

[tʃ] child, chop

[t] top, tiger

[θ] thatch, thought

[ð] the, this, that

[v] void, vowel

[w] water, when

[j] yes, new

Des courtes et des longues : un principe essentiel !

Ce principe essentiel, c'est la différence fondamentale entre voyelles courtes et voyelles longues en anglais. Elles sont donc soit courtes, soit longues, mais pas « moyennes » comme… en français. Par exemple, un « tic » est prononcé avec une valeur moyenne, alors que *to tick* sera beaucoup plus bref et *teak* plus long. Ce sont surtout les voyelles courtes qui posent problème aux Français, lesquels traînent généralement beaucoup trop dessus. N'oubliez pas que les écrivains anglophones voulant se moquer des Français pointent généralement cette faute et nous font dire par exemple « *a leetle* » !

Des diphtongues

Rappelons qu'une diphtongue est tout simplement un cocktail de deux sons voyelles (définition « linguistique » non garantie !). C'est donc pourquoi, dans leur transcription, vous trouvez deux symboles de voyelle accolés. Le tout est, en s'aidant de l'oreille, de doser et mélanger subtilement ces deux sons. Notez, bien sûr, que dans les diphtongues anglaises le premier son s'entend davantage que le second.

Quelques remarques :

- Il faut bien faire la différence entre les deux couples de diphtongues [au] et [əu]. Par exemple, il faut que la différence de prononciation entre *now* [nau] et *low* [ləu] soit bien nette. On entend trop souvent les Français prononcer ces deux diphtongues sans grande différenciation.
- Il en va de même pour le couple [ai] et [ei]. Se méfier de la graphie *eigh* qui peut se prononcer [ai], par exemple dans *height* [hait].
- Pour les diphtongues [ɛə], [iə] et [ʊə], bien remarquer qu'il ne s'agit pas d'une voyelle allongée assortie d'un *r* en finale. *Here* en anglais ne se prononce pas comme *hier* en allemand !

Des consonnes

La principale remarque pour ce qui est des consonnes, c'est d'éviter la prononciation typiquement … franchouillarde des deux *th*. Fuyez donc soigneusement la prononciation approximative par un s (pour le *th* dur) et par un z (pour le *th* doux). On l'entend encore trop souvent, alors que tout le monde sait que c'est le meilleur moyen de signer phonétiquement sa nationalité française !

Appuyez au bon endroit !

Un second principe essentiel, c'est de connaître l'accent tonique des mots et d'en tenir compte. Un des grands intérêts de la phonétique est précisément d'indiquer très clairement l'accent tonique. On sait que le français, par comparaison, n'est pas une langue véritalement accentuée, c'est-à-dire que les syllabes se prononcent généralement toutes avec la même force d'émission. Ce n'est pas le cas en anglais.

Principe d'accentuation en phonétique : l'accent tonique ['] et l'accent secondaire [ˌ] précèdent la syllabe accentuée.

La prononciation américaine

Il n'y a finalement pas tant de différences de prononciation entre l'anglais et l'américain, si l'on ne tient pas compte de l'intonation générale, moins accentuée, moins contrastée chez les Américains, de la musique de la langue en quelque sorte. Il existe néanmoins une différence marquée : la présence d'un r « rétroflexe » dans des mots comme *girl* ou *first*. Normalement, ces deux mots se prononcent sans que l'on entende la moindre trace de r en anglais britannique, alors que les Américains en font entendre un, typique !

Signalons malgré tout quelques variantes de prononciation américaine.

	britannique	**américain**
either	['aiðə]	['i:ðə]

Même différence pour *neither*.

new	[nju:]	[nu:]
lieutenant	[lef'tenənt]	[lu:'tenənt]

Un travail quasiment symbolique !

Il faut dans un premier temps apprendre peu à peu tous ces symboles. Ce qui n'est pas si sorcier à vrai dire. On s'avisera par exemple que beaucoup de ces symboles correspondent à l'alphabet latin. Il n'y a donc qu'une dizaine, voire une quinzaine de symboles à assimiler.

Il vous faut seulement savoir les reconnaître pour pouvoir déchiffrer la transcription phonétique des mots dans un dictionnaire, un vocabulaire, un manuel. Également savoir les retranscrire de façon manuscrite dans vos propres notes. Avouez quand même que ce n'est pas la mer à boire !

Mais pourquoi apprendre la phonétique ?

On peut carrément soutenir que c'est quasiment obligatoire pour l'anglais, alors que cela ne l'est pas pour l'allemand, l'espagnol ou l'italien. Mais pourquoi ? Pour une raison simple : parce qu'il n'y a pas de règles strictes de prononciation en anglais, qu'il y a trop d'exceptions, de cas particuliers, de fantaisies de toute sorte ! Comment savoir *a priori* que *head* ne se prononce pas comme *to lead* mais comme... *lead* (le plomb) ? Comment savoir que le i est diphtongué dans *compromise* mais pas dans *promise* ? Comment savoir que la diphtongue de *bear* n'est pas la même que celle de *fear* ? Le reste à l'avenant... On se pose donc continuellement des questions sur la prononciation de tel ou tel mot.

La phonétique vous aidera à :

- savoir immédiatement comment se prononce un mot en en cherchant la transcription dans un dictionnaire ;
- comprendre de façon plus rationnelle comment rendre tel ou tel son ;
- pouvoir, grâce à cette trace écrite de la prononciation, consigner dans un carnet d'entraînement les mots dont vous voulez travailler la prononciation et être sûr, d'un simple coup d'œil, de ce qu'il faut dire.

Certes, il ne faut pas négliger – il va sans dire – d'ouvrir grand ses oreilles et de faire coïncider ce que l'on a appris phonétiquement avec ce que l'on entend.

Mais, contrairement à ce que l'on prétend trop souvent, l'oreille ne suffit pas ! La preuve en est que certains locuteurs étrangers vivant depuis de nombreuses années dans un pays dont la langue n'est pas leur langue maternelle peuvent parler couramment cette langue, la comprendre très bien et... faire toujours de grosses fautes de prononciation. C'est qu'il n'y a pas eu chez eux de travail de réflexion sur ce qu'il fallait vraiment prononcer. Il ne faut donc pas se fier aveuglément (si l'on peut dire !) à son oreille.

N'ayez pas peur de frimer !

Vous serez peut-être étonné de la remarque qui suit, mais le premier obstacle pour améliorer sa prononciation, c'est très souvent que... l'on n'ose pas l'améliorer. Nous avons peur de changer quoi que ce soit aux habitudes prises, et craignons également que les autres se rient de nous ! Pour bien prononcer, il faut y croire un peu, « se la jouer » un brin si l'on peut dire. Parlez donc tout(e) seul(e), comme si vous parliez à un anglophone.

L'autre raison principale est ... la paresse. Pourquoi changer quoi que ce soit à une prononciation que l'on sait n'être pas très authentique, mais qui semble comprise des anglophones ?

Enfin, autre remarque inattendue, ne soyez pas méfiant face à une transcription phonétique. Ne dites pas : oui, la transcription phonétique me donne ceci ou cela, mais, moi, je n'ai pas l'impression d'avoir entendu cela dans la bouche des Anglais chez lesquels je séjournais cet été, etc. Eh bien, qu'on se le dise, cette impression est fausse ! C'est le dictionnaire qui a raison !

De quelques prononciations délicates...

based [beist]

basic ['beisik]

biased ['baiəst]

to develop [di'veləp]

development [di'veləpmənt]

event [i'vent]

major ['meidʒə]

private ['praivət]

Apprenez à écrire !

Non, il ne s'agit pas d'une boutade... Le conseil qui suit va tenir en peu de mots, mais il est absolument capital. Ne le méprisez pas. Si, par malheur, vous avez une écriture détestable, du genre pattes de mouche, griffures d'araignée handicapée et crachats de Bic anémié, consacrez un peu de temps à la ravauder. On ne vous demande pas de faire de la calligraphie à la chinoise. Mais mettez-vous 10 secondes à la place du correcteur qui va corriger votre copie – peut-être à 23 h 45 avant d'aller se coucher. Imaginez son agacement, et les conséquences calamiteuses de cet agacement, s'il s'aperçoit qu'il va passer un quart d'heure de plus sur votre copie parce qu'il a un mal de chien à la déchiffrer ! Bref, si vous écrivez mal, faites tout pour remédier à la situation : appliquez-vous, entraînez-vous au brouillon, changez de stylo, videz vos cartouches d'encre pâlichonne, jetez votre crayon à papier, écrivez plus gros, plus petit, moins penché, moins ceci, plus cela, Dieu sait quoi, mais soyez LISIBLE. Rien de plus impoli, de plus horripilant, de plus laid, de plus inélégant, et surtout de plus bête qu'une écriture illisible.

Deuxième partie

L'essentiel du cours

Dans cette partie…

- La grammaire de survie
- Le vocabulaire thématique
- Le vocabulaire du compte rendu et du commentaire
- Le vocabulaire de la correspondance
- Le vocabulaire du dialogue
- Les « faux amis »
- Des éléments de civilisation

Chapitre 7

La grammaire de survie

Certes, ce chapitre ne se veut nullement exhaustif, précisément parce que… c'est l'un des plus importants du livre et qu'il est impératif de le lire *in extenso* ! En effet, on peut être tenté de soutenir que c'est avant tout la qualité grammaticale de votre anglais qui conditionne – en très grande partie – la note à l'épreuve d'anglais. La syntaxe (l'art de la construction des phrases), notamment, est au cœur même de l'expression, car c'est l'épine dorsale de la phrase. Bref, trouvez la métaphore qui vous parle le plus, mais soyez convaincu que construire des phrases qui tiennent debout est aussi important – pour se servir d'une autre comparaison concrète – qu'assurer de bonnes fondations à un bâtiment. Or cette antienne entonnée par tous les profs est généralement méprisée par tout élève se respectant et à qui « on ne la fait pas ». Désolé, mais c'est idiot. Ce qu'il faut comprendre, c'est que, si la qualité grammaticale est vraiment lamentable, le message ne passe plus. Il n'y a pas « communiquer » d'un côté et « parler un anglais grammaticalement correct » de l'autre : les deux sont intrinsèquement liés.

Ce rapide survol évoque rapidement le B.A.-BA (censé être acquis par un élève de terminale) ou passe même sous silence des notions élémentaires (que tout élève doit déjà normalement connaître), mais s'attache en revanche à bien signaler les **principales difficultés** de la grammaire anglaise, qui sont donc autant d'écueils potentiels pour le candidat.

A contrario, si le correcteur constate, par exemple dans la production écrite, que vous écrivez un anglais à peu près digeste, cela jouera en votre faveur !

« *Vous voyez, les mots, c'est comme les notes. Il ne suffit pas de les accumuler. Sans règles, pas d'harmonie. Pas de musique. Rien que des bruits. La musique a besoin de solfège, comme la parole a besoin de grammaire.* » (Erik Orsenna, *La grammaire est une chanson douce*, Stock, Paris, 2001)

CONSEILS DU PROF

Avant de vous lancer dans une révision de la grammaire anglaise, il est indispensable que vos notions en grammaire française aient un minimum de solidité… Si vous n'avez que des idées brumeuses sur ce que sont *passé composé, conjonctions de subordination, pronoms relatifs, verbes transitifs indirects*, etc., un minimum de dépoussiérage du vocabulaire grammatical de base s'impose. Si, par exemple, le passif vous rend pensif, il est improbable que vous puissiez en déguster les fines subtilités en anglais. Reprenez donc en parallèle un petit mémento de grammaire… française.

Le groupe nominal

Les articles

L'article indéfini

B.A.-BA : *a* devant une consonne, *an* devant un « son voyelle »

a car : une voiture

an apple [voyelle] : une pomme

an hour [son voyelle, le h étant muet] : une heure

GARE AU PIÈGE !

Il y a certains emplois idiomatiques, petites spécialités anglaises… :

- *He's **a** lawyer.* – Il est avocat.
- *Mr Wilson, **a** lawyer, …* – M. Wilson, avocat, …
- *10 dollars a day* : 10 dollars par jour

Après *what* avec les dénombrables :

- *What **a** pity!* – Quel dommage !
- *What **a** nice view!* – Quelle jolie vue !

L'article défini

B.A.-BA : *the* pour « le », « la », « les »

the car : la voiture

the cars : les voitures

GARE AU PIÈGE !

On n'utilise pas *the* pour les **généralités** et les **abstractions** !

– *life* : la vie (en général)

– *love* : l'amour (en général)

– *people* : les gens (en général)

Etc.

C'est là une des tartes à la crème de la grammaire anglaise, l'une des règles les plus connues, les plus rabâchées par les profs, mais malheureusement l'une des moins respectées ! Il n'existe guère de faute plus rédhibitoire que d'utiliser l'article défini pour les généralités. Si, par-dessus le marché, vous aggravez votre cas en prononçant le *th* à la française, la coupe sera pleine. Voici par exemple une horreur à éviter absolument :

~~*I like ze nature*~~. – J'aime la nature.

Dites correctement :

I like nature.

On n'emploie pas non plus l'article défini dans les cas suivants :

- **pour les noms de pays :** *France, England, Italy…*

  mais l'on dit : *the United States*

- **avec un nom de titre ou de profession suivi d'un nom propre :**

  professor Higgins : le professeur Higgins

  Queen Elizabeth : la reine Elizabeth

Cela dit, comme rien n'est simple, pour les éléments uniques, on utilise l'article défini :

the earth : la terre

the sun : le soleil

Les adjectifs

Les adjectifs qualificatifs

B.A.-BA : les adjectifs qualificatifs (épithètes ou attributs) sont **invariables** et se placent **avant** le nom.

Plusieurs adjectifs peuvent se succéder devant un nom. L'ordre va généralement de l'adjectif « appréciatif » (au début) vers l'adjectif plus « neutre » (tout contre le nom) :

a charming old lady : une charmante vieille dame

Certains adjectifs ne peuvent s'utiliser que comme attributs. Un équivalent sert alors d'adjectif épithète :

to be ill : être malade – *a sick man* : un malade

to be drunk : être soûl – *a drunken man* : un homme ivre

to be afraid : avoir peur – *a frightened man* : un homme effrayé

to be alive : être vivant – *a lively description* : une description vivante

GARE AU PIÈGE !

Le forfait article défini + adjectif

Cette construction s'applique à une catégorie et **ne désigne pas une unité en particulier**.

the poor : les pauvres

the homeless : les sans-abri

the young : les jeunes

the English : les Anglais

Cette présentation est donc un forfait unique. On ne peut l'utiliser que telle quelle, avec un sens général. Comparer avec :

the young man : le jeune homme

a homeless person : un sans-abri

the Englishman in the restaurant : l'Anglais dans le restaurant

Pour l'expression d'une catégorie générale, on peut se servir d'une autre construction :

the poor = poor people : les pauvres

Ce forfait commande un verbe au pluriel :

The English are like that. – Les Anglais sont comme cela.

GROS PLAN

Les adjectifs composés

Attention à bien les décortiquer en remontant de droite à gauche.

a blue-eyed girl : une fille aux yeux bleus

Celui-là est bien connu et sans difficulté, mais pour bien comprendre un adjectif composé moins familier, il faut l'analyser correctement :

a smoke-free café : un café non-fumeur (= « délivré de la fumée », littéralement)

a heavy-handed compliment : un compliment appuyé (= « à la main lourde », littéralement)

She is figure-conscious : Elle surveille sa ligne (= « elle est consciente de [sa] ligne », littéralement).

Prépositions différentes après certains adjectifs anglais

Tout comme les verbes, un certain nombre d'adjectifs se construisent en anglais avec une préposition différente s'ils sont suivis d'un complément. Voici la liste des plus connus.

angry with : en colère contre
annoyed at someone : contrarié par quelqu'un
bad at : mauvais en
close to : près de
different from : différent de
disappointed with : déçu par
familiar with : familier de
good at : bon en
happy with : heureux de
hopeless at : nul en
interested in : intéressé par
keen on : amateur de
kind to : aimable avec
nice to : gentil avec
pleased with : content de
polite to : poli avec
responsible for : responsable de
rude to : grossier avec
satisfied with : satisfait de
surprised at : surpris de
Are you familiar with this system? – Connaissez-vous bien ce système ?
He's very good at English. – Il est très bon en anglais.
You should be nice to her. – Tu devrais être gentil avec elle.

Comparatifs et superlatifs

Comparatifs

B.A.-BA

- **égalité :** *as* + adj. ou adv. + *as*
  as comfortable as : aussi confortable que
- **supériorité :**
  pour les adjectifs « courts » (1 ou 2 syllabes) : adj. + *-er* + *than*
  pour les adjectifs « longs » : *more* + adj. + *than*
  shorter than : plus court que
  more intelligent than : plus intelligent que
- **infériorité :**
  less + adj. + *than*
  less famous than : moins célèbre que

Que de « que » !

Pour le comparatif d'égalité, n'utilisez pas *than* et veillez bien à utiliser *as*. Rapprochez de l'expression *the same as* : pareil que.

Mais utilisez bien *than* pour les comparatifs de supériorité et d'infériorité, pas *that* !

Une des pires fautes en français !

Si vous avez à traduire *The situation was less awful than I feared*, gardez-vous de traduire par : « La situation était moins pire que je ne le craignais. » Bien que cette faute de français (« moins » + un comparatif !!!) soit abominable, elle se répand de plus en plus… Traduisez tout simplement par « moins épouvantable, moins terrible », etc.

Superlatifs

B.A-BA

- supériorité :

  pour les adjectifs courts : *the* + adj.*-est*

  pour les adjectifs longs : *the most* + adj.

  the shortest route : l'itinéraire le plus court

  the most significant feature : la caractéristique la plus significative
- infériorité : *the least* + adj.

  the least extravagant idea : l'idée la moins extravagante

Comparatif « relatif »

On utilise *the* + **comparatif** quand on compare seulement **deux éléments** :

the younger brother : le frère cadet (s'il n'y en a que deux)

the younger generation : la jeune génération (opposée à la plus vieille !)

Comparatifs et superlatifs irréguliers

good (bon), *better than* (meilleur, mieux que), *the best* (le meilleur, le mieux)

- *bad* (mauvais), *worse than* (pire que), *the worst* (le pire)
- *far* (loin), *farther* [ou] *further than* (plus loin que), *the farthest* [ou] *the furthest* (le plus loin)

Plus... plus – moins... moins

Construction : *the* + comparatif

Attention ! Ne pas escamoter ***the*** !

> *The faster you work, the more difficult it is.* – Plus on travaille vite, plus c'est difficile.

Le proverbe qui traîne dans toute grammaire se respectant :

> *The more, the merrier.* – Plus on est de fous, plus on rit.

Les adjectifs et les pronoms démonstratifs

Adjectifs démonstratifs

- *this* : ce, cet, cette
- *these* : ces
- *that* : ce, cet, cette
- *those* : ces

This et *these* s'utilisent pour ce qui est **proche dans l'espace et le temps**. *That* et *those* s'utilisent pour ce qui est **éloigné dans l'espace et le temps**.

> *this book* : ce livre-ci
>
> *that house* : cette maison-là
>
> *these days* : ces jours-ci
>
> *in those days* : à cette époque-là

Remarque : *that* et *those* ont souvent une valeur dépréciative.

> *those people* : ces gens-là

Pronoms démonstratifs

- *this one* : celui-ci, celle-ci
- *these* : ceux-ci, celles-ci
- *that one* : celui-là, celle-là
- *those* : celles-ci, celles-là

Les pronoms

Les pronoms personnels sujets

- *I* : je
- *you* : tu
- *he* : il (homme)
- *she* : elle (femme)
- *it* : il, elle (chose)
- *we* : nous
- *you* : vous
- *they* : ils, elles

Les pronoms personnels compléments

- *me* : me, moi
- *you* : te, toi
- *him* : le, lui (homme)
- *her* : elle, la (femme)
- *it* : le, lui, la, elle (chose)
- *we* : nous
- *you* : vous
- *them* : eux, les

GARE AU PIÈGE !

- Pas de nom redoublé par un pronom !

– *The important thing is to…* – L'important, c'est de…

– *The best plan for you is to…* – Le mieux que vous ayez à faire, c'est de…

Dans ces deux phrases, il ne faut pas dire : *…, ~~it is~~ to…*

– *I for one think…* – Moi, je pense que…

Et non : *~~Me, I think~~…*

– *My brother and I went together.* – Mon frère et moi, nous y sommes allés ensemble.

Et non : *~~My brother and I, we~~…*

- Attention ! Notez bien la différence entre le français et l'anglais dans le cas suivant :

– *He's a crook.* – C'est un escroc.

Et non : *~~It's a~~* …

B.A.-BA – Les pronoms compléments se placent toujours **après** le verbe.

Look at them. – Regarde-les

He decided to come with me. – Il décida de venir avec moi.

He helped her. – Il l'aida.

Il y a « on », « on » et « on » !

Il existe un pronom indéfini « on ». C'est ***one***. Le moins qu'on puisse dire, c'est qu'il est nettement moins utilisé que notre indéfini. On sait que le « on » français est souvent rendu :

- par la valeur indéterminée de la voix passive ou par le pronom *you*
- par le pronom *they* (pour un peuple, par exemple)
- tout simplement, par le pronom *we* quand « on » signifie « nous ».

It is said that… – On dit que…

This novelist is said to be one of their best writers. – On dit que ce romancier est l'un de leurs meilleurs écrivains.

I've been offered an interesting job. – On m'a proposé un travail intéressant.

You never can tell. – On ne sait jamais.

In Switzerland, they make high quality watches. – En Suisse, on fabrique des montres de grande qualité.

Shall we go? – On y va ?

On utilise *one* presque exclusivement dans des proverbes ou des locutions toutes faites.

One never knows. – On ne sait jamais.

Remarque – L'adjectif possessif qui correspond à *one*, c'est *one's* et le pronom réfléchi est *oneself.*

One should do one's own work oneself. – On devrait faire son propre travail soi-même.

Les pronoms réfléchis

- *myself* : moi-même, me
- *yourself* : toi-même, te
- *himself* : lui-même, se
- *herself* : elle-même, se
- *itself* : lui-même, elle-même, se (chose)

- *ourselves* : nous-mêmes, nous
- *yourselves* : vous-mêmes, vous
- *themselves* : eux-mêmes, se

He could see himself in the mirror. – Il se voyait dans le miroir.

Certains verbes pronominaux en français (c'est-à-dire se construisant avec un pronom réfléchi) peuvent très bien ne pas être pronominaux en anglais.

He apologized. – Il s'excusa.

He had difficulty adjusting to the new situation. – Il a eu du mal à s'adapter à la nouvelle situation.

Selon la formule consacrée, le pronom réfléchi est le « reflet » du sujet. Il renvoie donc à la même personne. Cela ressemble à une lapalissade. C'en est, du reste, bien une, dont il faut tenir compte ! Ne confondez donc pas pronoms réfléchis et pronoms réciproques.

"I like to smile at myself in the mirror, 'cause I can always be sure I'll get a smile back" (Tom Wilson).

Les pronoms réciproques

Ce sont *each other* et *one another*. Ils se traduisent par « se », impliquant un rapport de réciprocité entre plusieurs personnes.

Remarque – Théoriquement *each other* s'emploie seulement lorsque deux personnes sont concernées, alors que *one another* s'utilise pour plus de deux personnes. Mais, en pratique, cette subtile distinction n'a pas cours et *each other* est le plus usité des deux.

They haven't spoken to each other for months. – Ils ne se parlent plus depuis des mois.

The two friends can rely on each other. – Les deux amis peuvent compter l'un sur l'autre.

People helped one another. – Les gens s'entraidèrent.

Certains verbes se construisant avec un pronom réciproque en français se construisent sans pronom en anglais.

They met at Oxford. – Ils se sont rencontrés à Oxford.

They quarrelled. – Ils se disputèrent.

Noms dénombrables et indénombrables

Les dénombrables : aucun problème pour... presque tous !

Les dénombrables n'appellent pas de commentaires, puisque ce sont tout simplement des noms « que l'on peut compter », c'est-à-dire qui acceptent l'article indéfini (*a, an*) et le s au pluriel. Rien de bien original. C'est l'écrasante majorité des noms.

a house : une maison

houses : des maisons

three houses : trois maisons

Attention ! pluriels irréguliers !

Le hic, c'est qu'il y a des pluriels irréguliers. En voici quelques-uns.

– Les plus courants

a box > *boxes*

a potato > *potatoes*

a city > *cities*

a leaf > *leaves*

life > *lives*

a wolf > *wolves*

a man > *men*

a woman > *women*

a foot > *feet*

a mouse > *mice*

a goose > *geese*

a tooth > *teeth*

a child > *children*

a thief > *thieves*

– Les moins courants

a phenomenon > *phenomena*

an analysis > *analyses*

a metamorphosis > *metamorphoses*

– Les invariables

a fish > fish

a sheep > sheep

a swine > swine

Les indénombrables : grande spécialité anglaise !

Indénombrables singuliers

Ce sont des noms génériques ou « forfaitaires », qui ne désignent qu'une catégorie générale et qui ne peuvent pas se compter. On ne les utilise donc pas avec l'article indéfini et ils ne prennent pas la marque du pluriel. Ils commandent toujours un verbe au singulier.

Petite liste sélective :

advice : des conseils

fruit : des fruits

furniture : des meubles

hair : des cheveux

information : des informations, des renseignements

luggage : des bagages

news : des nouvelles

progress : des progrès

politics : la politique

physics : la physique

software : des logiciels

travel : les voyages

This advice is excellent. – Ces conseils sont excellents.

Your hair is too long. – Tes cheveux sont trop longs.

I'd like some information. – J'aimerais des renseignements.

Physics is a difficult subject. – La physique est une matière difficile.

Mais – puisqu'on ne peut pas dire ~~*an advice*~~, ~~*an information*~~, etc. – comment fait-on pour obtenir une unité ? On se sert d'un « dénombreur ».

a piece of furniture : un meuble

this bit of information : ce renseignement

a software package : un logiciel

On peut aussi se servir carrément d'un autre mot.

a trip : un voyage

Signalons notamment que *progress* (« des progrès » ou « le progrès ») est un indénombrable et que pour dire « un progrès » on dira :

This is a real advance (= breakthrough). – C'est un vrai progrès.

Indénombrables pluriels

Ceux-ci n'existent pas au singulier, donc ne s'utilisent pas avec l'article indéfini et commandent un verbe au pluriel.

clothes : des vêtements

trousers : un pantalon

jeans : un jean

goods : des marchandises

Mais :

a garment : un vêtement

a pair of jeans = jeans : un jean

a product : un produit

Les noms composés

Ils sont constitués de plusieurs substantifs. La seule difficulté est de bien les analyser, du dernier élément vers le premier, en remontant de droite à gauche.

a teacup : une tasse à thé

income tax : l'impôt sur le revenu

N.B. – Noter l'absence de ***s*** dans un nom composé (d'un chiffre et d'un substantif) utilisé comme **épithète** :

a six-string guitar : une guitare à six cordes

a twenty-dollar bill : un billet de 20 dollars

Le cas possessif

Également appelé ***génitif*** dans les grammaires, le cas possessif, quelle que soit son appellation (non contrôlée !), établit un **lien d'appartenance**.

La règle d'or classique

Le cas possessif ne s'utilise normalement que si le possesseur est un **être animé**.

John's hat : le chapeau de John

the boy's toy : le jouet du garçon

the children's bedroom : la chambre des enfants

the boys' bedroom : la chambre des garçons

Dans cette dernière expression, bien noter la place de l'apostrophe, vu que le nom *boys*, au pluriel, se termine déjà par un *s*.

Mais si le mot lui-même se termine par s, on lui ajoute 's au cas possessif.

the actress's husband : le mari de l'actrice

Remarque – La règle d'or énoncée plus haut connaît – il fallait s'y attendre ! – quelques exceptions. On peut utiliser le cas possessif avec un « possesseur chose » pour les pays, les institutions, dans des expressions toutes faites, dans certaines locutions temporelles ou dans des expressions exprimant des distances.

Germany's history : l'histoire de l'Allemagne

the water's edge : le bord de l'eau

at arm's length : à bout de bras

a month's holiday : un congé d'un mois

today's newspaper : le journal d'aujourd'hui

in two years' time : dans deux ans

a two miles' drive : un trajet en voiture de deux miles

Le cas possessif : ne pas en faire trop cas !

Quand le possesseur est une chose, on ne se sert donc pas du cas possessif, mais de la tournure : *the... of...*. Il ne faut tout de même pas être plus royaliste que la reine et utiliser le cas possessif à tout bout de champ !

the leg of the table : le pied de la table

Un nom composé (voir à cette rubrique) peut également rendre un « rapport d'appartenance ».

Le cas possessif « demi-portion »

Dans nombre d'expressions, le second élément (la chose possédée) est sous-entendu.

I'm going to the baker's. – Je vais chez le boulanger.

Le second élément – *shop* en l'occurrence – est sous-entendu.

I went to the doctor's yesterday. – Je suis allé chez le médecin hier.

Ici, l'expression complète serait *the doctor's surgery* (le cabinet du médecin).

I stayed at Peter's. – Je suis resté chez Peter.

Ici, *at Peter's* est mis pour *at Peter's place* (au domicile de Peter).

a friend of John's . un des amis de John

Littéralement : « un ami parmi ceux de John ».

Les adjectifs et les pronoms possessifs

Les adjectifs possessifs

- *my; your; his; her; its; our; your; their*
- mon, ma, mes ; ton, ta, tes ; son, sa, ses ; notre, nos ; votre, vos ; leur, leurs

B.A.-BA – Les adjectifs anglais étant, comme on sait, invariables, peu importe le « nombre » du nom qui suit l'adjectif possessif : *my* signifie « mon », « ma » ou « mes ». Même remarque pour les autres personnes.

my car : ma voiture

your books : tes livres

his tie : sa cravate (*his* : pour un « possesseur » homme)

her dress : sa robe (*her* : pour un « possesseur » femme)

its main feature : sa caractéristique principale (*its* : pour un « possesseur » chose, par exemple un livre, un film, etc. dans le cas présent.)

Remarques

– À vrai dire, la liste précédente est… incomplète. Devinez-vous celui qui manque ? Eh bien, c'est *one's* sur lequel les profs n'insistent pas assez. Ajoutons-le :

one's : son, sa, ses (quand le « possesseur » est **indéfini**)

C'est-à-dire que l'on utilise notamment *one's* avec les verbes à l'infinif (que l'on trouve sous cette forme, pour peu qu'on en ouvre un, dans un… dictionnaire) et avec *one* (« on »).

to do one's best : faire de son mieux

Comparer :

- *You must do your duty.* – Vous devez faire votre devoir.
- *One must do one's duty.* – On doit faire son devoir.

– On utilise (le plus souvent) en anglais les adjectifs possessifs pour les parties du corps.

- *Open your mouth.* – Ouvre la bouche.
- *He washed his hands.* – Il se lava les mains.

– L'adjectif possessif qui s'associe en anglais courant à *somebody, anybody, nobody* et *everybody*, c'est *their*, ce qui n'est guère naturel pour un Français !

Has everybody got their books ? – Tout le monde a-t-il son livre ?

Les pronoms possessifs

- *mine, yours, his, hers, its own, one's own, ours, yours, theirs*
- le mien, la mienne, les miens, les miennes, etc.

your house and ours : votre maison et la nôtre

Notez ces quelques constructions idiomatiques :

a friend of mine : un de mes amis

This is no business of yours. – Cela ne te regarde pas.

Les mots interrogatifs

What

What? – Quoi ?

What do you want? – Que voulez-vous ?

What happened? – Qu'est-ce qui est arrivé ?

Tell me what happened. – Dis-moi ce qui est arrivé.

(Voir « ce qui, ce que » à la rubrique ***Les pronoms relatifs***.)

What time is it? – Quelle heure est-il ?

Bien noter les tournures idiomatiques suivantes :

- ***What**'s the new boss **like**?* – **Comment** (= comme quoi) est le nouveau patron ?
- ***What** do you call this?* – **Comment** appelez-vous ceci ?

Which

What et *which* signifient tous deux « quel ? ». *What* s'utilise quand le choix s'effectue parmi des éléments inconnus, *which* s'utilise quand le choix s'effectue parmi des éléments déjà connus.

What colour do you want? – Quelle couleur veux-tu ?

Which colour do you prefer? Red or yellow? – Quelle couleur préfères-tu ? Le rouge ou le jaune ?

Which one do you want? – Lequel (laquelle) veux-tu ?

Who (sujet) / whom (complément)

Who is there? – Qui est là ?

Whom did you see? – Qui as-tu vu ?

Whom appartient à la langue soignée et est souvent remplacé par *who* dans la conversation.

Whose

Whose book is this? – À qui est ce livre ?

(Voir également la rubrique ***Les pronoms relatifs***).

Where

Where are you? – Où es-tu ?

Tell me where you are. – Dis-moi où tu es.

When

When will you come? – Quand viendras-tu ?

Tell me when you will come. – Dis-moi quand tu viendras.

En lisant les exemples précédents, on constate donc que l'anglais, tout comme le français, utilise ici le futur (dans les questions directes et indirectes). Mais il faut bien se rappeler que l'anglais n'utilise pas le futur dans les subordonnées temporelles (voir à ***Futur***).

How much (+ singulier) How many (+ pluriel)

How much money do you need? – Combien d'argent te faut-il ?

How many books have you got? – Combien de livres as-tu ?

How long

How long did you live in London? – Combien de temps as-tu vécu à Londres ?

How long have you been staying in London? – Depuis combien de temps vis-tu à Londres ?

Remarque – *How long* se traduit donc par « combien de temps » quand il est utilisé avec le prétérit, par « depuis combien de temps » quand il est utilisé avec le present perfect. (Voir aussi à ***Prétérit*** et ***Present Perfect***.)

Les quantificateurs ou savoir compter de 1 à + ...

Some / any / no

- Ils correspondent aux articles « partitifs » : « du », « de la », « des », « pas de ».
- Ils s'emploient avec des noms au singulier ou au pluriel.
- *Some* s'emploie le plus souvent dans les phrases affirmatives, *any* dans les phrases interrogatives et négatives.

I've got some money with me. – J'ai de l'argent sur moi.

Have you got any money? – As-tu de l'argent ?

I've got no money. = *I haven't got any money.* – Je n'ai pas d'argent.

Some people : certaines personnes

Équation du 1er degré : no = not any

Autrement dit, le véritable indéfini négatif, ce n'est pas *any*, mais *no*. En revanche, on peut former l'ensemble négatif *not any*.

Un certain nombre de remarques :

– On peut aussi utiliser *some* dans les phrases interrogatives quand on escompte une réponse positive. Dans la phrase suivante, par exemple, on s'attend par politesse à ce que la personne vous réponde oui !

> *Would you like some tea?* – Voudriez-vous du thé ?

– On peut aussi employer *any* dans les phrases affirmatives. Dans ce cas, il a le sens de « n'importe quel », etc.

> *You can take any book.* – Vous pouvez prendre n'importe quel livre.

– *Some* et *any* existent aussi en version pronom. Quant à *no*, il devient *none* en pronom.

> *Have you got any?* – En as-tu ?
>
> *I haven't got any.* = *I've got none.* – Je n'en ai pas.

Les cocktails de some / any / no

- ***Something/anything/nothing***
- ***Somebody/anybody/nobody***
- ***Someone/anyone/no one***

Les mêmes règles s'appliquent aux composés de *some*, *any* et *no* : *something* (quelque chose) & Cie, *somebody* (quelqu'un) & Cie, *someone* (quelqu'un) & Cie.

> *I've got something for you.* – J'ai quelque chose pour toi.
>
> *I haven't got anything for you.* = *I've got nothing for you.* – Je n'ai rien pour toi.
>
> *Is anyone here?* – Y a-t-il quelqu'un ?
>
> *I saw nobody last night.* = *I didn't see anybody last night.* – Je n'ai vu personne hier soir.

Many et ses amis

A lot of, lots of, much, etc.

Much et *many* peuvent se combiner avec *too* et *so*, traduisant ainsi respectivement « trop de » et « tant de ». Bien évidemment, les règles d'utilisation de *much* et de *many* sont toujours valables !

> *He has got so much money that he doesn't know what to do with it.* – Il a tant d'argent qu'il ne sait qu'en faire.
>
> *There are too many people.* – Il y a trop de gens.

A lot of et ***lots of*** peuvent s'utiliser avec un mot singulier ou pluriel.

> *There were a lot of (= lots of) people at the party last night.* – Il y avait beaucoup de monde à la fête hier soir.

GARE AU PIÈGE !

L'axiome de base : *many* + nom au pluriel
***much* + nom au singulier**

Cela, c'est le B.A.-BA, à respecter scrupuleusement, sous peine de faire très mauvais effet auprès du correcteur ou de l'examinateur…

- *I've got many friends.* – J'ai beaucoup d'amis.
- *I haven't got much money.* – Je n'ai pas beaucoup d'argent.

Maintenant, il y a un autre point important à souligner, qui ne l'est souvent pas assez clairement : *much* ne s'emploie à vrai dire que dans les **phrases négatives et interrogatives**.

Attention à « beaucoup de gens ». C'est évidemment *many people*, puisque *people* est un dénombrable **pluriel**.

GARE AU PIÈGE !

Attention ! il faut choisir : utilisez soit *a lot of*, soit *lots of*. Le prétendu quantificateur ~~*lot of*~~, spécialité française, présente l'ennui de ne pas exister !

Deux autres candidats pour « beaucoup de »

- *plenty of* (+ singulier ou pluriel)
- *a good deal of = a great deal of* (+ singulier)
- *There's plenty of room.* – Il y a beaucoup de place.
- *to spend a great deal of money* : dépenser beaucoup d'argent

Few / a few
Little / a little

- *few* (+ pluriel) : peu de
- *a few* (+ pluriel) : quelques
- *little* (+ singulier) : peu de
- *a little* (+ singulier) : un peu de

He has few friends. – Il a peu d'amis.

He has very little money. – Il a très peu d'argent.

GARE AU PIÈGE !

D'abord, bien noter que *few* et *a few* ne s'utilisent qu'avec des mots au pluriel. Puis faire bien la différence de sens entre les deux !

- *few people* : peu de gens
- *a few people* : quelques personnes

Several

Ce quantificateur signifie « plusieurs » et ne pose aucun problème.

several people : plusieurs personnes

Il est assez proche de *a few*, tout comme en français « plusieurs » est proche de « quelques ».

All / all the / every / the whole

- *all (the)* (+ pluriel) = *every* (+ singulier) : tous (les)
- *all the* (+ singulier) : tout le, toute la
- *the whole* (+ singulier) : le… tout entier, la… toute entière

All children like games. = *Every child likes games.* – Tous les enfants aiment les jeux.

All the people I know were there. – Tous les gens que je connais étaient là.

all my friends : tous mes amis

the whole family : la famille tout entière, toute la famille

all kinds of things : toutes sortes de choses

He took all the money. – Il a pris tout l'argent.

GARE AU PIÈGE !

every / everybody ou *everyone*

Bien traduire « tout le monde » par *everybody* ou *everyone* et non ~~*all the people*~~, horreur franchouillarde à éviter impérativement !

Se méfier de la construction de *every*. Ce quantificateur est suivi du **singulier**.

- *Every pupil was with the teacher.* – Tous les élèves étaient avec le professeur.

Attention à ne pas confondre :

- *every time* : à chaque fois
- *all the time* : tout le temps

Each

Ce quantificateur ne pose vraiment aucun problème. C'est simplement « chaque ».

each day : chaque jour

Most

- *most* (+ singulier ou pluriel)
- *most people* : la plupart des gens
- *in most cases* : dans la plupart des cas

On aura remarqué que *most* est « accolé » directement au nom qui suit, sans le tampon de *of*, dont les Français adorent l'affubler. Est-ce à dire que *most* n'est jamais suivi de *of* ?

Non, ce serait trop simple... Cela est vrai pour les généralités. Mais notez bien la construction suivante, dès que l'on « particularise ».

most of the people who were with me last night : la plupart des gens qui étaient avec moi hier soir

most of my friends : la plupart de mes amis

most of those people : la plupart de ces gens-là

Expression toute faite :

most of the time : la plupart du temps

Enough

- *enough* + nom
- adjectif + *enough*

I haven't got enough money. – Je n'ai pas assez d'argent.

The wall is not high enough. – Le mur n'est pas assez haut.

Se méfier donc de la construction avec l'adjectif, inverse de la construction française. Par ailleurs, *enough* a ici le sens de « suffisamment ». Pour le sens de « passablement », on utilisera *rather* ou *fairly*.

It's rather good. = *It's fairly good.* – C'est assez bon.

Both

- *Both* + pluriel : les deux
- *both sisters* : les deux sœurs

Both peut également être pronom.

Both came. – Tous deux vinrent.

Par ailleurs, *both* peut être adverbe.

He is both clever and lazy. – Il est à la fois malin et paresseux.

Either

L'un ou l'autre (de deux)

You can take either road. – Tu peux prendre l'une ou l'autre route.

Either peut également être pronom.

You can take either. – Tu peux prendre l'un(e) ou l'autre.

Either peut également être conjonction.

either Peter or John : soit Peter, soit John

À rapprocher de :

- *neither… nor :* ni… ni…
- *neither this nor that* : ni ceci ni cela

Sachez compter ! Comment dire les nombres ?

Il faut impérativement savoir bien dire les nombres. Rien de plus ridicule, dans un oral d'anglais, que le candidat qui, soudain, ralentit ou s'interrompt carrément dans la lecture d'un texte parce qu'il vient buter sur un… nombre. Cela a d'ordinaire le don d'agacer particulièrement les examinateurs !

En conséquence, lisez bien ce qui suit et… entraînez-vous !

100 : *a hundred* ou *one hundred*

152 : *one hundred* **and** *fifty-two* (Notez bien *and* après le mot *hundred*)

674 : *six hundred* **and** *seventy-four*

1861 : *one thousand eight hundred* **and** *sixty-one*

2005 : *two thousand and five*

GARE AU PIÈGE !

dozens of… : des douzaines de…

hundreds of… : des centaines de…

thousands of… : des milliers de…

millions of… : des millions de…

So far so good! (Jusqu'ici aucun problème !)

- Mais pas de s à *dozen, hundred, thousand* et *million* s'ils sont précédés d'un chiffre ou nombre :

two dozen eggs : deux douzaines d'œufs

five hundred people : cinq cents personnes

three thousand people : trois mille personnes

four million dollars : quatre millions de dollars

- Règle identique si ces mêmes mots sont précédés de *several* ou *a few* :

several million people : plusieurs millions de gens

a few hundred trees : quelques centaines d'arbres

Coupez l'année en deux !

On sépare généralement les années en deux parties :

- 1876 : *eighteen seventy-six*
- 1987 : *nineteen eighty-seven*

Règle… cardinale : employez l'ordinal à l'oral dans les cas suivants !

Charles I : *Charles the First*

Henry VIII : *Henry the Eighth*

on 7 May = on the seventh of May : le 7 mai

Il y a virgule et virgule

On écrit en anglais 3,500 pour 3 500. La virgule sert donc à délimiter les milliers.

La virgule des décimales, c'est un point !

3.57 se dit : *three point fifty-seven*

Trois fois zéro = trois mots !

Zéro se dit en général *zero*, sauf dans quelques cas :

- dans les numéros de téléphone
  06 : o six (o prononcé comme la lettre o)
- pour les décimales
  5.09 : *five point o nine*
- dans les scores
  The team won 3-0 (three to nothing). – L'équipe a gagné trois à zéro.

De quelques adverbes et prépositions courants (et moins courants…)

afterwards = after that = later = then : après, par la suite, ensuite

Afterwards, they went home. – Après, ils rentrèrent chez eux.

Attention ! Ne pas utiliser *after* adverbialement.

~~After~~, the journalist says…

Dites :

Then, the journalist says… – Après, le journaliste dit…

almost = nearly : presque

It 's almost finished. – C'est presque fini.

beforehand : à l'avance

> *Please let me know beforehand.* – Veuillez me le faire savoir à l'avance.

besides : du reste, d'ailleurs

> *I don't want to go. Besides, I'm too tired.* – Je ne veux pas y aller. Du reste, je suis trop fatigué.

beyond : au-delà, au-delà de...

> *You can't go beyond that limit.* – Vous ne pouvez pas aller au-delà de cette limite.

despite = in spite of : malgré, en dépit de

> *He came, despite the bad weather.* – Il vint malgré le mauvais temps.

Attention ! *Despite* n'est pas une conjonction signifiant « bien que » ! Rappelons que ce rôle est tenu par *though* ou *although* :

He came though the weather was very bad.- Il vint bien qu'il fît très mauvais.

else = otherwise : sinon.

> *Run, or else you'll be late.* – Cours, sinon tu seras en retard.

even : même.

> *Even a child would understand that.* – Même un enfant comprendrait cela.

even so : il n'empêche, néanmoins.

> *Even so, I won 't go.* – Il n'empêche, je n'irai pas.

GARE AU PIÈGE !

Ne pas confondre *even so* avec *even though*, conjonction signifiant « bien que ».

> *Even though I am tired, I'll go.* – Bien que je sois fatigué, j'irai.

fairly = rather = pretty : plutôt, assez, passablement

> *It's fairly good. = It's pretty good.* – C'est assez bon.

first = first of all : d'abord : tout d'abord

at first : au début.

> *At first, they were happy.* – Au début, ils furent heureux.

for : car

> *He didn 't go out, for he didn't feel well.* – Il n'est pas sorti, car il ne se sentait pas bien.

hardly = barely = scarcely : à peine

> *I hardly know him.* – Je le connais à peine.
>
> *hardly ever* : presque jamais
>
> *I hardly ever do that.* – Je ne fais presque jamais cela.

however = yet = nevertheless = even so : cependant, pourtant, néanmoins, toutefois

increasingly = more and more : de plus en plus

It became increasingly difficult. – Cela devint de plus en plus difficile.

at last ! : enfin !

Alone at last ! – Enfin seuls !

GARE AU PIÈGE !

« Enfin » (= « en dernier lieu ») = *finally*

Finally, the journalist points out that… – Enfin, le journaliste fait observer que...

at least : du moins, au moins

You should at least have warned her. – Tu aurais dû au moins la prévenir.

merely = only : seulement.

He's merely a child. – Ce n'est qu'un enfant.

merely and sheerly : purement et simplement

once : 1) une fois ; 2) autrefois, jadis

A once powerful country. – Un pays autrefois puissant.

at once : tout de suite

You must go at once. – Il faut que tu partes tout de suite.

owing to = because of = on account of : à cause de, en raison de

The party has been cancelled owing to the bad weather. – La fête a été annulée en raison du mauvais temps.

quite : tout à fait

I quite agree. – Je suis tout à fait d'accord.

roughly : en gros, grosso modo, à peu près

Tell me roughly what it's all about. – Dis-moi en gros de quoi il s'agit.

seldom = rarely : rarement.

We seldom watch television. – Nous regardons rarement la télévision.

so = consequently = therefore = as a result : donc, par conséquent

so far = until now = up to now : jusqu'à maintenant, jusqu'ici

So far, so good. – Jusqu'ici tout va bien.

still : 1) encore, 2) (= *however*) pourtant, toutefois

He's still here. – Il est toujours ici.

Still, that 's a problem. – Toutefois, c'est un problème.

thus* = *so : ainsi

Thus, you will be able to succeed. – Ainsi, tu pourras réussir.

unlike : contrairement à

Unlike the French, the English do that. – Contrairement aux Français, les Anglais font cela.

on the contrary : au contraire

by contrast : en revanche

on the one hand..., on the ather hand... : d'une part... d'autre part...

whether : si ; que [alternative]

I don't know whether it's true or not. – Je ne sais pas si c'est vrai ou non.

I wonder whether he will tell her about it. – Je me demande s'il lui en parlera.

Whether you like it or not... – Que cela te plaise ou non...

yet

1) pourtant, cependant

She's not very nice to me, and yet I like her. – Elle n'est pas très gentille avec moi, et pourtant je l'aime bien.

2) *not yet* : pas encore

He hasn't arrived yet. – Il n'est pas encore arrivé.

3) [dans les phrases interrogatives] déjà

Have you met him yet? – L'avez-vous déjà rencontré ?

Les pronoms relatifs et les subordonnées relatives

Les pronoms relatifs sujets

Sujets ? C'est-à-dire sujets du verbe de la subordonnée relative.

B.A.-BA

- ***Who*** : lorsque l'antécédent est une **personne**
- ***Which*** : lorsque l'antécédent est une **chose**

L'antécédent ? C'est-à-dire le mot placé avant le pronom relatif.

the man ***who*** *phoned yesterday* : l'homme qui a téléphoné hier

the car ***which*** *is parked behind mine* : la voiture qui est garée derrière la mienne

Les pronoms relatifs compléments

Compléments ? C'est-à-dire compléments du verbe de la subordonnée relative.

B.A.-BA

- ***Whom*** (utilisé surtout à l'écrit et dans une langue soutenue) et ***who*** : lorsque l'antécédent est une personne
- ***Which*** : lorsque l'antécédent est une chose

the man ***whom*** *I called yesterday* : l'homme que j'ai appelé hier

the car ***which*** *I bought last year* : la voiture que j'ai achetée l'année dernière

That, pronom relatif tout-terrain !

Celui-là peut être relatif sujet et relatif complément, pour les êtres animés comme pour les choses.

the girl ***that*** *smiled at me* : la fille qui m'a souri

the girl ***that*** *he loves* : la fille qu'il aime

Attention tout de même !

That ne peut pas se substituer à *who, whom* et *which* dans les relatives « facultatives » (c'est-à-dire escamotables) – autrement dit lorsque la subordonnée est encadrée par des virgules.

Julia, who is a nice girl, wouldn't have behaved like that. – Julia, qui est une gentille fille, ne se serait pas comportée ainsi.

Pas de jaloux !

Si *that* ne peut pas s'utiliser dans le cas précédent, en revanche on l'utilise (presque) exclusivement dans les cas suivants :

the only… that… : le seul… qui (que)

the first… that… : le premier… qui (que)

the last… that… : le dernier… qui (que)

the best… that… : le meilleur qui (que)

He was the first Englishman (that) I saw. – Ce fut le premier Anglais que je vis.

Deux spécialités anglaises

– Les pronoms relatifs **compléments** s'omettent le plus souvent dans la langue courante.

the man I saw yesterday : l'homme que j'ai vu hier

the book I've just read : le livre que je viens de lire

– Si le verbe de la subordonnée se construit avec une préposition, celle-ci est rejetée à la fin de la subordonnée :

The man that I've just talked to is a friend of Peter's. – L'homme à qui je viens de parler est un ami de Peter.

Double recette !

Les deux spécialités se cuisinent ensemble la plupart du temps, ce qui donne :

The man I've just talked to is a friend of Peter's.

Ce qui, ce que

Deux mots : *what* ou *which*

What

What has been done is useless. – Ce qui a été fait est inutile.

Tell me what he said. – Dis-moi ce qu'il a dit.

« Tout ce qui » et « tout ce que » ne se traduisent pas par *all* + *what* (ce qui pourrait paraître logique), mais par *all (that)* ou *everything (that).*

All that he did was useless. – Tout ce qu'il fit fut inutile.

Which

He refused to do it, which was a stupid attitude. – Il a refusé de le faire, ce qui était une attitude stupide.

Comme on le voit, *what* correspond à « quoi » au discours indirect, alors que *which* « reprend » la proposition précédente. Truc classique : il n'y a pas de virgule avant *what*, il y en a une avant *which*.

La traduction de « dont »

Le pronom relatif, le vrai !

Whose

Ce relatif implique un **rapport d'appartenance**.

> *Mr Wilson, whose wife is French…* – M. Wilson, dont la femme est française…
>
> *This article, whose title is xxx, deals with xxx.* – Cet article, dont le titre est xxx, traite de xxx.

Théoriquement, en « bon anglais », on ne devrait pas utiliser *whose* avec un antécédent chose, mais la tournure (alambiquée) suivante :

> *This article, the title of which is…,*

Cela dit, cette tournure n'est plus guère utilisée.

Tout n'est pas relatif ! Le « dont » qui ne l'est pas !

C'est le complément d'un verbe ou d'un adjectif se construisant avec « de ».

> *I know the man she talked about last night.* – Je connais l'homme dont elle a parlé hier soir.

« Dont » n'implique pas ici de rapport d'appartenance.

Les autres relatifs

Where

Sans commentaire…

> *a place where you can have fun* : un endroit où l'on peut s'amuser

When

Avec (petit) commentaire : on utilise *when* (et non *where*) quand l'antécédent désigne un moment ou une période.

> *I remember the day when I saw this film.* – Je me rappelle le jour où j'ai vu ce film.

Why

The reason why he did that is not quite clear. – La raison pour laquelle il a fait cela n'est pas très claire.

Le groupe verbal

Tableaux de conjugaison

Priorité des priorités !

C'est, il va sans dire, la première révision grammaticale qui s'impose. Si l'on ne sait pas correctement conjuguer aux différents temps, autant renoncer à s'exprimer en anglais (ou dans une autre langue, du reste) ! Il vous faut donc maîtriser parfaitement toutes ces conjugaisons… C'est la priorité des priorités.

Conjugaisons du verbe « to be » (être) au présent et au prétérit

Présent

Forme affirmative :

I am/You are/He (she, it) is/We are/You are/They are

Forme négative :

I am not/You are not/He (she, it) is not/We are not/You are not/They are not

Forme interrogative :

Am I?/Are you?/Is he (she, it)?/Are we?/Are you?/Are they?

Contractions :

I'm = I am/We (you, they)'re = We (you, they) are/We (you, they) aren't = we (you, they) are not

Prétérit

Forme affirmative :

I was/You were/He (she, it) was/We (you, they) were

Forme négative :

I was not/You were not/He (she, it) was not/We (you, they) were not

Forme interrogative :

Was I?/Were you?/Was he (she, it)?/Were we (you, they)?

Contractions :

I (he, she, it) wasn't = I (he, she, it) was not/We (you, they) weren't = We (you, they) were not

Conjugaison du verbe « to have » (avoir) au présent et au prétérit

Présent

Forme affirmative :

I (you) have/He (she, it) has/We (you, they) have

Forme négative :

I (you) have not/He (she, it) has not/We (you, they) have not

Forme interrogative :

Have I (you) ?/Has he (she, it) ?/Have we (you, they) ?

Contractions :

I (you)'ve = I (you) have/I (we, you, they) haven't = I (we, you, they) have not /He (she, it) hasn't = he (she, it) has not

Prétérit

Forme affirmative :

I (you, he, she, it, we, you, they) had

Forme négative :

I (you, he, she, it, we, you, they) had not

Forme interrogative :

Had I (you, he, she, it, we, you, they)?

Contractions :

Hadn't = had not

N.B. Le verbe *to have* peut aussi se conjuguer comme un verbe « normal » au *présent* et au *prétérit* (avec l'auxiliaire *to do*).

Conjugaison d'un verbe « normal », le verbe « to help » (aider)

Présent simple

Forme affirmative :

I help/You help/He (she, it) helps/We help/You help/They help

Forme négative :

I do not help/You do not help/He (she, it) does not help/We do not help/You do not help/They do not help

Forme interrogative :

Do I help ?/Do you help ?/Does he (she, it) help ?/Do we help ?/Do you help ?/Do they help ?

Contractions :

I don't help = I do not help/He doesn't help = He does not help

Présent progressif

Forme affirmative :

I am helping/You are helping/He (she, it) is helping/We are helping/You are helping/They are helping

Forme négative :

I am not helping/You are not helping/He (she, it) is not helping/We are not helping/You are not helping/They are not helping

Forme interrogative :

Am I helping?/Are you helping? Is he (she, it) helping?/Are we helping?/Are you helping?/Are they helping?

Contractions :

I'm helping = I am helping/You're helping = You are helping/We aren't helping = We are not helping/He's helping = He is helping/She isn't helping = She is not helping

Prétérit

Forme affirmative :

I (you, he, she, it, we, you, they) helped

Forme négative :

I (you, he, she, it, we, you, they) did not help

Forme interrogative :

Did I (you, he, she, it, we, you, they) help?

Contractions :

He didn't help = He did not help

Prétérit progressif

Forme affirmative :

I was helping/You were helping/He (she, it) was helping/We were helping/You were helping/They were helping

Forme négative :

I was not helping/You were not helping/He (she, it) was not helping/We were not helping/You were not helping/They were not helping

Forme interrogative :

Was I helping?/Were you helping?/Was he (she, it) helping?/Were we helping?/Were you helping?/Were they helping?

Contractions :

He wasn't helping = He was not helping/They weren't helping = They were not helping

Present perfect

Forme affirmative :

I have helped/You have helped/He (she, it) has helped/We have helped/You have helped/They have helped

Forme négative :

I have not helped/You have not helped/He (she, it) has not helped/We have not helped/You have not helped/They have not helped

Forme interrogative :

Have I helped?/Have you helped?/Has he (she, it) helped?/Have we helped?/Have you helped?/Have they helped?

Contractions :

I've helped = I have helped/You haven't helped = You have not helped/He's helped = He has helped/She hasn't helped = She has not helped

Present perfect progressif

Forme affirmative :

I have been helping/You have been helping/He (she, it) has been helping/We have been helping/You have been helping/They have been helping

Forme négative :

I have not been helping/You have not been helping/He (she, it) has not been helping/We have not been helping/You have not been helping/They have not been helping

Forme interrogative :

Have I been helping?/Have you been helping?/Has he (she, it) been helping? Have we been helping? Have you been helping?/Have they been helping?

Contractions :

I've been helping = I have been helping/He's been helping = He has been helping/I haven't been helping = I have not been helping/He hasn't been helping = He has not been helping

Pluperfect (plus-que-parfait)

Forme affirmative :

I (you, he, she, it, we, you, they) had helped

Forme négative :

I (you, he, she, it, we, you, they) had not helped

Forme interrogative :

Had I (you, he, she, it, we, you, they) helped?

Contractions :

I'd helped = I had helped/He hadn't helped = He had not helped

Pluperfect progressif

Forme affirmative :

I had been helping/You had been helping/He (she, it) had been helping/We had been helping/You had been helping/They had been helping

Forme négative :

I had not been helping/You had not been helping/He (she, it) had not been helping/We had not been helping/You had not been helping/They had not been helping

Forme interrogative :

Had I been helping?/Had you been helping?/Had he (she, it) been helping?/Had we been helping?/Had you been helping?/Had they been helping?

Contractions : les mêmes que pour le *pluperfect*

Futur

Forme affirmative :

I will (ou *shall*) *help/You will help/He (she, it) will help/We will* (ou *shall*) *help/You will help/They will help*

Forme négative :

I will (ou *shall*) *not help/You will not help/He (she, it) will not help/We will* (ou *shall*) *not help/You will not help/They will not help*

Forme interrogative :

Shall (ou *will*) *I help?/Will you help?/Will he (she, it) help?/Shall* (ou *will*) *we help?/Will they help?*

Contractions :

We'll help = We will help/He won't help = He will not help/I shan't help = I shall not help

Futur progressif

Forme affirmative :

I will (ou *shall*) *be helping/You will be helping/He (she, it) will be helping/We will* (ou *shall*) *be helping/You will be helping/They will be helping*

Forme négative :

I will (ou *shall*) *not be helping/You will not be helping/He (she, it) will not be helping/We will* (ou *shall*) *not be helping/You will not be helping/They will not be helping*

Forme interrogative :

Shall (ou *will*) *I be helping?/Will you be helping ?/Will he (she, it) be helping ?/Shall* (ou *will*) *we be helping ?/Will you be helping?/Will they be helping ?*

Contractions : les mêmes que pour le futur simple

Futur antérieur

Forme affirmative :

I will (ou *shall*) *have helped/You will have helped/He (she, it) will have helped/We will* (ou *shall*) *have helped/You will have helped/They will have helped*

Forme négative :

I will (ou *shall*) *not have helped/You will not have helped/He (she, it) will not have helped/We will* (ou *shall*) *not have helped/You will not have helped/They will not have helped*

Forme interrogative :

Shall (ou *will*) *I have helped?/Will you have helped?/Will (he, she, it) have helped?/Shall* (ou *will*) *we have helped?/Will you have helped?/Will they have helped?*

Contractions : les mêmes que pour le futur simple.

Futur antérieur progressif

Forme affirmative :

I will (ou *shall*) *have been helping/You will have been helping/He (she, it) will have been helping/We will* (ou *shall*) *have been helping/You will have been helping/They will have been helping*

Forme négative :

I will (ou *shall*) *not have been helping/You will not have been helping/He (she, it) will not have been helping/We will* (ou *shall*) *not have been helping/They will not have been helping*

Forme interrogative :

Will (ou *shall*) *I have been helping?/Will you have been helping?/Will he (she, it) have been helping?/Shall* (ou *will*) *we have been helping?/Will you have been helping?/Will they have been helping?*

Contractions : les mêmes que pour le futur simple

Conditionnel

Forme affirmative :

I would help/You would help/He (she, it) would help/We would help/You would help/They would help

Forme négative :

I would not help/You would not help/He (she, it) would not help/We would not help/You would not help/They would not help

Forme interrogative :

Would I help?/Would you help?/Would he (she, it) help?/Would we help?/Would you help?/Would they help?

Contractions :

I'd help = I would help/He wouldn't help = He would not help

Conditionnel progressif

Forme affirmative :

I would be helping/You would be helping/He (she, it) would be helping/We would be helping/You would be helping/They would be helping

Forme négative :

I would not be helping/You would not be helping/He (she, it) would not be helping/We would not be helping/You would not be helping/They would not be helping

Forme interrogative :

Would I be helping?/Would you be helping?/Would he (she, it) be helping?/Would we be helping?/Would you be helping?/Would they be helping?

Contractions : les mêmes que pour le conditionnel

Conditionnel passé

Forme affirmative :

I would have helped/You would have helped/He (she, it) would have helped/We would have helped/You would have helped/They would have helped

Forme négative :

I would not have helped/You would not have helped/He (she, it) would not have helped/We would not have helped/You would not have helped/They would not have helped

Forme interrogative :

Would I have helped?/Would you have helped?/Would he (she, it) have helpe ?/Would we have helped?/Would you have helped?/Would they have helped?

Contractions : les mêmes que pour le conditionnel

Conditionnel passé progressif

Forme affirmative :

> *I would have been helping/You would have been helping/He (she, it) would have been helping/We would have been helping/You would have been helping/They would have been helping*

Forme négative :

> *I would not have been helping/You would not have been helping/He (she, it) would not have been helping/We would not have been helping/You would not have been helping/They would not have been helping*

Forme interrogative :

> *Would I have been helping?/Would you have been helping?/Would he (she, it) have been helping?/Would we have been helping?/Would you have been helping?/Would they have been helping?*

Contractions : les mêmes que pour le conditionnel

Listes des verbes irréguliers

Il est absolument impératif de connaître les verbes irréguliers… C'est l'un des premiers travaux de fond quand on s'attaque à la grammaire anglaise. Mais ne vous dites pas que vous allez apprendre « la » liste des verbes irréguliers, car il est beaucoup plus commode de fractionner cette liste en plusieurs. En l'occurrence trois listes vous sont proposées ici, qu'il faut ingurgiter dans l'ordre, car de la première à la troisième on passe des verbes les plus courants aux verbes moins fréquents.

Pour chaque liste, le premier élément est l'infinitif, le deuxième élément est constitué du prétérit, le troisième élément est le participe passé (qui sert, entre autres, à former le *present perfect.*)

1) Liste de première urgence

to be/I was/been : être

to beat/I beat/beaten : battre

to become/I became/become : devenir

to begin/I began/begun : commencer

to bite/I bit/bitten : mordre

to bleed/I bled/bled : saigner

to blow/I blew/blown : souffler

to break/I broke/broken : casser
to bring/I brought/brought : apporter
to build/I built/built : construire
to burn/I burned ou *burnt/burned* ou *burnt* : brûler
to burst/I burst/burst : éclater
to buy/I bought/bought : acheter
to catch/I caught/caught : attraper
to choose/I chose/chosen : choisir
to come/I came/come : venir
to cost/I cost/cost : coûter
to cut/I cut/cut : couper
to do/I did/done : faire
to draw/I drew/drawn : tirer (un trait), dessiner
to dream/I dreamed ou *dreamt/dreamed* ou *dreamt* : rêver
to drink/I drank/drunk : boire
to drive/I drove/driven : conduire
to eat/I ate/eaten : manger
to fall/I fell/fallen : tomber
to feed/I fed/fed : nourrir
to feel/I felt/felt : (se) sentir
to fight/I fought/fought : combattre ; se battre
to find/I found/found : trouver
to fly/I flew/flown : voler (oiseau)
to forbid/I forbade/forbidden : interdire
to forget/I forgot/forgotten : oublier
to forgive/I forgave/forgiven : pardonner
to get/I got/got : obtenir
to give/I gave/given : donner
to go/I went/gone : aller
to grow/I grew/grown : croître
to hang/I hung/hung : suspendre
to have/I had/had : avoir
to hear/I heard/heard : entendre
to hide/I hid/hidden : (se) cacher
to hit/I hit/hit : frapper
to hold/I held/held : tenir
to hurt/I hurt/hurt : blesser, faire mal (à)

to keep/I kept/kept : garder
to know/I knew/known : connaître
to lay/I laid/laid : poser
to lead/I led/led : mener, conduire
to lean/I leaned ou *leant/leaned* ou *leant* : se pencher, s'appuyer
to learn/I learned ou *learnt/learned* ou *learnt* : apprendre
to leave/I left/left : quitter, laisser
to lend/I lent/lent : prêter
to let/I let/let : laisser
to lie/I lay/lain : être couché
to light/I lighted ou *lit/lighted* ou *lit* : allumer
to lose/I lost/lost : perdre
to make/I made/made : faire, fabriquer
to mean/I meant/meant : signifier, vouloir dire
to meet/I met/met : rencontrer
to pay/I paid/paid : payer
to put/I put/put : mettre
to read/I read/read : lire
to ride/I rode/ridden : aller à bicylette, à cheval
to ring/I rang/rung : sonner
to rise/I rose/risen : s'élever
to run/I ran/run : courir
to say/I said/said : dire
to see/I saw/seen : voir
to sell/I sold/sold : vendre
to send/I sent/sent : envoyer
to set/I set/set : placer, fixer
to shake/I shook/shaken : secouer
to shine/I shone/shone : briller
to shoot/I shot/shot : tirer (une balle)
to shut/I shut/shut : fermer
to show/I showed/shown : montrer
to sing/I sang/sung : chanter
to sit/I sat/sat : être assis
to sleep/I slept/slept : dormir
to smell/I smelled ou *smelt/smelled* ou *smelt* : sentir
to speak/I spoke/spoken : parler

to spend/I spent/spent : dépenser

to stand/I stood/stood : être debout

to steal/I stole/stolen : voler (quelque chose)

to sweep/I swept/swept : balayer

to swim/I swam/swum : nager

to take/I took/taken : prendre

to tell/I told/told : dire

to think/I thought/thought : penser

to throw/I threw/thrown : jeter

to understand/I understood/understood : comprendre

to wake/I waked ou *woke/waked* ou *woken* : réveiller

to wear/I wore/worn : porter (vêtements)

to win/I won/won : gagner

to write/I wrote/written : écrire

2) Liste complémentaire (sans s'en faire)

to bear/I bore/borne : porter (un enfant) ; supporter

to bend/I bent/bent : plier

to bet/I bet/bet : parier

to bind/I bound/bound : lier

to breed/I bred/bred : engendrer ; élever

to broadcast/I broadcast/broadcast : diffuser, émettre

to creep/I crept/crept : ramper

to deal/I dealt/dealt : distribuer

to dig/I dug/dug : creuser

to forecast/I forecast/forecast : prédire

to freeze/I froze/frozen : geler

to knit/I knitted ou *knit/knitted* ou *knit* : tricoter

to leap/I leaped ou *leapt/leaped* ou *leapt* : bondir

to quit/I quit/quit : cesser

to rid/I ridded ou *rid/rid* : débarrasser

to seek/I sought/sought : chercher, rechercher

to sink/I sank/sunk : sombrer

to slide/I slid/slid : glisser

to spell/I spelled ou *spelt/spelled* ou *spelt* : épeler

to spill/I spilled ou *spilt/spilled* ou *spilt* : répandre

to spit/I spat/spat : cracher

to split/I split/split : fendre
to spoil/I spoiled ou *spoilt/spoiled* ou *spoilt* : gâcher
to spread/I spread/spread : étaler, étendre
to spring/I sprang/sprung : jaillir
to stick/I stuck/stuck : enfoncer ; coller
to sting/I stung/stung : piquer
to stink/I stank/stunk : puer
to strike/I struck/struck : frapper
to swear/I swore/sworn : jurer
to swell/I swelled/swollen : enfler, gonfler
to swing/I swung/swung : (se) balancer
to tear/I tore/torn : déchirer
to thrust/I thrust/thrust : pousser, enfoncer, fourrer
to upset/I upset/upset : bouleverser
to withdraw/I withdrew/withdrawn : retirer

3) Liste périphérique de verbes épisodiques

to abide/I abided ou *abode/abided* ou *abode* : supporter
to arise/I arose/arisen : survenir
to bid/I bid/bid : faire une offre, une enchère
to cast/I cast/cast : jeter (sort)
to cling/I clung/clung : s'accrocher
to dwell/I dwelled ou *dwelt/dwelled* ou *dwelt* : habiter
to flee/I fled/fled : fuir
to fling/I flung/flung : jeter
to forsake/I forsook/forsaken : abandonner
to grind/I ground/ground : moudre
to mow/I mowed/mown : faucher, tondre
to saw/I sawed/sawn : scier
to sew/I sewed/sewn : coudre
to shed/I shed/shed : verser (larmes)
to shrink/I shrank/shrunk : rétrécir
to slit/I slit/slit : fendre, déchirer
to sow/I sowed/sown : semer
to speed/I sped/sped : aller vite, foncer
to spin/I spun/spun : tournoyer
to string/I strung/strung : enfiler (perles)
to strive/I strove/striven : s'efforcer

to tread/I trod/trodden : fouler aux pieds

to weave/I wove/woven : tisser

to weep/I wept/wept : pleurer

to wind/I wound/wound : enrouler

to wring/I wrung/wrung : tordre

Les temps

Avant d'entrer dans le détail des différents temps, voici d'abord en un coup d'œil l'ensemble des principaux temps anglais. Cela vous sera utile pour savoir exactement de quoi l'on parle, pouvoir les comparer rapidement et… vous rassurer sur l'étendue globale du chantier à entreprendre.

Mode d'emploi des temps

Présent simple (présent d'habitude) = présent en français

What do you do for a living? – Que faites-vous dans la vie ?

Présent progressif (action en train de se faire ; idée de futur) = présent en français

What are you doing? – Qu'est-ce que tu es en train de faire ?

I'm leaving tomorrow. – Je pars demain.

Present perfect (action passée non datée ; incidence sur le moment présent) = passé composé en français

I have drunk too much! – J'ai trop bu !

I've already read this book. – J'ai déjà lu ce livre.

Have you seen this film? – As-tu vu ce film ?

Present perfect avec *since* et *for* = présent en français

I have had this car for five months (since May). – J'ai cette voiture depuis cinq mois (depuis mai).

Present perfect progressif avec *since* et *for* = présent en français

I have been learning English for 7 years. – J'apprends l'anglais depuis 7 ans.

Prétérit (action passée datée) = passé simple, passé composé, ou imparfait en français

He left for Germany in 1842. – Il partit pour l'Allemagne en 1842.

I saw Jenny a few days ago. – J'ai vu Jenny il y a quelques jours.

I didn't know about it. – Je n'étais pas au courant.

I used to play tennis when I was young. – Je jouais au tennis quand j'étais jeune.

Prétérit progressif = imparfait en français

I was reading the newspaper when he phoned. – Je lisais (j'étais en train de lire) le journal quand il a téléphoné.

Pluperfect = plus-que-parfait en français

I had told him about it before. – Je lui en avais déjà parlé.

Futur simple = futur en français (voire présent dans le cas de "Shall I (we)...?")

I will do it tomorrow. – Je le ferai demain.

Shall I help you? – Est-ce que je vous aide ? (= Dois-je vous aider ?)

Futur progressif (constatation neutre) = futur en français

He won't be coming with us next Saturday. – Il ne viendra pas avec nous samedi prochain.

Conditionnel

I would be happy if you came with me. – Je serais heureux si tu venais avec moi.

Conditionnel passé

I would have been happy if you had come with me. – J'aurais été heureux si tu étais venu avec moi.

Should = ought to

You should tell him about it. = *You ought to tell him about it.* – Tu devrais lui en parler.

He should have been more careful. = *He ought to have been more careful.* – Il aurait dû être plus prudent.

Le chariot des temps

Le présent

Il y a deux présents en anglais : le ***présent simple*** et le ***présent progressif***.

Le « présent simple »

On l'appelle aussi le « présent d'habitude », car on s'en sert pour les actions présentes qui se répètent, qui sont des vérités générales, des faits routiniers, des situations permanentes.

I usually go to the swimming-pool on Saturdays. – Je vais d'ordinaire à la piscine le samedi.

What does he do for a living? – Que fait-il dans la vie?

Where do you live? – Où habitez-vous ?

Il y a une seconde utilisation du présent simple : l'utilisation de ce temps avec valeur de ***futur*** (voir à ***Comment exprimer le futur ?***).

Le « présent progressif » (ou « présent continu »)

On l'utilise pour les actions présentes en train de se dérouler.

What are you doing? – Qu'es-tu en train de faire ?

Leave me alone! I'm working. – Laisse-moi tranquille ! Je travaille (= Je suis en train de travailler).

Cela dit, le présent progressif peut aussi s'utiliser pour des actions qui ne sont pas forcément « en train de se faire ». C'est notamment le cas avec l'adverbe *always*.

He's always complaining about something. – Il est toujours en train de se plaindre de quelque chose.

Cela élargit donc le champ d'action du présent progressif, notamment en anglais contemporain. Attention ! donc, car les Français ont la fâcheuse habitude de privilégier le présent simple au détriment du progressif.

De même que le présent simple, le présent progressif s'utilise avec une valeur de futur. (Voir à ***Comment exprimer le futur ?***)

Le prétérit

3 en 1 !

Le prétérit correspond en français au passé simple, à l'imparfait et au passé composé.

Pour le passé simple, c'est simple !

Il se rend toujours en anglais par le prétérit.

William the Conqueror defeated King Harold at the Battle of Hastings in 1006. – Guillaume le Conquérant vainquit le roi Harold à la bataille de Hastings en 1006.

Pour l'imparfait, les choses se corsent !

Malheureusement on n'utilise pas systématiquement le prétérit pour rendre l'imparfait.

Comment rendre l'imparfait ?

– Par le **prétérit simple** pour les actions qui « se répétaient ».

When I was a child, I watched television every day. – Quand j'étais enfant, je regardais la télévision tous les jours.

N.B. Dans ce cas-là, on peut aussi utiliser la tournure (au prétérit) *used to* ou l'auxiliaire *would.*

I used to smoke when I was younger. – Je fumais quand j'étais plus jeune.

The Romans would do that. – Les Romains avaient l'habitude de faire cela.

Used to s'emploie notamment lorsqu'il y a une opposition entre ce qui se faisait avant et ce qui se fait maintenant.

– On traduit également l'imparfait par le ***prétérit progressif*** pour les actions du passé envisagées dans leur déroulement, autrement dit quand l'imparfait correspond à « j'étais, tu étais en train de…, etc. »

I was reading when she came back home. – J'étais en train de lire quand elle est rentrée à la maison.

Pour le passé composé, les choses se compliquent très nettement !

C'est l'une des questions les plus épineuses de toute la grammaire anglaise, voire la première à maîtriser !

Le problème est que l'on peut traduire le passé composé français par le ***prétérit*** ou par le ***present perfect***.

Emploi du prétérit

Voici la différence majeure : le **prétérit** s'utilise pour une action passée coupée du moment présent, alors que le ***present perfect***

GARE AU PIÈGE !

Règle d'or n° 1

On utilise obligatoirement le prétérit dès qu'il y a un « marqueur de temps » dans la phrase, c'est-à-dire dès que l'on précise à quel moment a eu lieu telle ou telle action du passé.

- *I bought this car two years ago.* – J'ai acheté cette voiture il y a deux ans.
- *I saw this film last week.* – J'ai vu ce film la semaine dernière.
- *When did you do that?* – Quand as-tu fait cela ?
- *He died in 1850.* – Il est mort en 1850.
- *I phoned Peter yesterday.* – J'ai téléphoné à Peter hier.
- *I met Jane during the holidays.* – J'ai rencontré Jane durant les vacances.
- *I lived in London for two years.* – J'ai vécu à Londres pendant deux ans.
- *How long did you stay in London?* – Combien de temps es-tu resté à Londres ?

s'utilise pour une **action passée en rapport avec le moment présent** (voir ci-après).

Tout cela est bien théorique… Quelles sont les retombées pratiques ?

Deux mots pour « pendant »

- *for* + unités de temps
- *during* + nom d'une période = « au cours de »
- *for 5 minutes, for 7 years, for 2 months, for a long time*
- *during the holidays, during my stay in England*

Relire les exemples ci-dessus.

Remarque sur l'emploi du prétérit avec « for » (pendant) et « how long » (pendant combien de temps ?)

On remarque donc que *for* avec le **prétérit** se traduit par « pendant » (« avoir fait quelque chose pendant… ») et que *how long* avec le **prétérit** signifie « pendant combien de temps ? » Or l'on sait que ces mêmes mots peuvent aussi s'utiliser avec le *present perfect* (voir ci-dessous), mais se traduisent alors différemment.

Le prétérit sans marqueur de temps

Figurez-vous – mais ne vous découragez pas – que l'on peut tout de même utiliser le prétérit quand il n'y a pas de marqueur de temps explicite dans la phrase, pour peu que le moment où s'est déroulée l'action soit implicitement coupé du moment présent !

> *I went to the museum with my parents.* – Je suis allé au musée avec mes parents.
>
> *Did you sleep well?* – As-tu bien dormi ?

Autrement dit, s'il est absolument nécessaire d'utiliser le prétérit quand il y a un marqueur de temps, la règle n'est pas réversible comme un gant… Ne vous dites pas : donc, s'il n'y a pas de marqueur de temps, j'utilise le *present perfect*. Non, ce n'est pas aussi simple. Quand utilise-t-on le *present perfect* alors ?

Le present perfect

Règle d'or n° 2

Pour pouvoir utiliser le ***present perfect***, il faut qu'il n'y ait aucun marqueur de temps dans la phrase.

Cela dit, les choses sont, comme il a été dit, un peu moins simplettes… En effet, vous savez qu'on peut utiliser le prétérit même sans marqueur de temps. Alors ?

Alors, pour utiliser le *present perfect*, il faut : 1) l'absence d'un marqueur de temps, 2) un « petit plus », ce « petit plus » étant le « rapport entre passé et présent ».

Explications :

On utilise le *present perfect* quand il y a un rapport entre l'action du passé – n'oublions pas que l'on traduit en français par un passé composé – **et le moment présent**. Très souvent, cette action appartenant au passé a par exemple **un retentissement, une conséquence sur le moment présent**.

1) Retentissement implicite sur le moment présent

> *I've eaten too much!* – J'ai trop mangé ! (Du coup, je ne me sens pas bien.)
>
> *There's been an accident!* – Il y a eu un accident ! (On peut le constater au moment où la phrase est prononcée.)
>
> *He's had one too many.* – Il a bu un coup de trop. (Donc, il est ivre.)
>
> *I have repaired the printer. You can use it again.* – J'ai réparé l'imprimante. Tu peux la réutiliser. (L'imprimante fonctionne de nouveau.)
>
> *Have you seen that film?* – As-tu vu ce film ? (Connais-tu ce film ? Peux-tu en parler ?)
>
> *I've had enough!* – J'en ai assez. (La coupe n'a cessé de se remplir, à présent elle est pleine.)

On remarque que, dans ce dernier exemple, la traduction du *present perfect* ne s'effectue pas par le passé composé, mais carrément par un… présent !

On utilise donc systématiquement le *present perfect* avec certains adverbes qui établissent un lien entre passé et présent : *already, just, (not) yet, always, ever, never…*

> *I've already had dinner.* – J'ai déjà dîné.
>
> *I haven't finished my work yet.* – Je n'ai pas encore terminé mon travail.
>
> *Have you ever been to China?* – Êtes-vous déjà allé en Chine ?
>
> *I've just met Jane.* – Je viens de rencontrer Jane.
>
> *Have you met the new manager yet?* – As-tu déjà rencontré le nouveau directeur ?

GARE AU PIÈGE !

On utilise aussi le *present perfect* avec certains… marqueurs de temps (aïe ! pas de panique !) quand ceux-ci indiquent une continuité jusqu'au moment présent, par exemple : *today, so far, over the last few weeks*, etc.

This month I have received lots of letters. – Ce mois-ci, j'ai reçu beaucoup de lettres.

2) Avec *since, for* et *how long*

Il est impératif de noter que le *present perfect* avec *since* et *for* ne se traduit pas par un passé composé, mais par un présent. Inversement, dans les phrases en français au présent avec « depuis » correspondent en anglais des phrases au *present perfect* !

- *I've been here for two hours.* – Je suis ici depuis deux heures.
- *How long have you had this car?* – Depuis combien de temps avez-vous cette voiture ?
- *I've known Peter for a long time.* – Je connais Peter depuis longtemps.

Un present perfect enrichi !

Généralement, dans ces phrases avec *since, for* et *how long*, on utilise pour la plupart des verbes une variété de *present perfect* enrichi, le *present perfect* progressif, ce qui donne le schéma suivant :

I have been living in London for 10 years. – J'habite Londres depuis dix ans. (= Cela fait dix ans que j'habite Londres.)

We have been staying here since Monday. – Nous séjournons ici depuis lundi.

How long have you been learning French? – Depuis combien de temps apprenez-vous le français ?

Là encore, on remarque que, « dans ce type de phrase », le *present perfect* progressif se traduit en français par un présent.

De toute façon, qu'il soit simple ou progressif, le *present perfect* dans les phrases avec « depuis » se traduit donc toujours par un présent. L'utilisation du simple ou du progressif dépend du verbe utilisé (la plupart se mettent à la forme progressive) et de subtiles nuances qui n'ont souvent guère d'incidences pratiques. Pour le verbe *to live*, par exemple, on peut même aligner l'équation suivante :

I have been living here for 5 years. = *I have lived here for 5 years.* – Je vis ici depuis 5 ans.

3) On doit utiliser le *present perfect* avec l'expression "*it is the first time...*"

It is the first time I've tried this. – C'est la première fois que j'essaie cela.

On remarquera, une fois encore, que l'on utilise un présent en français.

Emploi du present perfect progressif en solo

Il s'utilise souvent avec une nuance dépréciative manifestant la désapprobation du locuteur. Il se traduit par un passé composé.

What has he been doing again? – Qu'a-t-il encore fait ?

GROS PLAN

Prétérit et present perfect en chiens de faïence !

Comparer :

- *I lived in London for 2 years.* – J'ai vécu à Londres pendant deux ans.
- *I have been living in London for 2 years.* – Je vis à Londres depuis deux ans.
- *How long did it last ?* – Combien de temps cela a-t-il duré ?
- *It lasted (for) 2 hours.* – Cela a duré (pendant) deux heures.
- *How long has it been lasting ?* – Depuis combien de temps cela dure-t-il ?
- *It has been lasting for 2 hours.* – Cela dure depuis deux heures.

Le plus-que-parfait

C'est le *pluperfect* en anglais, qui se construit comme en français et s'emploie grosso modo comme le plus-que-parfait.

had + participe passé

I had already finished my work when John arrived. – J'avais déjà fini mon travail quand John est arrivé.

Le pluperfect progressif

Pas d'affolement ! Ce temps s'emploie de façon quasi unique avec *for*, *since* et *how long*, et se traduit en français par un **imparfait**. Autrement dit, on retrouve le même « décalage » de temps qu'entre ***present perfect*** et **présent** français dans les phrases avec « depuis ».

He had been reading for 2 hours when the phone rang. – Il lisait depuis 2 heures quand le téléphone sonna.

Comment exprimer le futur ?

On lit aujourd'hui dans toute grammaire qui se respecte qu'il n'y a pas de vrai temps futur en anglais. À proprement parler, c'est vrai, mais il ne faut tout de même pas laisser croire que les choses sont nettement plus compliquées en anglais qu'en français, la langue anglaise ayant « différentes façons d'exprimer le futur ». Or la langue française les a également, ces « différentes façons d'exprimer le futur » ! Et, qui plus est, elles correspondent à peu près à celles de l'anglais… Mettons-les donc en parallèle.

Le… « présent »

Le présent peut très bien avoir une valeur de futur. Comme en français !

La seule question, c'est quel présent ? Simple ou progressif ? Les deux en fait mais avec la nuance que le **présent progressif** s'utilise pour les décisions personnelles, tandis que le **présent simple** sert pour les programmes officiels.

> *I'm leaving for London tomorrow.* – Je pars pour Londres demain.
>
> *The plane takes off at 2.* – L'avion décolle à deux heures.

Le « vrai » futur

Will (à toutes les personnes) + base verbale

Le modal *shall* s'utilise encore couramment de nos jours **aux premières personnes du singulier et du pluriel à la forme interrogative**. Mais beaucoup plus rarement aujourd'hui aux premières personnes du singulier et du pluriel à la forme affirmative.

> *I will do that next month.* – Je ferai cela le mois prochain.
>
> *I won't do that again!* – Je ne referai pas cela !
>
> *Shall I read the text?* – Est-ce que je lis le texte ? = Dois-je lire le texte ?
>
> *Shall we go?* – On y va ?
>
> *What shall I do?* – Qu'est-ce que je fais ?

N.B.

On s'aperçoit, à la lecture de la traduction des trois dernières phrases, qu'elles ne sont pas au… futur.

Cela montre en effet que *shall* et *will* ne sont pas de simples « auxiliaires du futur », mais bien des « auxiliaires de modalité » (comme ils s'appellent du reste), laissant filtrer la pensée ou l'attitude du locuteur. Ainsi, *will* laisse filtrer une idée de « volonté », *shall* une idée de « devoir ». Par exemple, si l'on reprend deux des exemples ci-dessus, on pourrait presque les traduire ainsi :

> *I won't do that!* – Pas question que je fasse cela !
>
> *What shall I do?* – Que dois-je faire ?

Certes, mais la construction avec *shall* (à la forme affirmative) et *will* « correspond » dans presque tous les cas au futur français…

Le futur dans les subordonnées temporelles

Il ne faut pas l'utiliser en anglais ! On utilise le présent.

> *I will help him when I am in London.* – Je l'aiderai quand je serai à Londres.
>
> *I'll let you know as soon as I know.* – Je te préviendrai dès que je saurai.
>
> *When you are older…* – Quand tu seras plus âgé…

Le futur progressif

On peut combiner *will* avec une forme progressive.

Soit on envisage une action dans son déroulement futur.

> *I'll be skiing this time next week.* – Je serai en train de faire du ski à cette heure-ci la semaine prochaine.

Soit on fait un constat futur sans marquer la moindre intention (contrairement à ce qui se passe avec la construction *will* + base verbale)

> *I won't be going to the party.* – Je n'irai pas à la fête.

Le « futur proche »

Construction avec *to be going to*

> *I am going to help you.* – Je vais vous aider.

La forme incorrecte *gonna* est la contraction de *going to.*

> *I'm gonna tell him about it. (= I'm going to tell him about it.)* – J'vais lui en parler.

Les grammaires classiques adorent souligner que cette expression marque l' « intention du locuteur ». D'accord, mais il faut surtout dire qu'elle correspond à l'expression française « je vais…, etc.».

N.B.

Il est vrai que, dans certains cas, le « futur proche » se rend par le fameux auxiliaire de modalité *will*, lorsqu'il s'agit d'une décision **impromptue**.

> *Wait! I'll go and check!* – Attends ! Je vais aller vérifier !

Le « futur immédiat »

to be about to do something : être sur le point de faire quelque chose

We are about to leave. – Nous sommes sur le point de partir.

Le « futur de convention »

C'est une tournure très fréquente, dont la construction est la suivante :

to be to + base verbale

Elle se traduit par le verbe « devoir » dans sa valeur de **prévision** ou d'**intention**. On s'en sert pour parler de ce que l'on « doit » faire, non pas parce que l'on y est obligé, mais parce que c'est prévu ou qu'on l'a soi-même programmé.

I am to see her tonight. – Je dois la voir ce soir.

We are to visit London next summer. – Nous devons visiter Londres l'été prochain.

He is to take A-levels next year. – Il doit passer le bac l'année prochaine.

What am I to do? – Que dois-je faire ?

Le futur de convention peut être « renforcé » par *due*.

I am due to leave next week. – Je dois partir la semaine prochaine.

On peut aussi utiliser *due* tout seul.

The train is due at 5. – Le doit arriver à 17h.

When is the baby due? – Quand le bébé doit-il naître ?

Cette tournure est très proche de la tournure *to be supposed to…* (être censé).

You're supposed to be back by 7. – Tu es censé être de retour à 7 h au plus tard.

Le futur antérieur

Il n'existe presque pas de différence avec le français…

I will have finished this task by Sunday. – J'aurai fini ce travail d'ici à dimanche.

Presque..., parce qu'il y a un cas où l'on n'utilise pas le futur antérieur en anglais alors que le français l'utilise. **Dans les subordonnées temporelles, la langue anglaise utilise le *present perfect* et non le futur antérieur comme on le fait en français.**

> *I will join you when I have finished my work.* – Je vous rejoindrai quand j'aurai fini mon travail.

Le conditionnel

L'auxiliaire est *would* à toutes les personnes. Ce mode s'utilise à peu près comme en français.

> *We would be very happy if he passed this exam.* – Nous serions très heureux s'il réussissait cet examen.

On observe évidemment la même concordance de temps qu'en français au conditionnel passé :

> *We would have been happy if he had passed this exam.* – Nous aurions été heureux s'il avait réussi cet examen.

En pratique donc, pas grand-chose à faire remarquer. La seule particularité est la suivante : on n'utilise **pas le conditionnel en anglais dans une subordonnée temporelle. On le remplace par le prétérit**.

> *He said he would do it as soon as he got there.* – Il a dit qu'il le ferait dès qu'il arriverait là-bas.

Les auxiliaires modaux

C'est un plat de résistance de la grammaire anglaise. Vous en entendez parler continuellement. De quoi s'agit-il au juste ? De rien d'inquiétant à vrai dire. *Joking aside* : il s'agit d'accessoires de la base verbale (à toutes les personnes) qui expriment les « modalités » de la pensée du locuteur, bref, son point de vue ! Ouf. À vrai dire, il s'agit seulement de savoir comment les traduire en français ! Les longues guirlandes explicatives seront donc réduites au minimum.

Remarque – Naguère encore, on appelait les modaux « verbes défectifs », ce qui signifiait simplement qu'on ne pouvait pas les mettre à tous les temps et modes. Voilà pourquoi, par exemple, on ne les donne pas à l'infinitif.

Construction des modaux au passé :

modal + have + participe passé

N.B. – *Will, shall* et *would*, les auxiliaires du futur et du conditionnel, sont eux aussi des auxiliaires modaux.

GARE AU PIÈGE !

Avec les modaux, le tout est d'ôter ***to*** !

On utilise donc les modaux avec la « base verbale », pas avec l'infinitif complet !

I can go./You must do it./May I go ?

Can / could

- *I can* : je peux
- *I could* (prétérit) : j'ai pu/je pouvais/je pus
- *I could* (conditionnel) : je pourrais

C'est le verbe « pouvoir » passe-partout pour exprimer :

– la possibilité physique ou matérielle

I can't lift the table. – Je ne peux pas soulever la table.

Can you come on Sunday? – Peux-tu venir dimanche ?

He could have helped you if he had been there. – Il aurait pu t'aider s'il avait été là.

– la permission

Can I go out? – Puis-je sortir ?

You can do it now if you like. – Vous pouvez le faire maintenant si vous voulez.

Could I open the window? – Pourrais-je ouvrir la fenêtre ?

– la capacité résultant d'un apprentissage

Can you ski, swim, dance? – Sais-tu skier, nager, danser ?

Mais :

Do you know how to open this box? – Sais-tu comment ouvrir cette boîte ?

– Utilisation avec les verbes de perception

I can't hear you very well. – Je ne t'entends pas très bien.

Can you see that house? – Vois-tu cette maison ?

Aux temps qui manquent à *can* et *could*, on conjugue au temps voulu l'expression équivalente *to be able to* (être capable de)

Cela est particulièrement utile au futur.

Pour traduire « pouvoir » au futur, on se sert donc de l'expression équivalente ci-dessus. Prière de ne pas confondre avec le conditionnel *could* !

I won't be able to finish this task by myself. – Je ne pourrai pas finir cette tâche tout seul.

I could finish this task by myself if I had more time. – Je pourrais finir cette tâche tout seul si j'avais davantage de temps.

May / might

- *I may* : je peux
- *I might* : je pourrais

Cet auxiliaire modal, moins passe-partout, indique principalement :

– ***la permission*** (langue plus soutenue qu'avec *can*)

May I have the menu, please? – Puis-je avoir le menu, s'il vous plaît ?

We might say that… – Nous pourrions dire que…

À la forme affirmative, il est possible d'utiliser *may* dans ce sens, mais il sera plus naturel de se servir de l'expression équivalente *to be allowed to…* (être autorisé à…).

You may smoke here. = *You are allowed to smoke here.* – Vous avez le droit de fumer ici.

– ***l'éventualité***

Distinguo pas si sot : l'**éventualité**, c'est du 50/50, alors que la **probabilité** (voir à *must*), c'est du 80/20, ou du 70/30, ou du 60/40, etc. !

She may be American. – Il se peut qu'elle soit américaine.

He may have made a mistake. – Il se peut qu'il ait fait une erreur.

The boss might lose his temper. – Il se pourrait que le patron s'énerve.

Betty might have told her mother about it. – Il se pourrait que Betty en ait parlé à sa mère.

Cette idée d'éventualité est donc parfaitement rendue en français par la tournure impersonnelle « il se peut que… » (pour *may*) et « il se pourrait que… » (pour *might*).

Must

C'est le verbe « devoir » : avec deux sens distincts

– l'obligation

You must obey your parents. – Tu dois obéir à tes parents.

I must be going. – Il faut que je parte.

La tournure équivalente est *to have to...* (avoir à...), souvent assortie de *got.*

I've got to work. = *I must work.* – Je dois travailler = Il faut que je travaille.

La forme incorrecte *gotta* est la contraction de *got to.*

Gotta go ! (I've got to go !) – Faut que j'y aille !

Noter que « devoir » dans son sens d'obligation se remplace couramment en français par la tournure impersonnelle « il faut que... ».

La tournure équivalente « *to have to...* » est évidemment indispensable pour rendre « devoir » au futur, *must* n'existant qu'au présent...

I'll have to settle this question later. – Il faudra que je règle cette question plus tard.

GARE AU PIÈGE !

À la forme négative, *must* et *have to* ne sont nullement interchangeables !

You mustn't go with him. – Il ne faut pas que tu l'accompagnes.

You don't have to go with him. – Tu n'as pas besoin de l'accompagner.

– la probabilité

It must be very difficult. – Cela doit être très difficile.

She must be late. – Elle doit être en retard.

John must have missed the bus. – John a dû rater le bus.

Should / ought to

Tous deux signifient : (je) « devrais », (tu) « devrais », (il) « devrait », etc.

You should listen to me. – Tu devrais m'écouter.

He ought to work harder. – Il devrait travailler davantage.

You shouln't have reacted like that. – Vous n'auriez pas dû réagir ainsi.

N.B. – *Should* et *ought to* sont tout proches des deux autres tournures suivantes.

Comparer :

> *You should (= ought to) visit the town now.* – Vous devriez visiter la ville maintenant.
>
> *You'd better visit the town now.* – Vous feriez mieux de visiter la ville maintenant.
>
> *You'd be well advised to visit the town now.* – Vous auriez intérêt à visiter la ville maintenant.

(to) need /(to) dare : les « quasi-modaux » !

Ces deux verbes peuvent êtres conjugués comme des verbes « normaux » ou comme des modaux.

> *You don't need to go at once.* – Tu n'as pas besoin d'y aller tout de suite.
>
> *I need not say this is useless.* – Je n'ai pas besoin de dire que c'est inutile.
>
> *He didn't dare to say anything.* – Il n'osa rien dire.
>
> *How dare you say that?* – Comment oses-tu dire ça ?

Remarque – La construction de verbe normal est plus courante, moins littéraire, que le traitement en modal.

Les structures verbales : choisir le bon attelage !

Parmi les fautes les plus courantes, l'une des plus graves consiste à ignorer comment relier un verbe à un autre. Il est indispensable d'apprendre, au cas par cas, ces différents « attelages ». Mais il y a, évidemment, nombre de verbes dont on n'est pas censé ignorer la construction. Avant de commencer, il vous est indispensable de bien faire la différence entre « **infinitif complet** » et « **base verbale** ». Sans entrer dans de subtiles explications, **la base verbale**, c'est « l' infinitif sans *to* », **l'infinitif complet**, c'est l' « infinitif avec *to* ». Exemple pour mettre les points sur les i :

> base verbale : *make*
>
> infinitif complet : *to make*

La tentation pour un Français, c'est d'avoir une préférence éhontée pour la base verbale et de l'accommoder à toutes les sauces, au détriment de l'infinitif complet. En effet, notre infinitif, ici « faire », ressemble plus à *make* qu'à *to make*.

Quant au « **gérondif** », c'est la base verbale + *-ing*.

Verbe + « infinitif complet » (= avec to)

They want to set up a company. – Ils veulent créer une entreprise.

I prefer to take a taxi. – Je préfère prendre un taxi.

I'd like to see the manager. – J'aimerais voir le directeur.

I'd prefer to go by bus. – Je préférerais y aller en bus.

They tried to sell the product to the Chinese. – Ils ont essayé de vendre le produit aux Chinois.

I am beginning to understand. – Je commence à comprendre.

Remember to send this fax. – N'oublie pas d'envoyer ce fax.

We plan to open a new branch. – Nous avons l'intention d'ouvrir une nouvelle succursale.

Did you manage to do it? – As-tu réussi à le faire ?

I can't afford to waste any time. – Je ne peux pas me permettre de perdre du temps.

I fail to understand his attitude. – Je ne parviens pas à comprendre son attitude.

Verbe ou locution + verbe en ...ing

She likes temping. = *She enjoys temping.* – Elle aime faire de l'intérim.

I hate working overtime. – Je déteste faire des heures supplémentaires.

You must avoid making that stupid remark. – Il faut que tu évites de faire cette remarque stupide.

I couldn't help laughing. – Je n'ai pas pu m'empêcher de rire.

He started working for them in 2004. – Il a commencé à travailler avec eux en 2004.

Stop doing that! – Cesse de faire ça !

He keeps complaining. – Il ne cesse de se plaindre.

I gave up smoking five years ago. – J'ai renoncé à fumer il y a cinq ans.

I can't stand getting up early. – Je ne peux pas supporter de me lever de bonne heure.

Would you mind shutting the door. – Cela vous dérangerait-il de fermer la porte?

Comme on l'a constaté en parcourant les deux listes précédentes, certains verbes ont un régime « double », pouvant se construire avec *to* ou bien avec le gérondif.

C'est le cas des verbes *to like* et *to prefer* quoique malgré tout il existe une petite différence. On fait plutôt appel au gérondif pour un goût ou une préférence « en général », et l'infinitif pour quelque chose de plus ponctuel. Avec le conditionnel notamment (« j'aimerais », « je préférerais »), on utilise toujours l'infinitif.

- *I like skiing.* – J'aime skier.
- *I'd like to ski tomorrow.* – J'aimerais skier demain.
- *I prefer working late at night.* – Je préfère travailler tard le soir.
- *I'd prefer to take a taxi.* – Je préférerais prendre un taxi.

Le verbe *to remember* se construit avec *to* dans le sens de « penser à », avec le gérondif dans le sens de « se souvenir d'avoir... »

- *Remember to tell Jack about it.* – N'oublie pas d'en parler à Jack.
- *I remember seeing him in London.* – Je me souviens de l'avoir vu à Londres.

Le verbe *to regret* se construit avec to dans le sens de « regretter de », avec le gérondif dans le sens de « regretter d'avoir... ».

- *I regret to tell you that we are disappointed.* – Je regrette de vous dire que nous sommes déçus.
- *He regrets treating her like that.* – Il regrette de l'avoir traitée ainsi.

He suggested going by tube. – Il a proposé d'y aller en métro.

I resent having to work with them. – Je n'apprécie guère d'être obligé de travailler avec eux.

I remember visiting this museum with you. – Je me souviens d'avoir visité ce musée avec vous.

They have trouble making ends meet. – Ils ont du mal à joindre les deux bouts.

Cette construction peut se combiner avec un adjectif possessif.

Do you mind my opening the window? – Cela vous dérange-t-il que j'ouvre la fenêtre ?

Verbe ou locution + préposition + verbe en ...ing

The police succeeded in solving the case. – La police a réussi à résoudre l'affaire.

It prevented us from working properly. – Cela nous a empêchés de travailler correctement.

He had difficulty in solving the case. – Il eut du mal à résoudre l'affaire.

They plan on leaving for Egypt next month. – Ils ont l'intention de partir pour l'Égypte le mois prochain.

He talked her into accepting the offer. – Il la convainquit d'accepter l'offre.

Do you feel like going to the cinema? – As-tu envie d'aller au cinéma ?

Attention ! Dans cette dernière locution, *like* n'a rien à voir avec le verbe *to like* (aimer) ! C'est la préposition *like* (comme).

Verbe + « base verbale »

I must go. – Je dois partir.

Can you help me? – Peux-tu m'aider ?

May I smoke? – Puis-je fumer ?

I'd rather work for a small company. – Je préférerais travailler pour une petite entreprise.

You'd better stay here. – Tu ferais mieux de rester ici.

He made me work hard. – Il m'a fait beaucoup travailler.

Let me do it myself. – Laisse-moi le faire moi-même.

Help me (to) finish this task. – Aidez-moi à finir ce travail.

I saw him slap her face. – Je l'ai vu la gifler.

I heard him sneeze. – Je l'ai entendu éternuer.

Remarques

- Le verbe *to help* peut donc être suivi de l'infinitif complet ou de la base verbale.
- Les « verbes de perception » peuvent aussi être suivis du gérondif. Voici la distinction : les verbes de perception sont suivis de la base verbale quand l'action est ponctuelle ; ils sont suivis du gérondif quand l'action dure.

  I could see him sleeping in the garden. – Je le voyais dormir (= qui dormait) dans le jardin.

Verbe + to + verbe en ...ing

We look forward to hearing from you. – Nous attendons avec impatience de vos nouvelles.

I am used to getting up early. – J'ai l'habitude de me lever de bonne heure.

She can't adjust to working under those conditions. – Elle ne peut pas s'habituer à travailler dans ces conditions.

It boils down to starting from scratch. – Cela revient à repartir de zéro.

Tiercé perdant !

GARE AU PIÈGE !

1) Ne pas construire *to prefer* avec la base verbale.

I prefer to do this ou *I prefer doing this*, mais surtout pas ~~*I prefer do this*~~.

2) Ne pas construire *to avoid* avec l'infinitif.

I avoided disturbing him, et non ~~*I avoided to disturb him*~~.

3) Ne pas construire *to make* avec un gérondif.

He made me work hard, et non ~~*he made me working hard*~~.

Le passif

B.A.-BA – La construction du passif en anglais est la même qu'en français. À savoir :

auxiliaire *to be* + participe passé

*The crook **was arrested** last week.* – L'escroc a été arrêté la semaine dernière.

Bien évidemment, on peut utiliser le passif à n'importe quel temps, et c'est l'auxiliaire être qui se conjugue au temps voulu.

*The crook **has been** arrested.* – L'escroc a été arrêté.

*The crook **will be** arrested.* – L'escroc sera arrêté.

*The crook **would be** arrested if...* – L'escroc serait arrêté si...

Etc.

La construction au passif est plus fréquente en anglais qu'en français et correspond très souvent à notre construction avec l'indéfini « on », en revanche, vraiment peu courant en anglais.

It is said that... – On dit que...

He is thought to be a dangerous man. – On pense que c'est un homme dangereux.

Deux spécialités : les deux passifs à l'anglaise !

Il n'y aurait rien à ajouter à ce qui est dit ci-dessus si l'anglais n'avait pas deux petites spécialités, qu'il est impératif de connaître et qui rendent le passif anglais plus fréquent que le passif français. Il s'agit du « **passif prépositionnel** » et du « **double passif** ».

1) Le « passif prépositionnel »

Lorsqu'un verbe français est **transitif indirect**, c'est-à-dire admet un complément d'objet et se construit avec une **préposition**, il ne peut pas se mettre à la voie passive. Prenons par exemple la phrase : « Nous avons pensé **à** une autre solution. »

En français, on ne peut pas mettre cette phrase à la voie passive en la renversant et en prenant « une autre solution » pour sujet, à cause de la préposition « à ». En revanche, la langue anglaise permet de le faire, la préposition ne faisant nullement obstacle à l'utilisation du passif :

We thought of another solution.

Cette phrase devient donc au passif :

Another solution was thought ***of****.*

Mais attention, la préposition ne doit pas être oubliée !

Autres exemples :

Are you being attended ***to****?* – Est-ce que l'on s'occupe de vous ?

The garden must be taken care ***of****.* – Il faut prendre soin du jardin.

Remarque – Certains verbes sont transitifs directs en fançais, alors qu'ils sont transitifs indirects en anglais. Dans ce cas, on peut bien sûr les mettre au passif dans les deux langues. Mais il faudra, là encore, bien veiller à ne pas oublier la préposition pour le passif anglais.

The teacher was listened ***to****.* – On écouta le professeur.
(= Le professeur fut écouté.)

2) Le « double passif »

Certains verbes anglais utilisent deux constructions au passif. La première construction, semblable à la française, n'appelle pas de commentaires. La seconde (passif « renversé » par rapport au français) peut en revanche poser des problèmes de compréhension si l'on n'en est pas familier.

On s'avisera que ces verbes se construisent à l'actif sur le modèle : *to give somebody something* : donner quelque chose à quelqu'un.

Ce sont : *to tell* (dire), *to ask* (demander), *to answer* (répondre), *to show* (montrer), *to offer* (proposer, offrir), *to lend* (prêter), *to promise* (promettre), *to grant* (accorder), *to award* (décerner)…

1re construction au passif « à la française » :

The flat was shown to Peter. – On montra l'appartement à Peter.

2e construction au passif « à l'anglaise » :

Peter was shown the flat. – On montra l'appartement à Peter.

Autres exemples avec construction passive « à l'anglaise » :

I've been offered a good job. – On m'a proposé un bon travail.

I've been told he is French. – On m'a dit qu'il était français.

He was awarded the Nobel Prize for literature in 1960. – On lui a décerné le prix Nobel de littérature en 1960.

You may be granted a scholarship. – Il se peut qu'on t'accorde une bourse.

He was promised a reward. – On lui promit une récompense.

Spécialité additionnelle : la traduction de « faire faire »

Le problème pour traduire l'expression française « faire faire », c'est qu'il existe deux manières de le faire.

La première ne pose pas de problème parce qu'elle correspond *grosso modo* à ce que nous disons en français. La voici :

to make somebody do something : faire faire quelque chose à quelqu'un

Cette expression (déjà vue à la rubrique ***Les structures verbales***) signifie à peu près : « forcer quelqu'un à faire quelque chose ».

He made me do the exercise. – Il m'a fait faire l'exercice.

Ici, l'infinitif français « faire » et la base verbale *do* ont tous les deux une valeur active.

La seconde traduction de « faire faire » est un peu plus difficile et n'est souvent pas bien comprise. C'est celle qui correspond à une valeur « passive » du second infinitif « faire ».

Par exemple, quand on dit : « j'ai fait réparer le portail », il faut comprendre : « j'ai pris des dispositions pour que le portail **soit réparé**. » L'anglais, dans ce cas-là, se sert d'une autre tournure, que voici :

to have something done : faire faire quelque chose

I must have the gate repaired. – Il faut que je fasse réparer le portail.

I had the car serviced yesterday. – J'ai fait réviser la voiture hier.

She's had her hair cut. – Elle s'est fait couper les cheveux.

I'll have my jacket cleaned. – Je ferai nettoyer ma veste.

You should have the piano tuned. – Tu devrais faire accorder le piano.

Cette tournure, malgré le schéma indiqué plus haut, peut aussi s'employer avec un complément de personne, pour peu que le second infinitif ait une valeur passive.

The superintendent had the husband arrested. – Le commissaire fit arrêter le mari.

N.B. – Parfois, la tournure « faire faire » se rend par un seul mot ou une tournure particulière.

to make oneself understood : se faire comprendre

to show somebody in : faire entrer quelqu'un

to keep somebody waiting : faire attendre quelqu'un

Les verbes prépositionnels

Beaucoup de verbes anglais sont, comme en français, des verbes transitifs indirects, c'est-à-dire qu'une préposition s'intercale entre le verbe et le complément d'objet.

Le premier hic est que ce n'est pas toujours la même préposition… Le second, que des verbes peuvent être transitifs indirects en anglais et transitifs directs en français ! Ou l'inverse !

Par exemple, *to rely on somebody* se construit comme « compter sur quelqu'un » en français. Tous deux sont transitifs indirects. Mais « regarder quelqu'un » se dit *to look **at** somebody.* En revanche, « répondre à quelqu'un » se dit *to answer somebody* (pas de préposition)...

Notons bien sûr que la préposition ne s'utilise (comme en français) que si le verbe est suivi d'un complément d'objet.

Look ! – Regarde !

Mais :

Look at the painting. – Regarde le tableau.

Petite liste de verbes anglais et français à prépositions différentes

to borrow from... : emprunter à...

to consist in doing something : consister à faire quelque chose

to depend on... : dépendre de...

to divide into... : diviser en...

to be interested in... : s'intéresser à ...

to laugh at... : rire de..., se moquer de...

to look after... : s'occuper de...

to succeed in... : réussir à...

to think of/about... : penser à...

to translate into... : traduire en...

Exemples :

> *It will depend on the weather.* – Cela dépendra du temps.
>
> *Are you interested in football?* – T'intéresses-tu au football ?
>
> *I'm searching for information.* – Je cherche des renseignements.
>
> *Stop laughing at me.* – Cesse de te moquer de moi.

Transitifs directs en français / indirects en anglais

to account for something : expliquer quelque chose

to aim at... : viser

to approve of... : approuver

to ask for... : demander

to comment on... : commenter

to hope for... : espérer

to listen to... : écouter

to look at... : regarder

to look for... : chercher

to pay for... : payer

to search for... : chercher

to wait for... : attendre

N'oubliez surtout pas la préposition en chemin dans les deux cas suivants :

- Quand vous posez une question :

  Who are you waiting for ? – Qui attends-tu ?
- au passif (voir la rubrique Le « passif prépositionnel ») :

  This fact can't be accounted for. – Ce fait ne peut être expliqué.

Transitifs directs en anglais / indirects en français

to address : s'adresser à ; aborder

to answer : répondre à

to approach : s'approcher de

to attend : assister à

to discuss : discuter de

to escape : échapper à

to expect : s'attendre à

to enter : entrer dans

to fit : aller à (vêtement)

to lack : manquer de

to marry : se marier avec

to need : avoir besoin de

to remember : se souvenir de

to resist : résister à

to suit : convenir à

to surf the Net : surfer sur l'Internet

to trust : faire confiance à

Exemples :

> *He addressed the children.* – Il s'adressa aux enfants.
>
> *Let's discuss this issue now.* – Discutons de ce problème maintenant.
>
> *I won't be able to attend the meeting.* – Je ne pourrai pas assister à la réunion.
>
> *He lacks experience.* – Il manque d'expérience.

Quelques verbes à la construction particulière

- *to provide (= to supply) somebody with something* : fournir quelque chose à quelqu'un
- *to remind somebody of something* : rappeler quelque chose à quelqu'un
- *to blame somebody for something* : reprocher quelque chose à quelqu'un
- *to rob somebody of something* : voler quelque chose à quelqu'un
- *to steal something from somebody* : voler quelque chose à quelqu'un
- *They provided me with the necessary equipment.* – Ils me fournirent l'équipement nécessaire..
- *He blamed Peter for his attitude.* – Il reprocha à Peter son attitude.

Ne pas confondre *to remember* (« se rappeler ») et *to remind* (« rappeler »). Bien noter leur construction :

I remember our holidays together. – Je me souviens très bien de nos vacances ensemble.

It reminds me ***of*** *the summer holidays.* – Cela me rappelle les grandes vacances.

N.B. – Voir également le chapitre 22 : ***Dix fautes de… français***.

Les verbes à particule adverbiale

C'est une spécialité anglaise (mais que l'on retrouve en allemand). Le verbe + une « particule adverbiale » (aussi appelée « postposition ») constituent une sorte d'ensemble forfaitaire qui possède un sens bien à lui. La particule modifiant le sens du verbe, il convient de bien accentuer celle-ci à l'oral. Ces particules sont souvent identiques aux prépositions. C'est le cas, par exemple, de *in, on, over*, etc. Pour différencier les « verbes à particule » d'un vulgaire verbe suivi de sa préposition (voir plus haut), c'est assez simple : le verbe à particule peut s'utiliser seul avec sa particule, le verbe prépositionnel ne fait appel à sa préposition que s'il est suivi d'un complément.

Petite liste (non exhaustive…) de verbes à particule parmi les plus fréquents

À ceux qui ne sont pas familiers de ce type de verbes, la liste suivante donnera une bonne idée de la grande variété de ces combinaisons.

Il est souvent difficile de deviner le sens d'un verbe à particule à partir du sens du verbe seul et de celui de la particule seule. Mais vous pouvez vous aider malgré tout de la nuance générale de sens, de l'idée qu'évoque chacune de ces particules.

Voici quelques pistes. Les termes utilisés ne signalent donc que des idées. On ne peut pas vraiment « traduire » les particules adverbiales.

around : contournement, errance

away : éloignement, disparition

back : retour

down : descente, abaissement, réduction

in : pénétration

off : séparation, départ, suppression, arrêt

on : poursuite d'une activité, mise en marche

out : sortie, achèvement, épuisement, « de fond en comble »

over : franchissement, répétition

through : traversée de part en part

up : élévation, augmentation

Petite liste

to call back : rappeler

to carry on = to go on : continuer, poursuivre

to carry out : effectuer, réaliser

to come back : revenir

to cut down : réduire

to do away with something : supprimer quelque chose

to get back : retourner

to hang around : traîner (dans les parages)

to make up : se maquiller

to pay back : rembourser

to pick up : ramasser ; prendre en voiture

to put off : remettre à plus tard

to put away : ranger

to take off : décoller (avion)

to take on : embaucher

Attention ! Si le verbe à particule est suivi d'un nom, la particule peut se placer avant ou après.

> *to switch on the light = to switch the light on* : allumer la musique

S'il est suivi d'un pronom, la particule se place toujours **après le pronom**.

> *He took off his coat.* – Il enleva son manteau.

Mais :

> *He took it off.* – Il l'enleva.

La phrase

La subordonnée complétive à charnière escamotable

Ces subordonnées « compléments du verbe » sont introduites par *that*, conjonction qui peut être omise.

> *I think (that) she will stop by this afternoon.* – Je crois qu'elle passera cet après-midi.

Cette complétive, ressemblant au français malgré l'omission possible de *that*, n'appelle guère de commentaires. Mais attention à ce qui suit, digne de figurer au *palmarès* des fautes de syntaxe les plus calamiteuses des Français !

GARE AU PIÈGE !

La « Tarzan » (« Moi Tarzan vouloir toi Jane venir avec moi »)

Attention ! Quelques verbes parmi les plus courants se construisent avec une « proposition infinitive » (semblable à celle que l'on trouve en … grammaire latine, les latinistes s'en souviendront !). Il est donc impossible d'utiliser les verbes suivants en formant une complétive à la française (avec *that*). Ce sont les verbes *to want, to like, to expect*.

- *He wants John to work with him.* – Il veut que John travaille avec lui.

Et non : ~~*He wants that John works with him*~~.

- *He'd like his children to speak English fluently.* – Il voudrait que ses enfants parlent anglais couramment.
- *They expect their son to pass his exam.* – Ils s'attendent à ce que leur fils réussisse son examen.

Les complétives spéciales

Ce sont des complétives qui se conjuguent à des temps particuliers.

La spéciale « I wish » avec « prétérit modal »

Dans les phrases suivantes, il ne faut pas tenter de comparer la tournure anglaise avec la traduction française, assez différente. Ce sont donc des phrases qu'il convient d'apprendre de façon « forfaitaire » si l'on peut dire.

I wish I were rich. – J'aimerais être riche. = Je regrette de ne pas être riche.

I wish I had more money. – J'aimerais avoir plus d'argent. = Je regrette de ne pas avoir plus d'argent.

I wish he would work a little harder. – Je regrette qu'il ne travaille pas un peu plus.

I wish you could help me. – Je regrette que tu ne puisses m'aider.

La spéciale avec « should » ou subjonctif

Après *to suggest, to insist, to demand*, on utilise un verbe construit avec *should* ou le subjonctif (c'est-à-dire la base verbale sans additif ni colorant).

I suggest he should visit (= he visit) us next summer. – Je propose qu'il nous rende visite l'été prochain.

I insist that you spend the week with the children. – J'insiste pour que tu passes la semaine avec les enfants.

We demand that he leave the place at once. – Nous exigeons qu'il quitte les lieux sur-le-champ.

Les conjonctions de subordination et les subordonnées circonstancielles

Temps

- *when* : quand
- *as soon as = the moment* : dès que
- *once* : une fois que
- *before* : avant que
- *after* : après que
- *while* : pendant que, alors que

- *as* : tandis que
- *as long as* : aussi longtemps que, tant que
- *until* = *till* : jusqu'à ce que

He will be furious the moment he realizes the hoax. – Il sera furieux dès qu'il se rendra compte du canular.

Attention à *the moment*, conjonction beaucoup moins connue que *as soon as*.

I'll go after you have finished your work. – Je partirai après que tu auras fini ton travail.

Attention ! Il faut se rappeler qu'en bon français on n'utilise pas le subjonctif après « après que », mais tout simplement l'indicatif... Il ne faut donc pas dire ici : « ... après que tu aies fini ton travail. »

Go on until he turns up. – Continue jusqu'à ce qu'il arrive.

Condition et supposition

- *if* : si
- *on condition (that)* : à condition que
- *provided (that)* = *providing (that)* : pourvu que
- *insofar as* = *as long as* : dans la mesure où, tant que
- *unless* : à moins que

I will accept this proposal insofar as he agrees to help me. – J'accepterai cette proposition dans la mesure où il est d'accord pour m'aider.

Don't stay unless you want to. – Ne reste pas à moins que tu n'y tiennes.

Dans un style soutenu ou littéraire, on peut trouver une inversion dans la subordonnée au lieu de la conjonction *if* :

Had I known the truth (= If I had known the truth), I wouldn't have reacted like that. – Si j'avais su la vérité, je n'aurais pas réagi ainsi.

- *suppose* = *supposing* : à supposer que
- *what if...?* : et si... ?
- *in case* = *in the event that* : au cas où

Bien noter l'emploi du présent simple dans les phrases suivantes :

Suppose she refuses. – Et si elle refusait ?

I'll wait in case she refuses. – J'attendrai au cas où elle refuserait.

Cause

- *because* : parce que
- *as* = *since* : puisque, étant donné que, vu que, attendu que
- *for* (conjonction de coordination) : car

As we have finished this task, we can call it a day. – Étant donné que nous avons fini ce travail, nous pouvons en rester là.

He left early, for he was very tired. – Il partit de bonne heure, car il était très fatigué.

Since we have all the necessary documents, let's go now. – Puisque nous avons tous les documents nécessaires, allons-y maintenant.

all the more so since (… as) = *especially as* : d'autant (plus) que

Avec un adjectif, il existe également cette construction :

I was all the more vexed as I hadn't done it on purpose. – J'étais d'autant plus contrarié que je ne l'avais pas fait exprès.

Concession

- *although* = *though* = *even though* : bien que, quoique
- *I'll go, although it 's raining.* – J'irai, bien qu'il pleuve.

Attention ! *Though*, en fin de phrase, est **adverbe** et signifie : « cependant, pourtant » .

It was tiring work. I enjoyed it, though. – C'était un travail fatigant. Pourtant, j'y ai pris plaisir.

Parallélisme / comparaison

- *as* : comme
- *as if* = *as though* : comme si

When in Rome, do as the Romans do. – À Rome il faut vivre comme les Romains.

As I told you yesterday… – Comme je te l'ai dit hier…

Normalement, on ne doit pas utiliser *like* pour introduire une subordonnée, ce qu'affectionnent tout particulièrement les Français et… les Américains. Il est malgré tout recommandé de ne pas dire :

~~*Like I told you yesterday*~~…

De même, bien dire :

as in France (et non : ~~*like in France*~~) : comme en France

En effet, « comme + préposition » doit être considéré comme une subordonnée elliptique. Par exemple, « comme en France » signifie « comme on fait en France ».

He spoke as if he hadn't seen me. – Il parla comme s'il ne m'avait pas vu.

Remarque – En anglais relâché, pas mal d'anglophones utilisent là aussi (voir ci-dessus) *like* dans le sens de « comme si ».

Looks like he doesn't understand. (= It looks as if he doesn't understand.) – On dirait qu'il ne comprend pas.

Contraste

whereas = *while* : tandis que, alors que

John thinks that it doesn't matter whereas Peter has a very different opinion. – John pense que cela n'a pas d'importance, alors que Peter a une opinion fort différente.

But

so that : pour que

GARE AU PIÈGE !

Les traductions de « **pour** » (+ infinitif) et « **pour que** »

1) Il ne faut jamais traduire « pour » + infinitif par *for* + infinitif ou base verbale. C'est une des fautes les plus rédhibitoires ! On traduit par :

to... = in order to... = so as to...

I'm sure he did that to annoy me. – Je suis sûr qu'il a fait ça pour m'agacer.

Attention à l'ordre des mots dans la traduction de « pour ne pas » :

not to = in order not to = so as not to

He worked slowly so as not to get mixed up. – Il travailla lentement pour ne pas faire de confusion.

Construisez léger ! Pour éviter cet infinitif négatif, moins courant et plus malaisé qu'en français, utilisez le verbe *to avoid* (« éviter »). Mais veillez à accorder correctement le verbe qui suit. La phrase précédente devient donc :

He worked slowly to avoid getting mixed up.

2) « **pour que** » se traduit par *so that*.

He spoke slowly so that I could understand. – Il a parlé lentement pour que je puisse comprendre.

Construisez léger ! (bis) On peut éventuellement se servir d'une « proposition infinitive »

for + complément + *to...*

(Remarque : il ne s'agit pas là de la grosse bourde signalée plus haut, puisqu'il y a un complément après *for...*)

He spoke slowly for me to understand.

Le discours indirect

Soyons directs !

Cette question ne devrait pas en fait occuper tant de place dans les grammaires ! C'est une fausse difficulté – complaisamment montée en épingle par les profs… – pour qui a tant soit peu connaissance de la fameuse « concordance des temps » en… français. Le meilleur conseil à donner est, encore une fois, de savoir manier tout cela en français.

Du direct au différé

Rappelons que le discours indirect consiste à rapporter indirectement les paroles « directes » de quelqu'un. Cette opération entraîne des modifications affectant le temps, les pronoms personnels, etc. Cela peut sembler difficile si l'on omet de dire que ces modifications sont pour la plupart les mêmes qu'en français. Demandez-vous seulement ce que « vous diriez en français » dans ce cas-là. Comparez attentivement les phrases anglaises suivantes et leur traduction en français.

Les différents cas

– *"I am English".* – « Je suis anglais. »

What did he say? – Qu'a-t-il dit ?

He said (that) he was English. – Il a dit qu'il était anglais.

– *"I saw him yesterday."* – « Je l'ai vu hier. »

What did he say?

He said he had seen him the day before. – Il a dit qu'il l'avait vu la veille.

– *"I've eaten too much."* – « J'ai trop mangé. »

What did he say?

He said (that) he had eaten too much. – Il a dit qu'il avait trop mangé.

– *"I will do it tomorrow."* – « Je le ferai demain. »

What did he say?

He said he would do it the next day. – Il a dit qu'il le ferait le lendemain.

Dans les exemples suivants, on remarquera notamment que, dans la phrase au discours indirect, le point d'interrogation disparaît et qu'il n'y a pas d'inversion. Là encore, comme en français !

– *"What do you know about her?" Steve asked me.* – « Que sais-tu sur elle ? » m'a demandé Steve.

What did Steve ask me? – Que m'a demandé Steve ?

Steve asked me what I knew about her. – Steve m'a demandé ce que je savais sur elle.

– *"Do you go to bed late?" the doctor asked me.* – « Vous couchez-vous tard ? » me demanda le médecin.

What did the doctor ask me? – Que m'a demandé le médecin ?

The doctor asked me if I went to bed late. – Le médecin m'a demandé si je me couchais tard.

– *"Keep quiet !" he ordered me.* – « Taisez-vous ! » m'ordonna-t-il.

What did he order me to do? – Que m'ordonna-t-il de faire ?

He ordered me to keep quiet. – Il m'ordonna de me taire.

– *"Don't move !" he ordered me.* – « Ne bougez pas ! » m'ordonna-t-il.

What did he order me to do?

He ordered me not to move. – Il m'ordonna de ne pas bouger.

Bien remarquer dans cette dernière phrase l'ordre des mots de l'infinitif négatif.

– *"Go and tell her the whole truth." he suggested.* – « Va lui dire toute la vérité », suggéra-t-il.

What did he suggest? – Que suggéra-t-il ?

He suggested I should go and tell her the whole truth. – Il suggéra que j'aille lui dire toute la vérité.

Les tags

Taguez vos phrases !

Les *question tags* sont de petites « signatures interrogatives ».

Ces petites queues de phrase interrogatives servent à traduire « n'est-ce pas ? ». Elles consistent à reprendre à la forme interrogative le verbe de la phrase en adoptant le schéma suivant :

– phrase affirmative : tag interro-négatif

– phrase négative : tag interrogatif

Il faut bien entendu respecter le temps, la personne et utiliser le même… verbe ou auxiliaire !

Ces signatures de phrase sont, comme on sait, fort courantes en anglais.

They are English, aren't they? – Ils sont anglais, n'est-ce pas ?

He wasn't angry, was he? – Il n'était pas en colère, hein ?

She hasn't got too much luggage, has she? – Elle n'a pas trop de bagages, n'est-ce pas ?

You like Peter, don't you? – Tu aimes bien Peter, n'est-ce pas ?

They wouldn't do anything rash, would they? – Ils ne feraient rien d'imprudent, hein ?

You must go and help him, mustn't you? – Il faut que tu ailles l'aider, n'est-ce pas ?

Sans blague ?

Pour marquer l'étonnement, l'interlocuteur peut **répéter l'auxiliaire**.

He looked very tired./Did he? – Il avait l'air très fatigué./ Vraiment ?

They are in Paris./Are they? – Ils sont à Paris./Ah bon ?

Répondez clairement !

On sait que les anglophones enrichissent souvent leurs réponses en *yes* ou *no* par des reprises du verbe de la phrase. Là encore, il faut utiliser le même temps, la bonne personne et le bon auxiliaire.

Is he English?/Yes, he is. – Est-il anglais ?/Oui.

You won't come, then?/No, I won't. – Tu ne viendras pas, alors?/Non.

Can you help him?/Yes, I can. – Peux-tu l'aider ?/Oui.

Chapitre 8

Le vocabulaire thématique

DÉTENDEZ-VOUS !

"The trouble with words is that you never know whose mouths they've been in" (Dennis Potter).

Le premier problème rencontré lors des épreuves d'anglais est l'écueil lexical. Il est difficile de bien comprendre un texte si l'on souffre de trop de lacunes de vocabulaire. Voici quelques moyens indispensables pour tenter de le graver dans la mémoire. Le principe de base étant de recourir à la répétition fréquente afin de mettre en place des automatismes.

- Il faut constituer des listes de phrases courtes et passe-partout, relevées dans un dictionnaire ou au cours d'une lecture, les apprendre par cœur, et les réciter tous les jours. Le mot, habillé du contexte, s'inscrit ainsi dans la mémoire. Il faut bien sûr ne pas se contenter de lire des listes de vocabulaire, mais retrouver le mot anglais à partir de sa traduction française.
- Il faut lire régulièrement, de préférence tous les jours, des textes anglais qui vous intéressent par leur sujet, afin qu'il y ait synergie entre les listes apprises par cœur et la rencontre des mots relevés dans un contexte naturel. Il peut s'agir de livres, de magazines, de journaux, de manuels spécialisés, peu importe.
- Il peut être très utile d'écrire les mots rebelles, plusieurs fois au brouillon, mécaniquement. Si vous avez une bonne mémoire visuelle, ce peut être un excellent moyen de sauvegarder les mots dans votre cerveau !

N.B. – Les listes suivantes incluent des mots et locutions, ainsi que des phrases complètes qui permettront de donner une idée du principe d'apprentissage proposé ci-dessus.

Quelques **Gros plans** développent certaines notions par le biais de petits textes bilingues.

The body / Physical appearance / Bodily activity
Le corps / L'apparence physique / L'activité corporelle

the body : le corps
the bone structure : l'ossature
the skeleton : le squelette
to be tall : être grand
to be big : être grand et fort
to be small = to be short : être petit
a giant : un géant
a dwarf : un nain
strong : fort
strength : la force
fat : gros, gras
well-built : bien bâti
thickset : trapu
stout : corpulent
sturdy : costaud
lean : maigre
thin : maigre, mince

GROS PLAN

Childhood obesity

"Childhood obesity is a medical condition that affects children. It is characterized by a weight well above the mean for their height and age and a body mass index well above the norm. Childhood obesity is considered by many to be an "epidemic" in the Commonwealth Countries and the USA (especially the United States, United Kingdom, and Australia). Over 15% of American children are currently considered obese, and the number is growing" (Wikipedia, the free encyclopedia).

« L'obésité infantile est une maladie qui touche les enfants. Elle se caractérise par un poids largement au-dessus de la moyenne pour leur taille et leur âge, ainsi que par un indice de masse corporelle qui dépasse de beaucoup la norme. L'obésité infantile est considérée comme une " épidémie" dans les pays du Commonwealth et aux USA (tout particulièrement aux États-Unis, au Royaume-Uni et en Australie). Plus de 15 % des enfants américains sont actuellement jugés obèses, et leur nombre augmente. »

lanky : dégingandé
slim = slender : mince, svelte
to be all skin and bone : n'avoir que la peau sur les os
plump : dodu
obese : obèse
overweight : trop gros
huge = enormous : énorme
gigantic : gigantesque
pretty : joli
beautiful : beau, belle
good-looking = handsome : beau (homme et femme)
graceful : gracieux
cute (fam.) : mignon
ugly : laid

GARE AU PIÈGE !

- *the figure* : la silhouette, la ligne, à distinguer de *the face* : le visage
- *She is figure-conscious. = She watches her figure.* – Elle surveille sa ligne.

Le second sens de *figure*, c'est celui de « chiffre ».

- *to be good at figures* : être doué pour les chiffres.

a muscle : un muscle
the flesh : la chair
in the flesh : en chair et en os
the skin : la peau
wrinkles : des rides
a wrinkled face : un visage ridé

DÉTENDEZ-VOUS !

"I never forget a face, but in your case I'll make an exception" (Groucho Marx).

heavily made-up : très maquillé
the skull : le crane
the hair : les cheveux
to comb (to brush) one's hair : se peigner (se brosser) les cheveux
to have one's hair cut : se faire couper les cheveux
a hairstyle : une coiffure

His hair is too long. – Ses cheveux sont trop longs.

He's dark-haired. – Il a les cheveux bruns.

She is blond-haired. – Elle a les cheveux blonds.

to have a crew cut : avoir les cheveux en brosse

He has a beard. – Il porte la barbe.

a moustache : une moustache

whiskers : des favoris

to be bald : être chauve

a lock : une mèche

a curl : une boucle

She has curly hair. – Elle a les cheveux bouclés.

a fringe : une frange

a ponytail : une queue de cheval

a plait (GB) = a braid (USA) : une natte

the forehead : le front

the chin : le menton

the nose : le nez

to blow one's nose : se moucher

the nostrils : les narines

the mouth : la bouche

the tongue : la langue

a tooth (pl. teeth) : une dent

His teeth were chattering. – Il claquait des dents.

the lips : les lèvres

the features : les traits

She has regular features. – Elle a des traits réguliers.

the cheeks : les joues

the jaws : les mâchoires

His jaw dropped. – Il en est resté bouche bée.

the complexion : le teint

She had a pale complexion. – Elle avait le teint pâle.

freckles : des taches de rousseur

the ears : les oreilles

the eyes : les yeux

bulging eyes : des yeux globuleux

He had dark circles under his eyes. – Il avait les yeux cernés.

the eyelids : les paupières

the eyelashes : les cils
the eyebrows : les sourcils
She raised her eyebrows. – Elle haussa les sourcils.
the neck : le cou
He craned his neck. – Il tendit le cou.
the nape of the neck : la nuque
the throat : la gorge
the shoulders : les épaules
He shrugged (his shoulders). – Il haussa les épaules.
a shoulder blade : une omoplate
to be broad-shouldered : être large d'épaules
the back : le dos
the backbone : la colonne vertébrale
to be hunchbacked : être bossu
the small of the back : le creux des reins
the trunk : le tronc
the breasts : les seins
the ribs : les côtes
the waist : la taille
She had a slim waist. – Elle avait la taille fine.
the belly : le ventre
the pelvis : le bassin
the navel : le nombril
the bottom : le derrière
the buttocks : les fesses
the groin : l'aine
the thighs : les cuisses
a limb : un membre
the legs : les jambes
the knees : les genoux
the shinbone : le tibia
the ankles : les chevilles
the calf (pl. calves) : le mollet
the heels : les talons
a foot (pl. feet) : un pied
He got to his feet. – Il se mit debout.
the toes : les orteils

to walk on tip-toe : marcher sur la pointe des pieds
the sole : la plante (du pied)
the arms : les bras
the armpits : les aisselles
He raised his arm. – Il leva le bras.
the hands : les mains
He put up his hand. – Il leva la main.
He waved his hand. – Il agita la main.
He stretched out his hand. – Il tendit la main.
She stretched. – Elle s'étira.
to be right-handed : être droitier
to be left-handed : être gaucher
the wrist : le poignet
the fingers : les doigts
the knuckle : l'articulation du doigt
the thumb : le pouce
the forefinger : l'index
the middle finger : le majeur
the fist : le poing
the nails : les ongles
an organ : un organe
the brain : le cerveau
the heart : le cœur
the lungs : les poumons
the liver : le foie
the stomach : l'estomac
the bladder : la vessie
the kidneys : les reins
the spleen : la rate

GROS PLAN

Le spleen

La rate était jadis considérée comme le « siège des humeurs noires ». Très apprécié des romantiques français (notamment de Baudelaire), pour désigner « une mélancolie sans cause apparente, caractérisée par le dégoût de toute chose » (*Le Robert, Dictionnaire historique de la langue française*), le mot *spleen* signifie aujourd'hui en anglais « mauvaise humeur ».

- *to vent one's spleen on somebody* : décharger sa bile sur quelqu'un.

the blood : le sang
a blood vessel : un vaisseau sanguin

deaf : sourd
hard of hearing : dur d'oreille
blind : aveugle
dumb : muet

to move : bouger, remuer
a motion = a movement : un mouvement
motionless : immobile
to make a gesture : faire un geste
to walk forward = to move forward : avancer
to take a step : faire un pas
to step backwards : reculer
Move over! – Pousse-toi !
Move on! – Circulez !
to rush = to dash : se précipiter
to stride : marcher à grandes enjambées
to slip : glisser
He slipped on a banana skin. – Il glissa sur une peau de banane.
to stumble : trébucher.
He stumbled on a stone. – Il trébucha sur une pierre.
to stagger : tituber, chanceler
to lie : être allongé, être étendu
He was lying on the bed. – Il était allongé sur le lit.
to lie down : s'allonger, s'étendre
to sprawl out : être vautré
He was sprawled out on the bed. – Il était affalé sur le lit.
to sit : être assis
He was sitting on the sofa. – Il était assis sur le canapé.
to sit down : s'asseoir
to stand up = to get up : se lever
to crouch down = to squat down : s'accroupir
to creep = to crawl : ramper
to lean (on, against…) : s'appuyer (sur, contre…)

to look (at somebody/something) : regarder (quelqu'un/quelque chose) *to watch* : regarder attentivement, observer, suivre des yeux

He was watching her out of the corner of his eye. – Il l'observait du coin de l'œil.

to stare (at somebody/something) : regarder fixement (quelqu'un/quelque chose)

She stared at the man. – Elle dévisagea l'homme.

to gaze (at…) : regarder avec admiration, contempler, admirer

He was gazing at the picture. – Il contemplait le tableau.

to gape (at…) : regarder bouche bée

to glance (at…) : jeter un coup d'œil (à)

to glimpse = to catch a glimpse of … : entrevoir, apercevoir brièvement

to peep (at…) : regarder furtivement

to peer (at…) : regarder attentivement, regarder en plissant les yeux

to scrutinize : scruter

to blink : cligner des yeux

to wink (at…) : faire un clin d'œil (à…)

to whisper : chuchoter

to murmur : murmurer

to mutter : marmonner, marmotter

to moan : gémir

to groan : grogner

in a low voice : à voix basse

to stammer : balbutier

to stutter : bégayer

to shout : crier

to yell = to scream : hurler

to laugh : rire

laughter : le rire

to burst out laughing : éclater de rire

"Pyrotechnically considered, laughing is the fireworks of the soul" (Josh Billings).

to sigh : soupirer

to cry = to weep : pleurer

to utter a word : prononcer un mot

the five senses : les cinq sens
hearing : l'ouïe
touch : le toucher
eyesight : la vue
taste : le goût
smell : l'odorat

Clothing : L'habillement

clothes : les vêtements

"Clothes make the man. Naked people have little or no influence in society" (Mark Twain).

a garment : un vêtement
to dress = to get dressed : s'habiller
Do we have to dress for dinner? – Faut-il s'habiller pour le dîner ?
to be all dressed up : être sur son trente et un
to undress : se déshabiller
to put on one's clothes : mettre ses vêtements
to take off one's clothes : enlever ses vêtements
Can I try on your coat? – Est-ce que je peux essayer ton manteau ?
to fit somebody : aller bien à quelqu'un
It's a perfect fit. – Cela te va à merveille.
to suit somebody : aller à quelqu'un, convenir à quelqu'un
to match something : aller avec quelque chose
Her scarf doesn't match her pullover. – Son foulard ne va pas avec son pull-over.
to wear casual clothes : porter une tenue décontractée
to be fully dressed : être en grande tenue
to be naked : être nu
to be barefoot : être nu-pieds
a coat : un manteau
a fur coat : un manteau de fourrure
a raincoat : un imperméable
a mac : un imper

an overcoat : un pardessus
a jacket : une veste
a suit : un costume (homme), un tailleur (femme)
a dinner jacket = a tuxedo (USA) : un smoking
a collar : un col
a sleeve : une manche
cufflinks : des boutons de manchette
a lapel : un revers (de veste)
a pocket : une poche
a wallet : un portefeuille
a purse : un porte-monnaie
a pullover : un pull-over
a sweater : un chandail
trousers = pants (USA) : un pantalon
slacks : un pantalon sport
jeans : un jean
He was wearing jeans. – Il portait un jean.
a belt : une ceinture
a dress : une robe
a skirt : une jupe
a blouse : un chemisier
a shirt : une chemise
to be in one's shirt-sleeves : être en manches de chemise
a ring : une bague
a necklace : un collier
earrings : des boucles d'oreille
an apron = a pinafore : un tablier
overalls : une salopette
underwear : les sous-vêtements
shoes : des chaussures
loafers : des mocassins
boots : des bottes
thigh boots : des cuissardes
cowboy boots : des santiags
clogs : des sabots
trainers = sneakers : des baskets
tennis shoes : des tennis

slippers : des pantoufles
high-heeled shoes : des chaussures à hauts talons
platform shoes : des chaussures à semelles compensées
a hat : un chapeau
a felt hat : un feutre
a bowler hat : un chapeau melon
a tie : une cravate
a bow tie : un nœud papillon
a scarf : un foulard
gloves : des gants
a handkerchief : un mouchoir
a tissue : un mouchoir en papier

a fabric = a material : un tissu
wool : la laine
cotton : le coton
fur : la fourrure
silk : la soie
velvet : le velours
lace : la dentelle
nylon : le nylon
denim : la toile de jean
leather : le cuir
suede : le daim

His jacket was crumpled. – Sa veste était froissée.
torn : déchiré
a crease : un faux pli
threadbare : élimé
in rags : en haillons

fashion : la mode

"Looking good and dressing well are essential. A purpose in life is not" (Oscar Wilde).

to be fashion-conscious : s'intéresser à la mode
to be a fashion victim : être une victime de la mode
fashionable : à la mode

This sort of hat is in fashion ≠ out of fashion. – Ce genre de chapeau est à la mode ≠ démodé.

the latest fashion : la dernière mode

to keep up with fashion : suivre la mode

a fad : un engouement

trendy : branché

a trendy shop : une boutique branchée

It's all the rage. – Ça fait fureur.

designer clothes : des vêtements griffés

a designer logo : une griffe

a brand addict : un accro aux marques

Feelings and behaviour Les sentiments et le comportement

to feel an emotion : ressentir une émotion

to experience a feeling : éprouver un sentiment

to be moved by… : être ému par…

to behave : se comporter, se conduire

GARE AU PIÈGE !

Sensible en anglais est un faux ami qui signifie « sensé », « raisonnable ».

- *Be sensible!* – Sois raisonnable !

Comparez avec :

- *to be sensitive (to…)* : être sensible (à…)

to be in a good/bad mood : être de bonne/mauvaise humeur

glad : content

delighted : ravi

happy : heureux

happiness : le bonheur

cheerful : enjoué, gai

thrilled : aux anges, transporté

exhilarated : grisé

optimistic : optimiste

pessimistic : pessimiste

carefree : insouciant
friendship : l'amitié
to make friends with… : sympathiser avec…
friendly = *nice* : sympathique
a likable boy : un garcon sympathique

Gare au piège !

Ne pas traduire l'adjectif *sympathetic* par « sympathique », et vice versa. Cet adjectif, tout proche de l'étymologie grecque et signifiant « qui éprouve de la sympathie », se traduit donc généralement par « compatissant » ou « compréhensif ».

She proved most sympathetic. – Elle s'avéra fort compréhensive.

He was sympathetic to the old woman. – Il éprouvait de la compassion pour la vieille femme.

a sympathetic strike : une grève de solidarité

tender : tendre
tenderness : la tendresse
love : l'amour
to be in love with… : être amoureux de…
to be fond of somebody : avoir de l'affection pour quelqu'un
He's keen on her. – Il a le béguin pour elle.
fondness : l'affection
proud : fier
pride : la fierté
relieved : soulagé
eager : enthousiaste, empressé
to be eager to do something : avoir hâte de faire quelque chose
to be reluctant to do something : rechigner pour faire quelque chose
angry : en colère, irrité
furious : furieux
exasperated : exaspéré
irritated : irrité
touchy : susceptible
sad : triste
absent-minded : distrait
dejected : abattu
depressed : déprimé

distressed : affligé

gloomy : d'humeur sombre

The character feels sad, dejected, relieved, etc. – Le personnage se sent triste, abattu, soulagé, etc.

bitter : amer

jealous : jaloux

jealousy : la jalousie

envious : envieux

envy : l'envie

He envies them. – Il les envie.

straightforward = *frank* : franc, direct

selfish : égoïste

self-centered : égocentrique

calm = *cool* : calme

idle : oisif

lazy : paresseux

listless : apathique, mou

worried : soucieux, inquiet

John seems to be worried. – John semble être soucieux.

upset : bouleversé

He was upset by the news. – La nouvelle l'a bouleversé.

anguished : angoissé

to be bored : s'ennuyer

to fear something = *to be apprehensive about something* : craindre, appréhender quelque chose

to be afraid of something : avoir peur de quelque chose

to scare = *to frighten* : effrayer, faire peur à

to be on edge : être à cran

to be tense : être tendu

to feel embarrassed = *to feel awkward* : se sentir gêné, mal à l'aise

to feel ashamed (of…) : avoir honte (de…)

He bears a grudge against her. – Il lui en veut.

He would like to get back at them. – Il voudrait se venger d'eux.

He would like to get his revenge. – Il voudrait se venger.

He can't stand the situation any longer. – Il ne peut plus supporter la situation.

Education : L'enseignement

(Voir également le chapitre ***Éléments de civilisation***.)

to go to school : aller à l'école

to go to university = *to go to college* : aller à l'université, aller en fac

GARE AU PIÈGE !

> *College*, c'est la « fac ». « Fréquenter un collège » peut se traduire par *to attend a comprehensive school* en anglais britannique, par *to attend a junior high school* en américain.

a state school : une école publique

a private school : une école privée

a boarding school : un internat

to get a scholarship : obtenir une bourse

to attend a class : assister à un cours

to attend a course : suivre une formation

to register for a course : s'inscrire à une formation

a lecture : une conférence

He's having extra tuition in English. – Il prend des cours supplémentaires en anglais.

tuition fees : frais de scolarité

to get detention : être collé

to do one's homework : faire ses devoirs

to be academically gifted : avoir des aptitudes pour les études

abilities : capacités

a subject : une matière

What are the main subjects? Quelles sont les principales matières ?

GROS PLAN

literature : la littérature

philosophy : la philosophie

history : l'histoire

civics : l'instruction civique

geography : la géographie

(classical) languages : les langues (anciennes)

mathematics, maths, math (US) : les mathématiques, les maths

science : les sciences de la vie et de la terre (SVT)
biology : la biologie
physics : la physique
chemistry : la chimie
art : les arts
handicrafts : les travaux manuels
physical education = PE : éducation physique et sportive (EPS)
to be good at maths : être bon en maths

compulsory ≠ optional : obligatoire ≠ facultatif
the curriculum : le programme (d'une classe)
the syllabus : le programme (d'une matière)
This item is not on the syllabus. – Ce point n'est pas au programme.
the timetable : l'emploi du temps
a term : un trimestre

- *to pass an exam* signifie « réussir un examen »
- *to take an exam = to sit an exam* : passer un examen
- *to take a competitive exam* : passer un concours
- *to take A-levels (GB)* : passer le bac

to cheat : tricher

"I cheated in the final of my metaphysics examination. I looked into the soul of the boy sitting next to me" (Woody Allen).

to drop out of college : abandonner la fac
to fail an exam : rater un examen
I'd like to take a gap year. – J'aimerais prendre une année sabbatique.

Ne pas traduire « faire des études » par ~~*to make studie*~~*s*, locution qu'affectionnent tout particulièrement les Français. Plusieurs possibilités s'offrent à vous :

- *I was educated (= I studied) in the USA.* – J'ai fait des études aux Etats-Unis.
- *to study law* : faire des études de droit
- *to go on to higher education* : poursuivre des études supérieures
- *What's his educational background?* – Quelles études a-t-il faites ?

The working world : Le monde du travail

working conditions : conditions de travail

to work flexible hours : travailler en horaire aménagé

to work in an office : travailler dans un bureau

schedule : emploi du temps, programme ; horaire

You can organise your own schedule. – On peut organiser son propre emploi du temps.

to work overtime : faire des heures supplémentaires

"By working faithfully eight hours a day, you may eventually get to be a boss and work twelve hours a day" (Robert Frost).

He had an accident at work. – Il a eu un accident de travail.

to be on sick leave : être en congé de maladie

to be on maternity leave : être en congé de maternité

to be entitled to fringe benefits (= perks) : avoir droit à des avantages en nature

to go on an incentive trip : faire un voyage de motivation

I'm going to take a few days off. – Je vais prendre quelques jours de congé.

You are to clock in. – Vous devez pointer en arrivant.

You are to clock out. – Vous devez pointer en partant.

to commute to work : faire la navette domicile-travail

teleworking = telecommuting : le télétravail

***Teleworking** is expanding fast today. More and more people decide to work from home. All you need is a computer, a phone line, a computer, Internet access with broadband. Teleworking also means working in various locations, insofar as you have a laptop. This new way of working presents a lot of advantages, since teleworkers can save time and enjoy better working conditions. However they often complain about the lack of social interaction.*

Le télétravail se développe rapidement aujourd'hui. De plus en plus de gens décident de travailler à domicile. Il faut seulement une ligne téléphonique, un ordinateur et l'accès à l'Internet avec le haut débit. On peut également travailler en divers endroits, dans la mesure où l'on dispose d'un ordinateur portable. Cette nouvelle façon de travailler offre pas mal d'avantages, étant donné que les télétravailleurs peuvent gagner du temps et jouir de meilleures conditions de travail. Cependant ils se plaignent souvent de l'absence de contacts.

She makes a good living. – Elle gagne bien sa vie.

to be on a high income : avoir de gros revenus

wages : la paie

salary : le salaire

He has been out of work for six months = He has been unemployed for six months. – Cela fait six mois qu'il est au chômage.

to receive unemployment benefit = to be on the dole : toucher des allocations de chômage

to temp : faire de l'intérim

to get up the promotion ladder : gravir l'échelle hiérarchique

a fixed-term contract : un CDD

an open-ended contract : un CDI

to sign ≠ to cancel a contract : signer ≠ résilier un contrat

to be on a sandwich course : faire une formation en alternance

to do a placement = to do an internship (USA) : faire un stage en entreprise

a trade union (GB) = a labour union (USA) = a union : un syndicat

a union member : un syndiqué

to join a union : se syndiquer

a strike : une grève

to go on strike : se mettre en grève

on the shop floor : dans les ateliers

a shop steward : un délégué syndical

to demonstrate : manifester

to lay off workers : to make workers redundant : licencier des salariés

to dismiss = to fire : congédier, mettre à la porte

to downsize : réduire les effectifs

to close down a factory : fermer une usine

to retire : prendre sa retraite

Science and technology
Les sciences et la technologie

(fundamental) research : la recherche (fondamentale)

a researcher : un chercheur

to research into a subject : faire des recherches sur un sujet

to do research : faire des recherches

an engineer : un ingénieur

a laboratory = *a lab* : un laboratoire = un labo

DÉTENDEZ-VOUS !

"Science is a lot of little guys in tweed suits cutting up frogs on foundation grants" (Woody Allen).

to carry out experiments : faire des expériences

to be a guinea-pig : servir de cobaye

progress : le progrès

to make progress : faire des progrès

GARE AU PIÈGE !

- *Progress* est un indénombrable.

a major breakthrough : un progrès d'envergure

a real advance : un vrai progrès

to be in the vanguard ≠ to lag behind : être à l'avant-garde ≠ être à la traîne

a think tank : un groupe de réflexion

(nuclear) physics : la physique (nucléaire)

the splitting of the atom : la fission de l'atome

astrophysics : l'astrophysique

DÉTENDEZ-VOUS !

"If the universe is expanding, why can't I find a parking space?" (Woody Allen)

chemistry : la chimie

biology : la biologie

cell culture : la culture des cellules

animal testing : l'expérimentation sur les animaux

electronics : l'électronique

optics : l'optique

mechanics : la mécanique

industry : l'industrie

hi-tech industries : les industries de pointe

a factory = *a plant* : une usine

GROS PLAN

Genetics : La génétique

a gene : un gène

the human genome : le génome humain

gene therapy : la thérapie génique

(therapeutic) cloning : le clonage (thérapeuthique)

genetic engineering : les manipulations génétiques

Genetic engineering is a highly controversial issue since it is considered by most people as tampering with nature like a sorcerer's apprentice.

Les manipulations génétiques sont un sujet des plus polémiques du fait que pour la majorité des gens cela signifie chercher à modifier la nature comme un apprenti sorcier.

DNA fingerprinting : analyse de l'empreinte génétique

The murderer was identified through DNA testing. – Le meurtrier fut identifié grâce à des tests ADN.

to work (eight-hour) shifts : faire les trois-huit

a workshop : un atelier

a robot : un robot

a sledge-hammer : un marteau-piqueur

a machine tool : une machine-outil

a manufacturer : un fabricant

to manufacture : fabriquer

to process : traiter

to reprocess : retraiter

to recycle : recycler

to extract : extraire

the output : la production, le rendement

to work on an assembly line : travailler à la chaîne

raw materials : matières premières

iron : le fer

lead : le plomb

copper : le cuivre

aluminium : l'aluminium

gold : l'or

silver : l'argent

steel : l'acier

the steel industry : l'industrie sidérurgique

a steel works : une aciérie

a gasworks : une usine à gaz

a blast furnace : un haut-fourneau

a dam : un barrage

a power station : une centrale électrique

the oil industry : l'industrie pétrolière

an oil rig : une plate-forme pétrolière

a nuclear plant : une centrale nucléaire

a nuclear reprocessing plant : une usine de retraitement des déchets nucléaires

aeronautics : l'aéronautique

shipbuilding : la construction navale

a shipyard : un chantier naval

the textile industry : l'industrie textile

a building contractor : un entrepreneur

the clothing industry = the rag trade (fam.) : la confection

a material = a fabric : un tissu

wool : la laine

silk : la soie

nylon : le nylon

Environmental protection : La protection de l'environnement

environmentalists : les écologistes

" I'm an environmentalist. Most of my jokes are recycled " (David Letterman).

to protect the environment : protéger l'environnement

an endangered species : une espèce en voie de disparition

He's ecologically-minded. – Il est écologiste, il se soucie d'écologie.

environmentally-friendly (= green = eco-friendly) products : des produits écologiques

sustainable development : le développement durable

GROS PLAN

Sustainable development *means economic development "without compromising the ability of future generations to meet their own needs" (according to a report from the United Nations). It means that economic development should go hand in hand with environmental protection.*

Le développement durable, c'est le développement économique « sans compromettre la capacité des générations futures à satisfaire leurs propres besoins » (d'après un rapport émanant des Nations unies.) Cela signifie que le développement économique devrait aller de pair avec la protection de l'environnement.

a spray : un aérosol

Sprays are harmful to the ozone layer. – Les aérosols sont nuisibles pour la couche d'ozone.

a refuse dump : une décharge

to dispose of waste : se débarrasser de déchets

rubbish : des détritus

fertilizers : des engrais

chemicals : des produits chimiques

a gas leak : une fuite de gaz

exhaust fumes : des gaz d'échappement

a flood : une inondation

an occupational disease : une maladie professionnelle

an oil spill : une marée noire

the water table : la nappe phréatique

a scourge = *a plague* : un fléau

drought : la sécheresse

global warming : le réchauffement de la planète

the greenhouse effect : l'effet de serre

an icecap : une calotte glaciaire

organic farming : l'agriculture biologique

organic food : les produits bio

genetic engineering : le génie génétique

GMOs (Genetically Modified Organisms) : des OGM

phosphate-free cleaning products : des produits d'entretien sans phosphates

unleaded petrol : essence sans plomb

a catalytic converter : un pot catalytique

GROS PLAN

A GMO is "an organism whose genetic material has been altered" (Wikipedia). GMOs are a highly controversial issue, and lots of people would like to ban them.

Un **OGM** est « un organisme dont le matériel génétique a été modifié » (Wikipedia). Les OGM sont un sujet qui suscite de nombreuses polémiques, et beaucoup de gens voudraient qu'ils soient interdits.

to comply with the safety standards : respecter les normes de sécurité

It's harmful to the environment. – Cela nuit à l'environnement.

a catalytic converter : un pot catalytique

a dustbin (GB) = a garbage can (USA) : une poubelle

the selective sorting of waste : le tri sélectif des ordures

a recycling dustbin : une poubelle de recyclage

a bottle bank : un conteneur pour verre usagé

Energy sources : Les sources d'énergie

coal : du charbon

oil supplies : des réserves de pétrole

a power cut : une coupure d'électricité

a wind turbine = a windmill : une éolienne

solar energy : l'énergie solaire

to save energy : faire des économies d'énergie

It's an economical device. – C'est un dispositif économique.

DÉTENDEZ-VOUS !

"Save water – shower with a friend" (anonymous graffiti).

Economic issues : Les questions économiques

economics : l'économie (la discipline)

DÉTENDEZ-VOUS !

"A study of economics usually reveals that the best time to buy anything was last year" (Marty Allen).

free market economy : l'économie de marché, l'économie libérale

a free marketeer : un partisan de l'économie de marché

trade : le commerce

It's a restraint on trade. – C'est une atteinte à la liberté du commerce.

to compete with... : être en concurrence avec...

GARE AU PIÈGE !

Ne pas se servir du mot *concurrence* pour traduire « concurrence ». *Concurrence* signifie « accord », « convergence », par exemple dans l'expression :

- *a concurrence of events* : un concours de circonstances

Antidote :

- *competition* : concurrence
- *There is fierce competition between...* – Il y a une concurrence féroce entre...
- *a competitor* : un concurrent

to bridge a trade gap : combler un déficit commercial

Business is booming. – Les affaires marchent bien.

Business is slack. – Les affaires marchent mal.

to relocate : (se) délocaliser

outsourcing : l'externalisation

GROS PLAN

Anti-globalists : Les altermondialistes

Anti-globalists are against a globalization that favours unrestrained capitalism, disregards human rights, does not take environmental protection into account, and ignores cultural diversity.

Les altermondialistes sont contre une mondialisation qui favorise le capitalisme sauvage, ne respecte pas les droits de l'homme, ne prend pas en compte la protection de l'environnement et néglige la diversité culturelle.

France has fallen behind. – La France s'est laissée distancer.

The English are lagging behind. – Les Anglais sont à la traîne.

a downturn = a slump : une baisse d'activité

a recovery : une reprise

to recover : reprendre, se rétablir

to impose quotas : établir des quotas

to retaliate against... : user de représailles envers...

to come to an agreement : parvenir à un accord

to circumvent the law = to get around the law : contourner la loi

counterfeiting : la contrefaçon

The economy of this country is going through a bad patch. – L'économie de ce pays traverse une mauvaise passe.

GROS PLAN

Fair trade *aims at complying with certain standards involving the production and the sale of goods from the Third World, thus promoting fair prices and condemning unacceptable working conditions and practices, such as child labour.*

Le **commerce équitable** a pour but de respecter certains critères concernant la production et la vente de produits en provenance du tiers-monde, favorisant ainsi l'équité des prix et condamnant les conditions de travail et des pratiques inacceptables, tel le travail des enfants.

Economic strategies : Les stratégies économiques

a merger : une fusion

to merge : fusionner

The two companies have merged. – Les deux sociétés ont fusionné.

They have decided to take over the business. – Ils ont décidé de reprendre l'affaire.

a takeover bid : une OPA

a buy-out : un rachat d'entreprise

to capture a market : conquérir un marché, s'emparer d'un marché

to get a foothold in a market : s'implanter sur un marché

to tap a new market : attaquer un nouveau marché

to flood the market : inonder le marché

to gain market share : gagner des parts de marché

to market a product : commercialiser un produit

to implement a policy : mettre en œuvre une politique

to foster exports = *to boost exports* : stimuler les exportations

They have established a strong presence in the market. – Ils sont solidement implantés sur le marché.

The corporate world : Le monde de l'entreprise

GARE AU PIÈGE !

a company = *a firm* : une entreprise, une société commerciale

Mais :

a society : une société à but non lucratif

corporate (adj.) : de l'entreprise, des entreprises

the corporate image : l'image de l'entreprise

the head office : le siège social

a subsidiary : une filiale

the CEO (= Chief Executive Officer) : le P-DG

the staff : le personnel

an executive : un cadre

an employee : un employé

an employer : un employeur

a factory worker : un ouvrier

The company has settled in England. – L'entreprise s'est implantée en Angleterre.

a turnkey factory : une usine clés en main

a thriving business : une affaire florissante

to cater for... : répondre aux besoins de..., s'adresser à...

This company caters for young people. – Cette entreprise s'adresse aux jeunes.

to meet quality standards : satisfaire aux normes de qualité

to subcontract (something) : sous-traiter (quelque chose)

a subcontractor : un sous-traitant

Our sales rose by 10% last year. – Nos ventes ont augmenté de 10 % l'année dernière.

They have a turnover of $ 1 billion a year. = They turn over $ 1 billion a year. – Ils réalisent un chiffre d'affaires annuel d'un milliard de dollars.

Consumption and distribution : La consommation et la distribution

consumer goods : des biens de consommation

Consumption is increasing. – La consommation augmente.

to purchase = to buy : acheter

purchasing power : le pouvoir d'achat

a distribution channel : un circuit de distribution

a supermarket : un supermarché

a hypermarket : un hypermarché

a shopping mall = *a shopping centre* : un centre commercial

a shopping arcade : une galerie marchande

a corner shop : un commerce de proximité

GARE AU PIÈGE !

- *a shopper* : un acheteur, un client

Mais :

- *a shopkeeper* : un commerçant

mass-market distribution : la grande distribution

a department store : un grand magasin

GROS PLAN

Harrods

A famous department store in Knightsbridge, London. It is said that the store can supply (almost) everything! Its motto : "Omnia Omnibus Ubique" ("Everything for everybody everywhere").

a retail store : un magasin de détail

e-commerce = *on-line retailing* : le commerce en ligne

to buy something on-line : acheter quelque chose en ligne

Lots of people are still apprehensive about buying on-line, because they think payment is not safe. – Beaucoup de gens craignent encore d'acheter en ligne parce qu'ils estiment que le paiement n'est pas sécurisé.

to sell retail : vendre au détail

to buy something wholesale : acheter quelque chose en gros

to display goods : exposer des marchandises

to order an item : commander un article

to place an order : faire une commande

to have something delivered : faire livrer quelque chose

to order home deliveries : se faire livrer à domicile

to do home deliveries : livrer à domicile

to make out an invoice : établir une facture

Don't try to bargain with them. – N'essaie pas de marchander avec eux.

They have opened a new branch in the area. – Ils ont ouvert une nouvelle succursale dans la région.

It's good value. – C'est d'un bon rapport qualité-prix.

They gave (= granted) me a 10 % discount. – Ils m'ont fait une remise de 10 %.

It's a real bargain. – C'est une bonne affaire.

I got it by mail order. – Je l'ai acheté par correspondance.

I got it on sale. – Je l'ai acheté en solde.

to go round the sales : faire les soldes

a wide range of products : une large gamme de produits

GROS PLAN

Oxfam

Oxford Committee for Famine Relief - This charity helps people in developing countries. The organization runs shops in Britain and in other countries as well, selling fair-trade and donated items to raise money.

Advertising : La publicité

GARE AU PIÈGE !

Advertising, c'est la publicité « en général ». On ne peut donc pas dire ~~*an advertising*~~. Pour cela, on dira :

an advertisement = *an ad* : une publicité

a TV commercial : un spot publicitaire

to launch an advertising campaign : lancer une campagne publicitaire

an advertising medium : un support publicitaire

a film trailer : une bande-annonce

GROS PLAN

« Faire de la publicité » se traduit par *to do advertising.* Mais il existe en anglais un verbe pour traduire « faire de la publicité **pour** (+ complément)... » :

to advertise a brand : faire de la publicité pour une marque.

This product is advertised on TV. – On fait de la publicité pour ce produit à la télévision.

À rapprocher de :

to hype a product : faire du battage pour un produit.

On utilise le mot *publicity* pour la publicité faite autour d'un événement.

This event got a lot of publicity. – Il y a eu beaucoup de publicité autour de cet événement.

to organize publicity events : faire de l'événementiel

to hand out leaflets : distribuer des prospectus

to send mailing pieces : envoyer des mailings

an advertiser : un annonceur

an adman : un publicitaire

an advertising agency : une agence publicitaire

media hype : battage médiatique, matraquage

There has been a lot of hype around (= about = over) this new product. – Il y a eu tout un battage publicitaire autour de ce nouveau produit.

"The consumer isn't a moron ; she is your wife" (David Ogilvy).

a hoarding = a billboard (USA) : un panneau publicitaire

a catch-phrase = a slogan : un slogan

comparative advertising : publicité comparative

media coverage : la couverture médiatique

This event got massive media coverage. – Cet événement a eu droit à une couverture médiatique massive.

to get a message across : faire passer un message

This is deceptive advertising. = This is misleading advertising. – C'est de la publicité mensongère.

to identify with... : s'identifier à...

to play on something : jouer sur quelque chose

to play something up : monter quelque chose en épingle

to build a brand preference : fidéliser la clientèle à une marque

to induce people to consume = to coax people into consuming : pousser les gens à consommer

to enhance a product : mettre un produit en valeur

brand awareness : notoriété de la marque

to praise the qualities of a product : vanter les qualités d'un produit

Communication tools : Les outils de communication

a phone line : une ligne téléphonique

a landline : un poste (téléphonique) fixe

to phone somebody = to call somebody = to ring somebody up (GB) : appeler quelqu'un, téléphoner à quelqu'un

- *to join somebody* : rejoindre quelqu'un
- *I'll join you later.* – Je vous rejoindrai plus tard.
- *to join a company* : intégrer une entreprise
- *to enclose a document with a letter* : joindre un document à une lettre

to get in touch with somebody = *to reach somebody* : entrer en contact avec quelqu'un, joindre quelqu'un

a phone box = *a phone booth* : une cabine téléphonique

a fax machine : un télécopieur

"The concept behind the mobile phone is that you have absolutely nothing to say and you've got to talk to someone about it right now" (Jerry Seinfeld).

Mobiles : Les portables

- *a mobile (phone)* = *a cell (phone)* (USA) : un portable
- *a hands-free kit* : un kit mains libres
- *a prepay phone* : un téléphone à carte rechargeable/prépayée
- *a subscription phone* : un téléphone à forfait
- *a top-up card (GB)* = *a refill card (USA)* : une recharge
- *the ringtone* : la sonnerie
- *to turn one's phone on* ≠ *to turn one's phone off*: allumer son téléphone ≠ éteindre son téléphone
- *to put one's phone on silent* : mettre son téléphone en mode silencieux
- *to put one's phone on vibrate* : mettre son téléphone sur vibreur
- *to send somebody a text message* = *to text somebody* : envoyer un texto à quelqu'un
- *to be contactable all the time* : être joignable tout le temps
- *I've run out of credit.* – Je n'ai plus de crédit.
- *There's no reception here.* – Je ne capte pas ici.
- *My battery's flat.* – Ma batterie est à plat.

information technology = *IT* : l'informatique

a computer scientist : un informaticien

to be computer-literate : savoir se servir d'un ordinateur

a desktop computer : un ordinateur de bureau

a laptop : un ordinateur portable

a keyboard : un clavier

a hard disk : un disque dur

a USB key = a USB flash drive : une clé USB

I have word processing skills. – Je sais me servir d'un traitement de texte.

a software package : un logiciel

a word processing package : un (logiciel de) traitement de texte

a file : un fichier

to type in (to key in = to input) data : saisir des données

to delete : supprimer

You must restart (= reboot) your computer. – Vous devez redémarrer votre ordinateur.

a printer : une imprimante

Could you print out this document? – Pourriez-vous imprimer ce document ?

to go onto the Internet : aller sur Internet

an ISP (Internet Service Provider) : un fournisseur d'accès

to have broadband : avoir le haut débit

to log on ≠ to log off : se connecter ≠ se déconnecter

a search engine : un moteur de recherche

to download : télécharger

to update : mettre à jour

to surf the Net : surfer sur Internet

a password : un mot de passe

to access a Website : accéder à un site

to search for information on the Net : chercher des informations sur le Net

to take part in a newsgroup : participer à un forum de discussion

to post comments on a website : ajouter des commentaires sur un site

junk mail : messages indésirables

to check one's email : consulter ses mails

at... : arobase...

dot : point

dot fr : point fr

hyphen : tiret

I'll email it to you. – Je vous l'enverrai par mail.

" I have e-mail, a pager, a cell phone, a fax. I've got an answering machine, three phone lines at home, one in my purse, and a phone in my car. The only reason I have if I don't return your call is I just don't like you" (Alicia Brandt).

Occupations : Les métiers

"After I finished school, I took one of those aptitude tests, and based on my verbal score, they suggested I become a mime" (Tim Cavanagh).

What does he do for a living? – Que fait-il dans la vie ?

an occupation = a calling = a profession : un métier, une profession

a craftsman : un artisan

a carpenter : un charpentier

a joiner : un menuisier

a plumber : un plombier

a bricklayer : un maçon

an apprentice : un apprenti

a mechanic : un mécanicien

a building contractor : un entrepreneur en bâtiment

an electrician : un électricien

a factory worker : un ouvrier

a skilled worker : un ouvrier spécialisé

an executive : un cadre

an engineer : un ingénieur

a computer scientist : un informaticien

He's in computers. – Il est dans l'informatique.

a chemist : un chimiste

a physicist : un physicien

an astrophysicist : un astrophysicien

a draughtsman : un dessinateur industriel

an architect : un architecte

a surveyor : un géomètre

a lawyer : un avocat

a chartered accountant : un expert-comptable

a doctor = a physician : un médecin

a physiotherapist = a physical therapist (USA) : un kinésithérapeute

a speech therapist : un orthophoniste

a nurse : une infirmière

a teacher : un professeur

a primary school teacher : un instituteur

a professor : un professeur d'université

a journalist : un journaliste

an anchorman = a newscaster : un présentateur télé

a host : un animateur (télévision)

to work in the private sector : travailler dans le secteur privé

to be employed in the civil service : travailler dans la fonction publique

to do volunteer work : faire du bénévolat

to do charity work : faire de l'humanitaire

a charity : une association caritative

Social life : La vie en société

the birth rate : le taux de natalité

the death rate : le taux de mortalité

marriage : le mariage

to get married : se marier

to marry somebody : épouser quelqu'un

to get divorced : divorcer

to divorce somebody : divorcer d'avec quelqu'un

"Never marry for money. Divorce for money" (Wendy Liebman).

a single-parent family : une famille monoparentale

to be single : être célibataire

a bachelor = a single person : un célibataire

a citizen : un citoyen

to comply with rules : se conformer à des règles

to abide by the law : respecter la loi

law-abiding citizens : des citoyens qui respectent la loi

law and order : l'ordre public

to enforce a law : faire respecter une loi

to implement a law : appliquer une loi

"We live in an age when pizza gets to your home before the police do" (Jeff Marder).

to circumvent the law = to get around the law : contourner la loi

to break the law : enfreindre la loi

to commit an offence : commettre un délit

everyday violence : la violence quotidienne

juvenile delinquency : la délinquance juvénile

to harass : harceler

harassment : le harcèlement

anti-social behaviour : comportement asocial

a hoodlum : un voyou

an outlaw : un hors-la-loi

the crime rate : le taux de criminalité

The police : La police

Rappelez-vous que le mot *police* commande en anglais un verbe au **pluriel**.

- *The police are here.* – La police est là.
- *the riot police* : la police anti-émeute
- *a cop (slang)* : un flic
- *to breathalyse somebody* : faire subir un alcootest à quelqu'un
- *to have a (police) record* : avoir un casier judiciaire
- *to tap a phone* : mettre un téléphone sur écoute
- *to make an investigation* : faire une enquête
- *to conduct identity checks* : faire des contrôles d'identité
- *to be kept in police custody* : être en garde à vue
- *a police blunder* : une bavure policière

to vandalize a building : saccager un bâtiment

a mugging : une agression

to be mugged : être agressé

to rape : violer

a burglar : un cambrioleur

a burglary : un cambriolage

shoplifting : le vol à l'étalage

a murder : un meurtre

a drug addict : un toxicomane

a prostitute : une prostituée

a pimp : un souteneur

to rob somebody : voler quelqu'un

to rob a bank : dévaliser une banque

a robbery : un vol

a thief : un voleur

My wallet has been stolen! – On m'a volé mon portefeuille !

to embezzle money : détourner des fonds

anti-terrorist measures : mesures antiterroristes

to commit a bomb attack : commettre un attentat

to take somebody hostage : prendre quelqu'un en otage

an arson : un incendie criminel

an arsonist : un pyromane

a repeat offender : un récidiviste

drunken driving : conduite en état d'ivresse

GROS PLAN

Justice : La justice

- *to prosecute somebody = to sue somebody = to take somebody to court* : poursuivre quelqu'un en justice, intenter un procès à quelqu'un
- *to lodge a complaint* : déposer plainte
- *to charge somebody with something* : inculper quelqu'un de quelque chose
- *He was charged with murder.* – Il a été inculpé de meurtre.
- *a lawsuit* : un procès
- *a trial* : un procès (de cour d'assises)
- *to stand trial* : passer en jugement
- *a witness* : un témoin
- *to give evidence* : faire une déposition
- *a juror* : un juré
- *a jury* : un jury
- *a sentence* : une condamnation
- *to be sentenced to death* : être condamné à mort
- *to be acquitted* : être acquitté
- *a miscarriage of justice* : une erreur judiciaire
- *prison* : la prison
- *to be jailed* : être emprisonné
- *to abolish the death penalty* : abolir la peine de mort
- *the electric chair* : la chaise électrique

to crack down on…= to take measures against… : sévir contre…, s'attaquer à…, prendre des mesures contre…

to pay a fine : payer une amende

a smoking ban in public places : une interdiction de fumer dans les lieux publics

GROS PLAN

The death penalty in the USA
La peine capitale aux États-Unis

Capital punishment (or the death penalty) is used in 38 of the 50 states. Texas has the highest rate of executions. Opinion is divided over this issue. While some say that capital punishment is cheaper and safer for society than life imprisonment, others argue that it is not really a deterrent.

La peine capitale (ou peine de mort) est appliquée dans 38 des 50 États. C'est le Texas qui a le taux le plus élevé d'exécutions. Les avis sont partagés sur cette question. Certains disent que la peine capitale est plus économique et plus sûre pour la société que la prison à vie, alors que d'autres soutiennent qu'elle ne sert pas vraiment de moyen de dissuasion.

*The prisoners who are to be executed wait on « **death row** » (i.e. in a special part of the prison).* – Les prisonniers qui doivent être exécutés attendent dans le « couloir de la mort » (c'est-à-dire dans un quartier spécial de la prison).

✔ *a deterrent* : un moyen de dissuasion

DÉTENDEZ-VOUS !

"I'm for a stronger death penalty" (George Bush).

poverty : la pauvreté
below the poverty line : en dessous du seuil de pauvreté
the homeless : les sans-abri
wealth : la richesse
affluence : l'aisance financière
rich = *wealthy* : riche
well-to-do = *well-off* : à l'aise financièrement
the social background : le milieu social
to start from scratch : partir de zéro
the aristocracy : l'aristocratie
the upper middle class : la haute bourgeoisie
the middle classes : les classes moyennes
the working class : la classe ouvrière
a social misfit : un inadapté social
the social status : le statut social
the standard of living : le niveau de vie
a two-tier society : une société à deux vitesses
to climb the social ladder : gravir l'échelle sociale
to pay taxes : payer des impôts
to evade taxation : frauder le fisc

income tax : l'impôt sur le revenu

a taxpayer : un contribuable

DÉTENDEZ-VOUS !

"Funny, every time I make out my income tax, I find myself humming, 'All of me, why not take all of me" (Tom Wilson).

solidarity : la solidarité

the welfare state : l'État-providence

to be on welfare (USA) : vivre de l'aide sociale

to be unemployed : être au chômage

to live off welfare benefit : vivre grâce à des allocations de chômage

They have difficulty making ends meet. – Ils ont du mal à joindre les deux bouts.

racism : le racisme

discrimination : la discrimination

to be discriminated against : être l'objet d'une discrimination

to be prejudiced against somebody = to be biased against somebody : avoir des préjugés contre quelqu'un…

GROS PLAN

Affirmative action (USA) = positive discrimination (GB)
La discrimination positive

It is a policy consisting in giving preference to certain underprivileged social categories or groups that are prejudiced against for reasons connected with race or gender. Affirmative action aims at increasing the representation of these groups. This goes for such fields as education or employment in particular.

C'est une politique consistant à donner la préférence à certaines catégories sociales défavorisées ou à des groupes victimes de discrimination pour des raisons en rapport avec la race et le sexe. La discrimination positive a pour objectif d'accroître la représentativité de ces groupes. Cela s'applique en particulier à des domaines comme l'enseignement ou l'emploi.

a riot : une émeute

xenophobic reactions : des réactions xénophobes

an illegal immigrant : un clandestin

an undocumented immigrant : un sans-papiers

the generation gap : le fossé entre les générations

the young : les jeunes

younger generations : les jeunes générations

to grow old : vieillir
old age : la vieillesse
the elderly = *senior citizens* : les gens du troisième âge

"Age is mostly a matter of mind: if you don't mind, it doesn't matter" (anonymous).

to retire : prendre sa retraite
a pensioner : un retraité
to receive a pension : toucher une retraite
death : la mort
dead : mort
to die : mourir

Religion : La religion

Christianity : le christianisme
a Christian : un chrétien
Catholicism : le catholisme
a Catholic : un catholique
Protestantism : le protestantisme
a Protestant : un protestant
Judaism : le judaïsme
a Jew, a Jewess : un juif, une juive
Jewish : juif
Islam : l'islam
a Muslim : un musulman
an Islamist : un islamiste
Hinduism : l'hindouisme
a Hindu : un hindou
Buddhism : le bouddhisme
a Buddhist : un bouddhiste
fundamentalism : l'intégrisme
a fundamentalist : un intégriste
an atheist : un athée
a prayer : une prière
to pray : prier

the Gospel : l'Évangile

to go to church : aller à l'église

to go on a pilgrimage : partir en pèlerinage

He's a practising Catholic, Muslim, etc. – Il est catholique (musulman, etc.) pratiquant.

a mosque : une mosquée

a priest : un prêtre

a clergyman : un pasteur

a rabbi : un rabbin

to preach : prêcher

a preacher : un prédicateur

a monk : un moine

to join a sect : entrer dans une secte

the Pope : le Pape

secular : laïque

secularism : la laïcité

DÉTENDEZ-VOUS !

"I don't believe in an afterlife, although I am bringing along a change of underwear" (Woody Allen).

Political life : La vie politique

GROS PLAN

Deux mots pour « politique »

- *politics* : la politique (en général)
- *a policy* : une politique
- *to go into politics* : se lancer dans la politique
- *to adopt a policy* : suivre une politique
- *to be politically-minded* : s'intéresser à la politique

a democracy : une démocratie

a republic : une république

a monarchy : une monarchie

a monarch : un monarque

a kingdom : un royaume

a tyranny : une tyrannie
a totalitarian state : un état totalitaire
a police state : un état policier
a dictatorship : une dictature
to seize power : s'emparer du pouvoir
to come to power : arriver au pouvoir
to wield power : exercer un pouvoir
to elect : élire
to rule the country : diriger le pays
a politician : un politicien
to resign : démissionner
He was appointed in 2005. – Il a été nommé en 2005.

a plot : un complot
a coup : un coup d'État
to demonstrate : manifester
a demonstration : une manifestation
to take to the streets : descendre dans la rue
a riot : une émeute
censorship : la censure
home rule : l'autonomie
devolution : la décentralisation
diplomacy : la diplomatie
a diplomat : un diplomate
a spokesperson : un porte-parole
a president : un président
a minister : un ministre
the Prime Minister : le Premier Ministre
an M.P. (Member of Parliament, GB) : un membre du Parlement
the Speaker : le président de la Chambre des Communes
a congressman, a congresswoman (USA) : un membre du Congrès
an opponent : un opposant
the executive power : le pouvoir exécutif
the legislative power : le pouvoir législatif
the judicial power : le pouvoir judiciaire
a mayor : un maire
the townhall : la mairie
the city council : le conseil municipal

a councillor : un conseiller municipal

to legislate : légiférer

to pass a bill : voter un projet de loi

to enforce a law = *to implement a law* : appliquer une loi

to repeal a law : abroger une loi

to carry out a poll : effectuer un sondage

to carry out a survey : effectuer une étude

to be right-wing ≠ *to be left-wing* : être de droite ≠ être de gauche

to run for president : se présenter aux élections présidentielles

to conduct an election campaign : faire une campagne électorale

The candidate was defeated. – Le candidat a été battu.

to impeach a president : mettre un président en accusation (en vue d'une destitution)

to go to the polls : aller aux urnes

a ballot : un bulletin de vote

GROS PLAN

Young people and politics

Young people in France are said to be less politically-minded than their elders. There is often a higher rate of abstention among them, compared with the rest of the population.

Les jeunes et la politique

Les jeunes Français ont la réputation de s'intéresser moins à la politique que leurs aînés. Il y a souvent parmi eux un taux d'abstention plus élevé que dans le reste de la population.

to take steps to… = *to take measures to…* : prendre des mesures pour…

to crack down on… : prendre des mesures contre…

to carry out reforms : mettre en place des réformes

to retaliate (against) : user de représailles (envers)

to give a speech : faire un discours

to legalize : légaliser

to cause controversy : provoquer une controverse

This scheme is highly controversial. – Ce projet est l'objet de controverses passionnées.

to hush up a scandal : étouffer un scandale

War : La guerre

"War? My dear boy, it's awful – the noise, and the people!" (W.H. Auden)

to join the army : s'engager
to be at war : être en guerre
to declare war on… : déclarer la guerre à…
to wage war on… : faire la guerre à…
to win a battle : remporter une bataille
to be defeated : être vaincu
a victory : une victoire
a defeat : une défaite
to invade a country : envahir un pays
to blow up a bridge : faire sauter un pont
to shell a town : bombarder une ville
to explode : exploser
to resist the enemy : résister à l'ennemi
to plant a bomb : poser une bombe
a bomb scare : une alerte à la bombe
a curfew : un couvre-feu
to hijack a plane : détourner un avion
to surrender : se rendre
the atom bomb : la bombe atomique
bacteriological warfare : la guerre bactériologique
chemical weapons : des armes chimiques
nuclear tests : des essais nucléaires
There were lots of casualties. – Il y a eu beaucoup de victimes (= de pertes).
human rights : les droits de l'homme
slaughter = a bloodshed : un massacre, un bain de sang

Leisure activities : Loisirs

to have a lot of spare time : avoir beaucoup de temps libre
to relax = to unwind : se détendre
to let off steam : décompresser
to take a day off : prendre un jour de congé

to take it easy (fam.) : se la couler douce

to take a nap : faire la sieste

idle : oisif

to idle : paresser

"It is impossible to enjoy idling thoroughly unless one has plenty of work to do" (Jerome K. Jerome).

entertainment : les divertissements

an entertainment : un spectacle

to read books : lire des livres

a hobby = a pastime : un passe-temps

to watch television : regarder la télévision

to listen to the radio : écouter la radio

to surf the Net : surfer sur Internet

to chat on MSN : discuter sur MSN

to play cards : jouer aux cartes

to play chess : jouer aux échecs

to play draughts : jouer aux dames

to play darts : jouer aux fléchettes

to gamble : jouer (de l'argent)

to bet : parier

to go clubbing : sortir en boîte

to play slot machines : jouer aux machines à sous

a fun fair : une fête foraine

an amusement park : un parc d'attractions

a theme park : un parc à thème

The cinema : Le cinéma

to go to the cinema = to go to the movies (USA) : aller au cinéma

a film buff = a film fan : un mordu de cinéma

a director : un metteur en scène

a producer : un producteur

a film = a movie (USA) : un film

a cinema = a movie theatre (USA) : une salle de cinéma

to shoot a film : tourner un film

to release a film : sortir un film
The film has just been released. – Le film vient de sortir.
to download a film : télécharger un film
a thriller : un film à suspense
a western : un western
a musical : une comédie musicale
a blockbuster : un film à grand succès
a spectacular : un film à grand spectacle
the screenplay = *the script* : le scénario
the soundtrack : la bande sonore
the cast : la distribution
an actor : un acteur
an actress : une actrice
a film featuring X : un film avec X

Music : La musique

to listen to music : écouter de la musique
to go to a concert : aller à un concert
a concert hall : une salle de concerts
to play a musical instrument : jouer d'un instrument de musique
to be musical : aimer la musique
to have a good ear for music : avoir l'oreille musicale
to play the piano : jouer du piano
to play the violin : jouer du violon
to play the guitar : jouer de la guitare
to play the flute : jouer de la flûte
to play the saxophone : jouer du saxophone
to play the trumpet : jouer de la trompette
to play the electric organ : jouer de l'orgue électronique
to play the drums : jouer de la batterie
a beatbox : une boîte à rythmes
a tune : un air, une mélodie
to rehearse : répéter
a rehearsal : une répétition
to play a gig : donner un concert (jazz, pop)
a jam session : un bœuf

I'm jamming with friends this afternoon. – Je fais un bœuf avec des copains cet après-midi.

classical music : la musique classique

a music lover : un mélomane

pop music, rock music : la musique pop, la musique rock

jazz : le jazz

ethnic music : la musique ethnique

folk music : la musique folk

the opera : l'opéra

orchestral music : la musique symphonique

chamber music : la musique de chambre

an orchestra : un orchestre (symphonique)

a conductor : un chef d'orchestre

to conduct an orchestra : diriger un orchestre

a band : un orchestre (pop, jazz, variété)

The media : Les médias

(Voir également les chapitres ***Vocabulaire du compte rendu et du commentaire***, ainsi qu'***Éléments de civilisation***.)

to be interested in current events : s'intéresser à l'éctualité

a topical issue : une question d'actualité

a high-profile trial : un procès très médiatisé

This event was given a lot of media coverage. – Cet événement a été très médiatisé.

the (written) press : la presse (écrite)

the liberty of the press : la liberté de la presse

a newspaper : un journal

a daily : un quotidien

a news weekly : un hebdomadaire d'actualités

a magazine : un magazine

a tabloid : un tabloïd, un quotidien demi-format

the latest issue : le dernier numéro

an article : un article

a press cutting : une coupure de presse

the gutter press : la presse à scandales

The "gutter press" : La presse à scandales

This kind of press – "gutter press" is of course a derogative term – focuses on scandals concerning public figures or on celebrity gossip, and loves prying into people's private lives. The most famous newspapers are The Sun *in Great Britain and the* New York Post *in the USA. Those papers are also called* ***tabloids*** *because of their small size.*

Ce genre de presse – «presse de caniveau» est bien entendu un terme dépréciatif – rapporte les scandales concernant les personnalités et adore s'immiscer dans la vie privée des gens. Les titres les plus connus sont *The Sun* en Grande-Bretagne et le *New York Post* aux États-Unis. Ces journaux sont aussi appelés **tabloïds** en raison de leur format réduit.

the circulation of a newspaper : le tirage d'un journal

a newsagent : un marchand de journaux

I subscribe to "Newsweek". – Je suis abonné à Newsweek.

an editor : un rédacteur en chef

a journalist : un journaliste

a reporter : un reporter

a columnist : un chroniqueur

to hit the headlines : faire la une

to be biased = to be prejudiced : être de parti pris

disinformation : la désinformation

reliable = dependable : fiable

objective : objectif

subjective : subjectif

to check one's sources : vérifier ses sources

to encroach on somebody's private life = to intrude into somebody's private life = to pry into somebody's private life : s'immiscer dans la vie privée de quelqu'un

to libel : diffamer

libel : diffamation

to be sued for libel : être poursuivi pour diffamation

"Journalism largely consists in saying 'Lord Jones Dead' to people who never knew Lord Jones was alive" (G.K. Chesterton).

on the radio : à la radio

to listen to the radio : écouter la radio

to tune the radio to… : mettre la radio sur…

Stay tuned! – Restez à l'écoute !

to watch television : regarder la télévision

a television channel : une chaîne de télévision

a satellite dish : une antenne parabolique

cable TV : la télévision par câble

a DVD player : un lecteur DVD

to channel-hop = *to zap* : zapper

a remote control = *a zapper (fam.)* : une télécommande

a couch potato : un drogué de télé (avachi sur son canapé)

a televiewer : un téléspectateur

Traduire « émission » et « diffuser »…

Laissez soigneusement de côté *emission* et *to diffuse*, vocables qui appartiennent au vocabulaire des SVT…

a programme = *a show* = *a broadcast* : une émission

a repeat : une rediffusion

to broadcast = *to air* : diffuser

The interview was aired a few days ago. – L'interview a été diffusée il y a quelques jours.

a serial : un feuilleton

a TV series : une série télévisée

a soap opera : un feuilleton mélo

a talk show : un débat télévisé

a game show = *a quiz show* : un jeu télévisé

the newscast : le journal télévisé

a newscaster (GB) = *an anchorman/an anchorwoman (USA)* : un présentateur/une présentatrice du journal télévisé

a host : un présentateur (d'émission de variétés)

a documentary : un documentaire

to be shown on TV = *to appear on TV* : passer à la télé

This show has a high rating. – Cette émission a un taux d'écoute élevé.

Sport : Le sport

to do sport : faire du sport

to be athletic : être sportif

to go to a gym : aller dans une salle de gym

to work out : s'entraîner
to warm up : s'échauffer
to take exercise : faire de l'exercice

"I really should join an athletic club or something. If it wasn't for wrestling with my conscience, I'd get no exercise at all" (Tom Wilson).

a tracksuit : un survêtement
to go swimming : faire de la natation
to go to the swimming-pool : aller à la piscine
to go water-skiing : faire du ski nautique
to go jogging : faire du jogging
to go hiking : faire de la randonnée
to go cycling : faire du vélo
to go horse-riding : faire du cheval
to go scuba-diving : faire de la plongée sous-marine
to go skiing : faire du ski
to go cross-country skiing : faire du ski de fond
to go sailing : faire de la voile
to go surfing : faire du surf
to go wind-surfing : faire de la planche à voile
to go hang-gliding : faire du parapente
to play football (= soccer) : jouer au football
to play tennis : faire du tennis
to play table tennis : jouer au ping-pong
to go shooting : aller à la chasse
team sports : les sports d'équipe

Extreme sports : Les sports extrêmes

Lots of young people go in for extreme sports, such as bungee jumping or barefoot skiing (among many others!) because they search for a high level of danger and physical exertion in order to obtain an exhilarating "adrenaline rush".

Beaucoup de jeunes s'adonnent aux sports extrêmes, tels le saut à l'élastique ou le ski nautique pieds nus (parmi beaucoup d'autres !), parce qu'ils recherchent un niveau élevé de danger et d'effort physique afin d'être grisés par la « poussée d'adrénaline ».

boxing : la boxe
wrestling : la lutte
fencing : l'escrime

a sporting event : un événement sportif

a competition : une compétition

a tournament : un tournoi

a professional sportsman/sportswoman : un sportif/une sportive professionnel/elle

A problem with competitive sport : Un problème dans le sport de compétition

doping : le dopage
to be dope-tested : subir un contrôle anti-dopage
to be suspended for a doping offense : être suspendu pour dopage

Tourism and holidays : Le tourisme et les vacances

travel (indén.) : les voyages
to be fond of travel : aimer les voyages

Mais :

a trip : un voyage

to go on a trip : faire un voyage

On ne doit jamais dire : *a travel*… mais :

a journey : un voyage

a voyage : une traversée

"They say travel broadens the mind; but you must have the mind" (G.K. Chesterton).

to travel : voyager

to travel by train (by car, by boat) : voyager en train (en voiture, par bateau)

a traveller : un voyageur

to fly : prendre l'avion

I'm flying from Paris to Madrid. – Je vais en avion de Paris à Madrid.

GROS PLAN

Budget airlines = low-cost airlines
Les compagnies aériennes à bas prix

More and more people can fly cheaply thanks to budget airlines such as Ryanair or EasyJet. You simply have to book your flight on the Internet.

De plus en plus de gens ont la possibilité de prendre l'avion pour un prix modeste grâce à des compagnies aériennes à bas prix telles que Ryanair ou EasyJet. Vous n'avez qu'à réserver votre vol sur Internet.

tourism : le tourisme
a tourist : un touriste
a holiday-maker = a vacationer (USA) : un vacancier
to take a holiday : prendre des vacances, prendre un congé
to go on holiday = to go on vacation (USA) : partir en vacances
to take three days off : prendre trois jours de congé
to make a long weekend of it : faire le pont
a fly-drive holiday : vacances en formule avion + voiture
to go on a package tour : faire un voyage organisé
to go on safari : faire un safari
to go on a cruise : faire une croisière
to go on an excursion : faire une excursion
to go backpacking : voyager sac au dos
to go round the world : faire le tour du monde
to go trekking : faire de la randonnée
to go sightseeing : faire du tourisme
to go on a guided tour : faire une visite guidée, faire un voyage organisé
to go abroad : aller à l'étranger
to be repatriated : se faire rapatrier

a travel agent's : une agence de voyages
a tour operator : un voyagiste
a brochure : une brochure
a leaflet : un dépliant
the tourist office : l'office de tourisme
to plan a holiday : organiser des vacances
a guide : un guide (personne, livre)

a guidebook : un guide (livre)

a seaside resort : une station balnéaire

a skiing resort : une station de ski

accommodation : l'hébergement

to find accommodation : trouver à se loger

a hotel : un hôtel

a youth hostel : une auberge de jeunesse

a bed & breakfast : une chambre d'hôte

a gîte : un gîte

a spa : un centre de remise en forme

the peak season : la pleine saison

the off season : la saison creuse

Why is it called tourist season if we can't shoot them? (George Carlin)

to hire a car (GB) = to rent a car (USA) : louer une voiture

to rent a house : louer une maison

luggage (indén.) : bagages

to pack (one's luggage) : faire ses valises

a trunk : une malle

a bag : un sac

a suitcase : une valise

"Since the days of Alexander the Great there has been a fashionable belief that travel is agreeable and highly educative. Actually, it is one of the most arduous yet boring of all pastimes. If there is anything worse than the aching tedium of staring out of car windows, it is the irritation of getting tickets, packing, finding trains, lying in bouncing berths, washing without water, digging out passports, and fighting through customs" (Sinclair Lewis, *Dadsworth*).

I went on a trip to Italy last year. – J'ai fait un voyage en Italie l'année dernière.

I'm going on a skiing holiday at Christmas. – Je vais aux sports d'hiver à Noël.

I'm going away for the weekend. – Je pars pour le week-end.

Have a good holiday! – Bonnes vacances !

Have a good trip! – Bon voyage !

I haven't got much luggage. – Je n'ai pas beaucoup de bagages.

He takes his holidays in June. – Il prend ses vacances en juin.

I'm staying in a hotel. – Je descends à l'hôtel.

I'm staying in a bed & breakfast. – Je vais dans une chambre d'hôte.

I'm staying with friends. – Je séjourne chez des amis.

The place is very popular with tourists = It's a touristy place (péj.). – C'est un endroit très touristique.

Next Tuesday is a public holiday. – C'est férié mardi prochain.

What's the weather forecast like? – Quelles sont les prévisions météo ?

GROS PLAN

Ecotourism : L'écotourisme

More and more travellers are interested in ecotourism. It is a form of tourism which focuses on discovering local cultures and on helping them through volunteer programmes. Responsible ecotourism aims at protecting the environment and showing respect for the cultural integrity of local people.

De plus en plus de voyageurs s'intéressent à l'écotourisme. C'est une forme de tourisme axée sur la découverte des cultures locales et sur l'aide à leur apporter par le biais de programmes de bénévolat. L'écotourisme responsable aspire à protéger l'environnement et à respecter l'intégrité culturelle des autochtones.

Countries and nationalities : Les pays et les nationalités

GROS PLAN

- Les **noms** et les **adjectifs** de nationalités peuvent différer.
- Certaines nationalités disposent d'un adjectif, mais pas d'un nom… On bricole alors un nom à partir de l'adjectif suivi du suffixe *-man* ou *-woman*
- Pour le nom des nationaux « en général » on peut se servir de l'« adjectif substantivé » ou d'un cocktail avec « people »

  the English = English people
- Lorsqu'il existe un vrai substantif, on peut, pour la généralité, utiliser *the* ou l'escamoter. On dit par exemple pour « les Américains » : *the Americans* ou *Americans*.
- En anglais, les noms de nationalité prennent une majuscule – tout comme les adjectifs, à la différence de ce qui se pratique en français.

  an American : un Américain

  an American car : une voiture américaine

Pays /Adjectif / Nom singulier / Nom pluriel

America/American/an American/the Americans

Australia/Australian/an Australian/the Australians

Belgium/Belgian/a Belgian/the Belgians

Brazil/Brazilian/a Brazilian/the Brazilians

(Great) Britain/British/a Briton/the Britons, the British

Burma (Birmanie) / *Burmese/a Burmese/the Burmese*

Bulgaria/Bulgarian/a Bulgarian/the Bulgarians

Cambodia/Cambodian/a Cambodian/the Cambodians

Canada/Canadian/a Canadian/the Canadians

Chile/Chilian/a Chilian/the Chilians

China/Chinese/a Chinese/the Chinese

Denmark/Danish/a Dane/the Danes

Egypt/Egyptian/an Egyptian/the Egyptians

England/English/an Englishman (-woman)/the English

Estonia/Estonian/an Estonian/the Estonians

Finland/Finnish/a Finn/the Finns

France/French/a Frenchman (-woman)/ the French

Germany/German/a German/the Germans

Greece/Greek/a Greek/the Greeks

Hungary/Hungarian/a Hungarian/the Hungarians

Iceland/Icelandic/an Icelander/the Icelanders

India/Indian/an Indian/the Indians

Iran/Iranian/an Iranian/the Iranians

Iraq/Iraqi/an Iraqi/the Iraqis

Ireland/Irish/an Irishman (-woman)/the Irish

Israel/Israeli/an Israeli/the Israelis

Italy/Italian/an Italian/the Italians

Japan/Japanese/a Japanese/the Japanese

Latvia (Lettonie)/Latvian/a Latvian/the Latvians

Lebanon (Liban)/Lebanese/a Lebanese/the Lebanese

Lithuania/Lithuanian/a Lithuanian/the Lithuanians

Madagascar/Madagascan/a Madagascan/the Madagascans

Malta/Maltese/a Maltese/the Maltese

Mexico/Mexican/a Mexican/the Mexicans

Morocco (Maroc)/*Moroccan/a Moroccan/the Moroccans*

the Netherlands (Pays-Bas)*/Dutch/a Dutchman (-woman)/the Dutch*

New Zealand/New Zealand (adj. épith.)*/a New Zealander/the New Zealanders*

Norway/Norwegian/a Norwegian/the Norwegians

Pakistan/Pakistani/a Pakistani/the Pakistanis

Poland (Pologne)*/Polish/a Pole/the Poles*

Portugal/Portuguese/a Portuguese/the Portuguese

Romania/Romanian/a Romanian/the Romanians

Russia/Russian/a Russian/the Russians

Scotland/Scottish/a Scot/the Scots

Serbia/Serbian /a Serb/the Serbs

Spain/Spanish/a Spaniard/the Spaniards

Sweden/Swedish/a Swede/the Swedes

Switzerland/Swiss/a Swiss/the Swiss

Thailand/Thai/a Thai/the Thais

Turkey/Turkish/a Turk/the Turks

Vietnam/Vietnamese/a Vietnamese/the Vietnamese

Wales (Pays de Galles)*/Welsh/a Welshman (-woman)/the Welsh*

Continents and ethnic groups : Les continents et les groupes ethniques

Africa/African/an African/the Africans

Arab/an Arab/the Arabs

Attention !

to speak Arabic : parler arabe

Asia/Asian/an Asian/the Asians

Europe/European/a European/the Europeans

Jewish : juif

a Jew : un Juif

The North/Northern (septentrional)

the South/Southern (méridional)

the East/Eastern (oriental)

the West/Western (occidental)

Western Europe : l'Europe de l'Ouest

East European countries : les pays d'Europe de l'Est

the Middle East : le Moyen-Orient
the Far East : l'Extrême-Orient
the United States : les États-Unis
the Channel Islands : les îles Anglo-Normandes
the Balearic Islands : les Îles Baléares
the West Indies : les Antilles

A few foreign cities... : Quelques villes étrangères...

Algiers : Alger
Antwerp : Anvers
Athens : Athènes
Brussels : Bruxelles
Cairo : Le Caire
Livorno = Leghorn : Livourne
Mexico City : Mexico
Moscow : Moscou
Oporto : Porto
The Hague : La Haye
Venice : Venise
Vienna : Vienne
Warsaw : Varsovie

the inhabitant of a country : l'habitant d'un pays
a German national : un ressortissant de nationalité allemande
a native : un autochtone
to go native (fam.) : adopter le mode de vie des autochtones
to become naturalized : se faire naturaliser
to have dual nationality : avoir la double nationalité
the mother tongue : la langue maternelle
an English native speaker : une personne de langue maternelle anglaise, un anglophone
He speaks English like a native. – Il parle anglais comme un autochtone.
to cross the border : passer la frontière

Il y a « étranger » et « étranger » !

foreign : étranger (= de nationalité étrangère)

a foreigner : un étranger (= de nationalité étrangère)

Mais *a stranger*, c'est seulement « un inconnu ».

He's an utter stranger to me. – Je ne le connais ni d'Ève ni d'Adam.

Chapitre 9

Le vocabulaire du compte rendu et du commentaire

Liste des principaux mots de liaison

Ce sont les mots indispensables à connaître dès que l'on a besoin d'ordonner des arguments, de présenter des explications de façon structurée ou, tout simplement à la lecture d'un texte, de bien saisir le rapport logique entre les différentes idées.

Pour rédiger un essai, il est conseillé de commencer, si possible, tout nouveau paragraphe introduisant une nouvelle idée par l'un de ces fameux « mots de liaison ». En revanche, il ne faut pas en abuser au sein du même paragraphe, sinon, l'enchaînement des idées risque de ne pas apparaître bien clairement…

then : puis

moreover = *furthermore* = *in addition* = *what's more* : de plus, en outre

besides : du reste

so = *therefore* = *consequently* = *as a result* : donc, par conséquent, en conséquence

thus : ainsi

similarly = *likewise* : de même

that's why : c'est pourquoi

hence : de là, d'où

hence his reaction : d'où sa réaction

however = *yet* = *nevertheless* = *nonetheless* : cependant, pourtant, néanmoins, toutefois

by contrast : en revanche

by comparison : en comparaison

on the contrary : au contraire

unlike Britain... : contrairement à la Grande-Bretagne...

on the one hand... on the other hand... : d'une part... d'autre part...

compared with... : par rapport à...
as for... = as to... : quant à...
There's a link between... and... – Il y a un lien entre... et...
as it were = so to speak : pour ainsi dire
whereas = while : tandis que, alors que

Les différents types de textes

a novel : un roman
a detective novel : un roman policier
a thriller : un roman à suspense
a spy thriller : un roman d'espionnage
an adventure novel : un roman d'aventures
a coming-of-age novel : un roman de formation
a Gothic novel : un roman d'épouvante
a short story = a novella : une nouvelle
a (fairy) tale : un conte (de fées)
a first person narrative : une narration à la première personne
a (theatre) play : une pièce (de théâtre)
a tragedy : une tragédie
a drama : un drame
an essay : un essai
a pamphlet : un pamphlet
a poem : un poème
a legend : une légende
a myth : un mythe
a stanza : une strophe
a line : un vers
a dialogue : un dialogue
a monologue : un monologue
the title : le titre
a chapter : un chapitre
a newspaper article : un article de journal
a daily : un quotidien
a magazine article : un article de magazine
an editorial : un éditorial
an anecdote : une anecdote

anecdotal : anecdotique
an advertisement : une publicité
a graph : un graphique
a chart : un tableau
a report : un reportage
a survey : une enquête
a poll : un sondage
to carry out a survey : effectuer une enquête
according to a poll : d'après un sondage
a headline : une manchette
a paragraph : un paragraphe
an extract from… = an excerpt from… : un extrait de…
a quotation (from...) : une citation (tirée de...)
to quote a passage : citer un passage
to quote from the text : citer le texte
This text is taken from… – Ce texte est tiré de…

Si vous lisez un article en anglais, n'en perdez pas votre latin !

Two indispensable acronyms

Deux sigles incontournables
i.e. (id est) = that is (to say) : c'est-à-dire
e.g. (exempli gratia) = for instance : par exemple

L'auteur du texte

the author : l'auteur (fiction littéraire)
the writer : l'écrivain
the narrator : le narrateur (à éviter dans un… article de journal)
a novelist : un romancier
a poet : un poète
a playwright = a dramatist : un auteur dramatique, un dramaturge
a character : un personnage
the hero : le héros
the protagonist : le protagoniste
a journalist : un journaliste
a columnist : un chroniqueur
an editor : un rédacteur en chef
an editorialist : un éditorialiste

The journalist notes (= points out) that... – Le journaliste constate (= signale) que...

Vocabulaire servant à apprécier un texte littéraire, à caractériser des procédés, à juger des attitudes

a matter-of-fact tone : un ton neutre
serious : sérieux
didactic : didactique
a harsh retort : une repartie dure, cassante
a pompous remark : une remarque pontifiante
a pedantic remark : une remarque pédante
an innuendo : une insinuation
commonplace = trite : banal
convincing : convaincant
evocative : évocateur
moving : émouvant
a sympathetic attitude : une attitude compréhensive, compatissante
provocative : provocateur
contemptuous : méprisant
a noncommittal answer : un réponse évasive, qui n'engage à rien
an earnest remark : une remarque sincère
a qualified statement : une déclaration nuancée
a paradoxical attitude : une attitude paradoxale
Bien noter la graphie de l'adjectif anglais !
This remark is irrelevant. – Cette remarque est hors sujet.
a telling detail : un détail révélateur
symbolic of... : symbolique de...
a subtle remark : un remarque subtile
a striking feature : une caractéristique frappante

humorous : humoristique
grim humour : humour noir
ironical : ironique
witty : spirituel
wit : esprit

a satire : une satire

to satirize : faire la satire de

satirical : satirique

a mocking tone : un ton moqueur

to laugh at… = to mock : se moquer de…

a caricature : une caricature

a parody : une parodie

to parody : parodier

a pun = a play on words : un jeu de mots, un calembour

tragic : tragique

sad : triste

pathetic : pathétique

melancholy : mélancolique

wistful : mélancolique, nostalgique

to convey a message : transmettre un message

to embody an idea : incarner une idée

the mood : l'humeur

the atmosphere : l'atmosphère

a lively atmosphere : une atmosphere animée

the setting : le cadre, le décor

to conjure up : évoquer

to be reminiscent of… : rappeler

a reversal of situation = a dramatic turn : un retournement de situation, un coup de théâtre

We are witnessing a reversal of situation. – Nous assistons à un retournement de la situation.

the climax : le point culminant

an anticlimax : une chute, une retombée

GARE AU PIÈGE !

Attention à l'adjectif *dramatic*. Imprégné de l'origine théâtrale du mot, il signifie fort logiquement « théâtral », « frappant », « spectaculaire ».

a dramatic turn : un coup de théâtre

a dramatic appearance : une apparition théâtrale

to achieve a specific effet : obtenir un effet spécifique

a recurrent pattern : un schéma récurrent

a stylistic device : une figure de style

GROS PLAN

A few stylistic devices : Quelques figures de style

- *an image* : une image
- *a comparison = a simile* : une comparaison
- *a metaphor* : une métaphore
- *a metonymy* : une métonymie
- *a hyperbole* : une hyperbole
- *an alliteration* : une allitération
- *the sound pattern* : le jeu des sonorités
- *an understatement* : une litote
- *a euphemism* : un euphémisme

DÉTENDEZ-VOUS !

"I think the expression 'It's a small world' is really a euphemism for 'I keep running into people I can't stand" (Brock Cohen).

a slang word : un mot d'argot

a colloquial word : un mot familier

in proper English : en anglais correct

an expression = a phrase : une expression, une locution

a sentence : une phrase

a noun : un nom, un substantif

an adjective : un adjectif

in the present tense : au présent

The different parts of a text : Les différentes parties d'un texte

first = first of all : d'abord, tout d'abord

in the first place : en premier lieu

secondly : deuxièmement

thirdly : troisièmement

finally = lastly : finalement, enfin

GARE AU PIÈGE !

Ne pas utiliser *at last* pour traduire « enfin » dans une énumération, mais *finally.*

to conclude = in conclusion : pour conclure, en conclusion

in short : en bref

This article is divided into three parts. – Cet article est divisé en trois parties.

throughout the text : d'un bout à l'autre du texte

Le vocabulaire indispensable pour parler d'un article

Évitez soigneusement cette spécialité française : *The text speaks about…*

Mais dites :

This text is about... = This text deals with... = This text is concerned with... – Ce texte traite de... = Ce texte parle de...

Après avoir précisé d'où le texte est extrait, vous allez certainement mentionner la date de publication de l'article, du livre, de tel ou tel texte. Attention ! utilisez bien le **prétérit**, puisque vous aller préciser la… date !

*This article **was** published in September 2006.* – Cet article a été publié en septembre 2006. (Et non : …~~has been~~….)

Voici donc une présentation de texte typique :

*This text, **whose** title is xxxxxx, is taken from xxxx. It **was** published in 2006. It deals **with** a most interesting subject. (Or : The main theme of this text is xxx.) I think the text is divided **into** three parts. Now I'm going to sum up the main ideas of the text. Then I'd like to comment **on** a few interesting points.*

N.B. Attention aux points en caractères gras.

This text raises an important issue. – Ce texte soulève une question importante.

the topic = the subject : le sujet

an analysis : une analyse

the description of a phenomenon : la description d'un phénomène

an assessment : une évaluation

This text is a criticism of… – Ce texte est une critique de…

Ne pas utiliser *a critic*, qui signifie un critique.

Quant au verbe « critiquer », c'est *to criticize.*

a theme : un thème

a problem = an issue : un problème, une question

It's a topical issue. – C'est une question d'actualité.

It's a burning issue. – C'est une question brûlante.

a controversial issue : une question controversée

Ne pas dire *a society problem*, mais :

a social issue : un problème de société

a feature = *a characteristic* : une caractéristique

to focus on... : porter son attention sur..., s'attacher à...

to discuss a problem : discuter d'un problème

to enlarge on a point : développer un point

to pass on to another subject : passer à un autre sujet

to draw a parallel between... and... : établir un parallèle entre... et...

to describe : décrire

The journalist points out that... – Le journaliste observe que...

to provide an example : fournir un exemple

to illustrate : illustrer

The first part of the article is a bare statement of facts. – La première partie de l'article se borne à constater des faits.

to expound a theory : exposer une théorie

to put forward an argument : avancer un argument

to take something into account : prendre quelque chose en compte

to refer to... = *to allude to...* = *to hint at...* : faire allusion à...

to be connected with... : être en rapport avec...

« Expliquer » et « exposer » : méfiance !

1) Le verbe *to explain* pour traduire « expliquer » : d'accord, mais attention à sa construction, point qui n'est souligné que trop rarement. Il faut toujours dire : *to explain something to somebody.*

Let me explain the situation to you. – Laissez-moi vous expliquer la situation.

Et non : ~~Let me explain you the situation~~.

2) Connaître aussi et utiliser *to account for a fact* (expliquer un fait)

How can this attitude be accounted for? – Comment cette attitude peut-elle être expliquée ?

2) Pour traduire « exposer », vous vous... exposez au contresens si vous utilisez *to expose* (affectionné des Français, il va sans dire). C'est un faux ami qui signifie « révéler au grand jour » (*to expose a scandal*). Dites :

Let me explain my ideas.

The journalist expounds a difficult theory. (Beaucoup plus pédant !)

It has been found that... – On a constaté que...

to dwell on a point : s'attarder sur un point

to emphasize a point = to lay emphasis on a point = to stress a point = to highlight a point = to underline a point : souligner un point, insister sur un point, mettre l'accent sur un point

As the journalist puts it… – Comme le dit le journaliste…

Les Français adorent utiliser deux mots qui présentent l'inconvénient de ne pas exister : ~~*to constat*~~ et ~~*constatation*~~ ! Comment traduire ces deux mots ?

to state a fact = to make an observation : faire une constatation

The journalist notes that… – Le journaliste constate que…

Le commentaire

to comment on a text : commenter un texte

to weigh up the pros and cons : peser le pour et le contre

There's a distinction to be made between... and... – Il faut établir une distinction entre... et...

to question a fact : contester un fait

This statement should be qualified. – Cette assertion devrait être nuancée.

As far as this aspect is concerned... – En ce qui concerne cet aspect...

This is linked to... = This is connected with... – C'est lié à...

There is a discrepancy between… and … – Il y a une divergence entre… et…

the journalist's approach to the problem : la façon dont le journaliste aborde le problème

the journalist's stance on the issue : la position du journaliste sur la question

a viewpoint : un point de vue

a criticism : une critique

to criticize = to be critical of... : critiquer

to disapprove of something : désapprouver quelque chose

to overlook : négliger, omettre

an advantage : un avantage

a disadvantage = a drawback = a downside : un inconvénient

on the downside : du côté des inconvénients

There is a good side to... ≠ There is a downside to... – Il y a un avantage à... ≠ Il y a un inconvénient à...

an asset : un atout

a far-fetched idea : une idée tirée par les cheveux

a relevant remark : une remarque pertinente

irrelevant = beside the point : hors sujet

paradoxical : paradoxal

questionable : discutable

controversial : controversé

to arouse controversy : susciter la polémique

to a certain extent = in a way : dans une certaine mesure

in my opinion = to my mind : à mon avis

Traduire "être d'accord"

La faute n° 1 dans les oraux d'anglais c'est d'utiliser *to be* ! Le verbe *to agree* étant un **verbe**, il est somme toute assez logique de le conjuguer comme un vulgaire... verbe, non ?

I agree ≠ I disagree = I don't agree – Je suis d'accord ≠ Je ne suis pas d'accord.

Et surtout pas : ~~*I am agree*~~.

to me : pour moi

according to the journalist : d'après le journaliste

at first sight = on the face of it : à première vue

to advocate : préconiser

to praise : faire l'éloge de

to raise an objection : soulever une objection

to be prejudiced against... = to be biased against... : être de parti pris contre...

We may wonder whether... – Nous pouvons nous demander si...

That's the opposite. – C'est le contraire.

There's more to it than that. – Il y a autre chose/Ce n'est pas tout.

He has a point there. – Il n'a pas tort.

Opinion is divided. – Les avis sont partagés.

The journalist takes a negative view of... – Le journaliste a une vision négative de...

The journalist claims that... – Le journaliste prétend que...

This opinion doesn't seem to be justified. – Cette opinion ne semble pas justifiée.

La reformulation des idées

Cette liste non exhaustive se révélera bien utile, lorsque vous répondrez à des questions par exemple, pour enrichir votre expression comme pour montrer que vous comprenez bien le sens de la question que l'on vous pose. Il s'agit de synonymes fréquents ou d'expressions analogues.

to make people conscious of… = to make people aware of… = to awaken people to… : faire prendre conscience aux gens de…

to be concerned that… = to fear that… = to be afraid that… : craindre que…, avoir peur que…

to jeopardize = to endanger : mettre en danger

to decide to… = to make up one's mind to… : décider de…, se décider à…

to risk doing something = to be likely to do something = to be liable to do something : risquer de faire quelque chose

to be in charge of… = to be responsible for… [Notez bien le *i* à la troisième syllable] : être responsable de (= chargé de)…

to circumvent the law = to get around the law : contourner la loi

to abide by a rule = to comply with a rule : respecter une règle

to cause = to provoke = to lead to = to entail = to bring about : causer, provoquer, conduire à, entraîner, susciter

to induce (to push = to encourage) somebody to do something : inciter, pousser, encourager quelqu'un à faire quelque chose

to account for a fact = to explain a fact : expliquer un fait

This is due to… = This stems from… = This comes down to… – Cela vient de, tient à…

to express one's opinion = to voice one's opinion : exprimer son opinion

to be prepared to… = to be ready to… : être prêt à…, être disposé à…

a lack of... = a shortage of... : un manque de..., une pénurie de...

Le vocabulaire utile pour parler d'un document iconographique

a photo = a picture : une photo

a drawing : un dessin

a poster : une affiche

a cartoon : un dessin humoristique

a comic strip : une bande dessinée

a painting : un tableau

an advertisement = *an ad* : une publicité

The artist depicts (= describes)... – L'artiste dépeint (= décrit)...

the setting : le décor

the caption : la légende

in the foreground : au premier plan

in the background : à l'arrière-plan

at the top : en haut

at the bottom : en bas

on the right : à droite

on the left : à gauche

The artist aims at showing that... – L'artiste cherche à montrer que...

The artist focuses on an important feature of... – L'artiste s'attache à souligner une caractéristique importante de...

a provocative picture : une image provocante

This element symbolizes... – Cet élément symbolise...

The picture appeals to the reader's feelings. – L'image fait appel aux sentiments du lecteur.

The picture conveys the idea of... – L'image évoque l'idée de...

Chapitre 10

Le vocabulaire de la correspondance

Le vocabulaire de la lettre personnelle

15 May 2005 = *May* 15th*, 2005* : 15 mai 2005

GARE AU PIÈGE !

Ne jamais utiliser l'article *the* pour écrire une date !
18 May 2007 : le 18 mai 2007

I received your letter on 16 May. – J'ai reçu ta lettre le 15 mai.

Attention ! Votre adresse et la date : en haut à droite

Les formules d'appel et de début de lettre

Dear Patrick : Cher Patrick

My darling : Mon chéri, Ma chérie

Thank you for your letter. – Merci de ta lettre.

It was very nice to hear from you. – J'ai eu grand plaisir à recevoir de tes nouvelles.

I am sorry for answering your letter so late. – Je suis désolé de répondre à ta lettre avec un tel retard.

Sorry I haven't written (I haven't been in touch) for a long time. – Désolé de ne pas avoir écrit (de ne pas avoir fait signe) depuis longtemps.

Les formules finales

(Voir aussi les formules finales de la lettre commerciale)

Remarque – Les formules finales en anglais et en français ne se correspondent pas exactement.. En effet, les Français se montrent nettement plus formalistes que les Anglo-Saxons quant à l'utilisation précise de telle ou telle formule dans telle ou telle circonstance.

Take care. = Look after yourself. – Prends bien soin de toi.

Best wishes/Best regards/Wishing you all the best : Bien cordialement

Yours – Bien à toi

Love = Lots of love – Je t'embrasse bien fort/Bises/etc.

Ajoutons que, dans les lettres entre intimes, on trace souvent après cette formule finale de petites croix symbolisant les « bises » que l'on adresse à son (sa) correspondant(e) : xxxxxxxxxxx

Dans le corps de la lettre

I was glad to hear the good news. – J'ai été heureux d'apprendre les bonnes nouvelles.

As for me = As far as I am (we are) concerned. – Quant à moi = En ce qui me (nous) concerne.

Happy birthday! = Many happy returns (of the day)! – Joyeux anniversaire ! (La première formule est très connue, la seconde un peu moins…)

Congratulations! – Félicitations !

Good luck! – Bonne chance !

Keep smiling! – Bon courage !

I hope you are keeping well. – J'espère que tu te portes bien.

I hope you will get well as soon as possible. – J'espère que tu te rétabliras le plus vite possible.

I hope you are going to pass your exam. – J'espère que tu vas réussir ton examen.

Vocabulaire de la lettre commerciale

For the attention of... – À l'attention de...

Dear Sirs = Gentlemen (USA) – Messieurs

Dear Sir/Dear Mr Wilson – Monsieur

Dear Madam/Dear Mrs Wilson – Madame

We acknowledge receipt of your order. – Nous accusons réception de votre commande.

Thank you for your letter of 15th May. – Nous vous remercions de votre lettre du 15 mai.

Further to my phone call... – Suite à mon appel téléphonique...

With reference to your latest letter... – Suite à votre dernière lettre...

We are pleased to inform you that… – Nous avons le plaisir de vous informer que…

I would like to point out that… – Je voudrais souligner que…

In my letter of 15th May, I specified that… – Dans ma lettre du 15 mai, j'ai précisé que…

to notify somebody of something : aviser, avertir quelqu'un de quelque chose

Regarding… – En ce qui concerne…

As agreed – Comme convenu…

As requested – Conformément à vos instructions…

We trust that… – Nous sommes convaincus que…

We would appreciate it if you could... – Nous serions heureux que vous puissiez...

Would you be so kind as to send us a sample? – Auriez-vous l'amabilité de nous envoyer un échantillon ?

to consign : expédier/*a consignment* : une expédition/*the consignor* : l'expéditeur/*the consignee* : le destinataire

a brochure featuring the whole range of our production : une brochure présentant la gamme complète de nos produits

your latest price list : vos derniers tarifs

Please give us details of your prices. – Merci de nous communiquer vos tarifs.

Have you got any literature on the new model? – Avez-vous une documentation sur le nouveau modèle ?

We would be most grateful if you would send us… – Nous vous serions reconnaissants de bien vouloir nous envoyer…

We remain at your disposal for any further information. – Nous restons à votre disposition pour tout autre renseignement.

May we draw your attention to... – Permettez-nous d'attirer votre attention sur...

by return (of post) : par retour du courrier

Owing to unforeseen circumstances... – En raison de circonstances imprévues...

We are out of stock for the required item. – Nous n'avons pas en stock l'article demandé.

Should such an incident happen again… – Au cas où un tel incident se reproduirait…

Could you send us your invoice in duplicate? – Pourriez-vous nous envoyer votre facture en double exemplaire ?

We must regretfully inform you that… – Nous sommes au regret de vous informer que…

Could you grant us a delay in payment? – Pourriez-vous nous accorder un délai de paiement?

Could you grant us a discount? – Pourriez-vous nous accorder une remise ?

to settle an invoice : régler une facture

to meet the deadline : respecter le délai

We apologize for the delay. – Veuillez nous excuser du retard.

within the stipulated time : dans les délais stipulés

as of June 2nd : à partir du 2 juin

We look forward to hearing from you. – Dans l'attente de votre réponse.

Yours faithfully (Pour un destinataire dont le nom n'est pas connu ; correspond à *Dear Sir.*) – Avec l'assurance de nos sentiments distingués

Yours sincerely (Pour un destinataire dont le nom est connu ; correspond à *Dear Mr X.*) – Avec l'assurance de nos sentiments distingués.

to enclose something ***with*** *a letter* : joindre quelque chose à une lettre

Please find enclosed... – Veuillez trouver ci-joint...

Enc. – P.J.

Chapitre 11

Le vocabulaire du dialogue

On entend par là un certain nombre d'expressions de la conversation courante, qui peuvent se révéler bien utiles dans l'écriture d'un dialogue ou d'une suite écrite par vous en complément du texte proposé, selon les exigences de l'épreuve.

How are you? – Comment vas-tu ?

How's it going? = *How are you doing?* – Comment ça va ?

How are things coming along? – Ça avance ?

What's up? = *What's the matter?* – Que se passe-t-il ?

What's the matter with you? – Qu'as-tu ?

What about (= *How about*) *having lunch together?* – Et si on déjeunait ensemble ?

What do you mean? = *How do you mean?* – Que veux-tu dire ?

You don't mean it! = *You don't say so!* – Tu ne parles pas sérieusement !

You can't be serious! – Tu ne parles pas sérieusement !

You must be joking! – Tu plaisantes !

Are you kidding? – Tu rigoles ?

Are you out of your mind? – As-tu perdu la tête ?

He's got another think coming! – Il se fourre le doigt dans l'œil !

It is out of the question. – Il n'en est pas question.

No way! – Rien à faire !

Over my dead body! – Il faudrait me passer sur le corps !

As far as I am concerned. – En ce qui me concerne.

It has nothing to do with that! – Cela n'a rien à voir !

Let's not beat about the bush. – Ne tournons pas autour du pot.

I agree. ≠ *I don't agree.* – Je suis d'accord. ≠ Je ne suis pas d'accord.

I'm not to blame. – Je ne suis pas responsable.

It's not my fault. – Ce n'est pas ma faute.

I didn't do it on purpose. – Je ne l'ai pas fait exprès.

I don't mind. – Cela m'est égal.

I don't care. – Je m'en moque.

I couldn't care less. – Je m'en moque éperdument.

I don't give a damn. – Je m'en fiche.

How should I know? – Comment le saurais-je ? Comment veux-tu que je le sache ?

You're right. ≠ *You're wrong.* – Tu as raison. ≠ Tu as tort.

You are mistaken. – Vous vous méprenez.

I beg to differ. – Permettez-moi de ne pas être d'accord.

I say! – Dis donc !

Tell you what, let's go to the cinema. – J'ai une idée, allons au cinéma.

Come on! – Allons !

There you are. – Tiens, voilà.

My God! – Mon Dieu !

For God's sake! – Pour l'amour du ciel !

Oh dear! – Oh ! là ! là !

Gosh! = *Damn it!* – Zut ! Bon sang !

Hell! – Bon Dieu !

What the hell are you doing? – Qu'est-ce que tu fous ?

Be quiet! – Tais-toi !

Shut up! – Ferme-la !

You should know better. – Tu devrais faire preuve d'un peu plus de jugeote.

You're talking nonsense! – Tu racontes des bêtises !

What a pity! = *What a shame!* – Quel dommage !

That's too bad! – Tant pis !

So far, so good. – Jusqu'ici tout va bien.

I've had enough! = *I'm sick of it!* = *I'm fed up!* – J'en ai assez !

I can't stand this any longer! = *I can't put up with this any longer!* – Je n'en peux plus !

Good luck! – Bonne chance !

Keep smiling! – Bon courage !

Never say die! – Il ne faut pas se décourager !

Cheer up! – Haut les cœurs !

In my opinion, you shouldn't do that. – À mon avis, tu ne devrais pas faire ça.

If I were you, I would leave immediately. – À ta place, je partirais tout de suite.

Can I make a suggestion? – Est-ce que je peux te faire une suggestion ?

You'd be well advised to tell Betty about it. – Tu aurais intérêt à en parler à Betty.

How would you go about it? – Comment t'y prendrais-tu ?

What am I to do? – Que faire ?

What do you advise me to do? – Que me conseilles-tu de faire ?

Let me give you some advice. – Permets-moi de te donner quelques conseils.

You can take my word for it. – Vous pouvez me croire sur parole.

Whatever you say. – Comme tu voudras.

We plan to leave on Sunday. = *We plan on leaving on Sunday.* = *We intend to leave on Sunday.* = *We are considering leaving on Sunday.* = *We are thinking of leaving on Sunday.* – Nous avons l'intention (nous envisageons) de partir dimanche.

You are likely to run into trouble if you decide to do that. – Tu risques d'avoir des ennuis si tu décides de faire ça.

You'd better watch out. – Tu aurais intérêt à faire gaffe.

I'll give him a piece of my mind. – Je vais lui dire ce que je pense.

Touch wood! – Touchons du bois !

I must keep my fingers crossed that he will get the job. – Je touche du bois pour qu'il décroche le poste.

See you later! = *I'll be seeing you!* – À plus tard ! À plus !

I'll be in touch! – Je te contacte !

Chapitre 12

Les « faux amis »

On sait que l'anglais partage avec l'espagnol notamment cette spécialité que constituent les « faux amis » ou autres « mots-sosies ». Ce sont ces mots qui ressemblent au français, mais n'ont pas la même signification en anglais malgré la ressemblance. Vous n'ignorez pas que, depuis la conquête de l'Angleterre par Guillaume le Conquérant (voir le chapitre ***Éléments de civilisation***), les Anglais utilisent nombre de mots français. Mais depuis, le sens de ces mots français a souvent évolué dans notre langue, alors qu'ils conservaient leur sens d'origine dans la langue anglaise.

Bref ce sont des pièges de vocabulaire classiques, qui offrent aussi le plaisir de savoir les déjouer ! Profitez-en donc et amusez-vous avec la liste suivante.

N.B – Comparer les sens parallèles d'un mot en anglais et en français est certes intéressant, mais attention ! ce n'est pas seulement un plaisir de linguiste : nombre d'examinateurs et correcteurs vous « attendent au tournant » et ne veulent pas que vous traduisiez de travers de grands classiques comme *actually*, *eventually*, *sympathetic*, etc.

actual / actually

Ce sont vraiment deux des plus célèbres faux amis.

actual = *real* : réel, véritable

the actual reason : la véritable raison

actually : en réalité, à vrai dire

Actually, I don't know him very well. – À vrai dire, je ne le connais guère.

Antidotes

present = *current* = *present-day* : actuel

the current situation : la situation actuelle

a present-day problem : un problème actuel

currently, at present, at the present time, nowadays (selon les cas) : actuellement

He's in Paris at the moment. – Il est à Paris actuellement.

He's currently living in London. – Il vit actuellement à Londres.

agenda

« Ordre du jour »

What's on the agenda? – Qu'y a-t-il au programme ?

Antidote

to check one's diary : consulter son agenda

angina

N'entrez pas dans une pharmacie anglaise en utilisant le mot *angina* si vous avez seulement une angine. En effet :

to have angina : faire de l'angine de poitrine

Antidote

to have a throat infection : avoir une angine

to assist

Signifie seulement « aider », « porter assistance à », mais ne signifie absolument pas « assister à ».

He was assisted by another surgeon. – Il fut assisté d'un autre chirurgien.

Antidotes – Deux traductions possibles selon les cas :

to attend a meeting : assister à une réunion

Au figuré :

We are witnessing an interesting phenomenon. – Nous assistons à un phénomène intéressant.

benefit

Le mot se traduira le plus souvent par « avantage ».

the benefit of this solution : l'avantage de cette solution

In this company you are entitled to a lot of (fringe) benefits. – Dans cette entreprise on a droit à de nombreux avantages (en nature).

Antidote

to make profits = to turn a profit : faire des bénéfices

capacity

a capacity of 10 litres : une capacité de 10 litres

Pas de problème dans cet exemple-là ! Mais notez bien les emplois suivants :

The factory is working at full capacity. – L'usine tourne à plein régime.

in an advisory capacity : à titre consultatif

Antidote

abilities – skills : capacités, compétences

Is this job suited to his abilities? – Est-ce que ce travail correspond à ses capacités ?

cavity

to have cavities : avoir des caries

circulation

the circulation of a newspaper : le tirage d'un journal

Antidote

traffic : la circulation

Traffic is heavy this morning. – Il y a beaucoup de circulation ce matin.

2e antidote

trafficking : du trafic

They traffic drugs. – Il font du trafic de drogue.

comprehensive

Ne signifie pas « compréhensif ». Signifie « global », étendu », « complet », le sens initial étant « qui comprend tout ou beaucoup de choses ».

a comprehensive knowledge : une connaissance approfondie

a comprehensive survey : une étude complète

Dans l'enseignement britannique, une « *comprehensive school* », équivalent de notre « collège unique », comprend des élèves de tous niveaux.

Antidote

an understanding smile : un sourire compréhensif

cave

a cave : une grotte

cave-dwellers : des troglodytes

Antidote

a cellar : une cave

conductor

a conductor : « chef d'orchestre »

Antidote

a driver : un conducteur

conference

to attend a conference : participer à un congrès, un séminaire

Antidote

to give a lecture : donner une conférence

confidence / confident

Signifient « confiance » et « confiant »

self-confidence : la confiance en soi

to be self-confident : avoir confiance en soi

Antidote

to confide in somebody : faire des confidences à quelqu'un

control / to control

Ces mots ne devraient presque jamais être traduits par « contrôle » et « contrôler », qui signifient véritablement « vérification » et « vérifier » en français correct.

Les bonnes traductions ne manquent pourtant pas : « maîtriser », « limiter », « juguler », « contenir », « réprimer ».

to control inflation : juguler l'inflation

He barely managed to control himself. – Il parvint tout juste à se retenir (se contenir).

self-control : la maîtrise de soi

birth control : la limitation de la natalité

Antidote

to check = to check up – to check out : vérifier, contrôler

to check a passport : contrôler un passeport

I'll go and check. – Je vais aller vérifier (contrôler).

course

Ce n'est pas un cours mais une « série de cours » ou une « formation »

to attend a course : suivre des cours, suivre une formation

Antidote

a class = a lesson : un cours

I skipped the English class. – J'ai séché le cours d'anglais.

critic

C'est **un** « critique ».

a music critic : un critique musical

Le mot, en ce sens, est synonyme du mot *reviewer.*

a book reviewer : un critique de livres

Antidotes

a criticism : une critique

to come in for a lot of criticism : être en butte à de nombreuses critiques

a book review : une critique de livre

Méfiez-vous aussi du verbe « critiquer », qui se dit *to criticize.*

to deceive / deception

Le verbe signifie « tromper », « duper ».

to be deceived by appearances : se laisser tromper par les apparences

Quant à *deception*, le mot signifie « tromperie », « duperie ».

Antidote

to disappoint : décevoir
I was disappointed with his attitude. – J'ai été déçu par son attitude.

to demand

Signifie « exiger », « réclamer ».

They demanded an immediate answer. – Ils exigèrent une réponse immédiate.

He demanded that this measure be taken at once. – Il exigea que cette mesure fût prise sur-le-champ.

Antidote

to ask for something : demander quelque chose

to dispose of

Signifie « se débarrasser de », « se défaire de ». Le mot est donc à peu près synonyme de *to get rid of.*

to dispose of nuclear waste : se débarrasser de déchets nucléaires

Antidote

to have something at one's disposal : disposer de quelque chose

You will have a car at your disposal. – Vous disposerez d'une voiture.

dramatic

Le sens est celui de « spectaculaire », « théâtral ». La valeur du mot est souvent positive. Attention donc, d'autant plus que cet adjectif est très souvent utilisé dans la presse d'aujourd'hui.

a dramatic advance : un progrès spectaculaire

Antidote

terrible : terrible, dramatique

It's a terrible situation. – La situation est dramatique.

to edit / editor

Ces termes recouvrent un certain nombre de sens particuliers, qui n'ont pas grand-chose à voir avec « éditer » et « éditeur ».

to edit a book : assurer l'édition critique d'un livre

to edit a film : monter un film

an editor : un rédacteur en chef

Antidote

to publish : éditer, publier

a publisher : un éditeur

eventual / eventually

Signifient respectivement « final » et « finalement », « en fin de compte ».

the eventual outcome : le résultat final

Eventually, he agreed to come. – Finalement, il accepta de venir.

Antidote

possible : éventuel

possibly : éventuellement

a possible solution : une solution éventuelle

evidence

Le mot signifie « preuves ».

There is not much evidence. – Il n'y a pas beaucoup de preuves.

Antidote

It's obvious. – C'est une évidence.

experience

Le mot signifie seulement « expérience vécue », « aventure »

It was a fantastic experience. – Ce fut une expérience fantastique, une aventure fantastique.

Antidote

Une expérience scientifique se dit *experiment.*

to carry out an experiment : se livrer à une expérience

to expose

to expose a scandal : dénoncer un scandale

Antidotes

to exhibit paintings : exposer des peintures

to expound a theory : exposer une théorie

to give an account of the situation : exposer la situation

to fail

to fail to do something : ne pas réussir à faire quelque chose

I fail to understand why he did that. – Je n'arrive pas à comprendre pourquoi il a fait cela.

Antidote

He nearly killed her. – Il a failli la tuer.

figure

C'est la « silhouette », la « forme » (d'un corps), la « ligne ».

She has kept her figure. – Elle a gardé la ligne.

L'autre sens, c'est celui de « chiffre ».

He's no good at figures. – Il n'est pas bon en calcul.

Antidote

a face : un visage, une figure

formation

the formation of a child's character : la formation du caractère d'un enfant

Dans cet exemple-là, le mot s'utilise comme en français. Mais n'en concluez pas qu'on peut aussi l'utiliser dans le sens de « formation professionnelle ». Dans ce cas, voici quelques possibilités :

vocational training : formation professionnelle

in-house training : formation continue

to go on a training-course : suivre une formation, faire un stage

to ignore

Ce n'est pas « ignorer » au sens de « ne pas savoir ». Le mot signifie « ne pas tenir compte de », « ne pas faire attention à », « négliger », « passer outre à », etc.

He ignored me. – Il a fait semblant de ne pas me voir.

You can't ignore the problem. – Tu ne peux éluder le problème.

He ignored my remark. – Il n'a pas tenu compte de ma remarque.

Antidote

I don't know what he means. – J'ignore ce qu'il veut dire.

to injure / injury

Les deux mots signifient respectivement « blesser » et « blessure ».

He was seriously injured. – Il a été gravement blessé.

Antidote

to insult somebody = *to abuse somebody* = *to call somebody names* : insulter quelqu'un

an insult : une insulte, une injure

interesting

N'utilisez pas ce mot dans le sens d'« intéressant financièrement ». Il y a, pour cela, plusieurs possibilités :

It's financially worthwhile. – C'est intéressant financièrement.

This is an attractive price. – Le prix est intéressant.

It's not a profitable deal. – Ce n'est pas une affaire intéressante.

issue

Le mot a deux sens, n'ayant aucun rapport avec « issue ».

an important issue : un problème important, une question importante

a topical issue : une question d'actualité

the latest issue : le dernier numéro (d'un journal)

Antidote

emergency exit : issue de secours

There's no way out. – Il n'y a pas d'issue.

journey

Have a nice journey! – Bon voyage !

Antidote

Have a nice day! – Bonne journée !

large

a large house : une grande maison
a large family : une famille nombreuse

Antidote

wide = *broad* : large

library

to go to the library : aller à la bibliothèque

Antidote

a bookshop : une librairie

location

C'est un « emplacement », un « lieu », un « endroit ». Dans le langage cinématographique, c'est un « décor naturel ».

the location of the house : l'emplacement de la maison
to shoot on location : tourner en extérieurs.

lunatic

He's a lunatic. – C'est un fou.
a lunatic asylum : un asile de fous

Antidote

She's temperamental. – Elle est lunatique.

marriage

C'est le mariage en général, la « vie conjugale » (attention à l'orthographe : deux r en anglais, un r en français). Mais :

to go to a wedding : aller à un mariage

to have a church wedding : se marier à l'église

occasion

C'est une « occasion particulière », un « événement ».

on great occasions : dans les grandes occasions

to be up to the occasion : être à la hauteur de la situation

written for the occasion : écrit pour l'occasion

Antidote

opportunity : occasion (qui se présente)

to seize the opportunity : saisir l'occasion

Should the opportunity arise… – Si l'occasion se présente…

N.B. – En bon français, l' « opportunité » est seulement le « caractère de ce qui est opportun »… Parler de l'« opportunité » de telle ou telle décision est correct. En revanche, traduire systématiquement *opportunity* par « opportunité », c'est utiliser un anglicisme inutile, incorrect et inélégant. On doit traduire par « occasion ».

to offer

Il ne faut pas utiliser ce verbe pour traduire… « offrir un cadeau » ! Dites dans ce cas :

to give somebody a present : offrir un cadeau à quelqu'un

to present somebody with… : offrir à quelqu'un

She gave me a very nice present for Christmas. – Elle m'a offert un très joli cadeau pour Noël.

He presented her with a necklace. – Il lui a offert un collier.

parents

Le mot *parents* ne désigne que le père et la mère. Dans un sens élargi, utilisez *relatives* ou *relations*, ce dernier mot étant lui-même un faux ami ! Donc :

relatives = *relations* : parents, famille

connexions : relations

to know the right people : avoir des relations

to pass

to pass an exam : réussir un examen

Antidote

to take an exam = *to sit an exam* : passer un examen

I am to take this exam next June. – Je dois passer cet examen en juin prochain.

phrase

C'est une « locution », une « expression ».

a set phrase : une expression toute faite

Antidote

a sentence : une phrase

prejudice / prejudiced

Le substantif *prejudice* signifie « préjugé ».

to have a prejudice against = *to be prejudiced against* : avoir un préjugé contre

Antidote

to sustain a loss : subir un préjudice matériel

to be wronged : subir un préjudice moral

to be detrimental to somebody's interests : porter préjudice à quelqu'un

prepared

to be prepared to do something : être prêt à faire quelque chose, être disposé à faire quelque chose

Are you prepared to go and live abroad? – Êtes-vous prêt à aller vivre à l'étranger ?

to pretend

Ce verbe peut signifier « prétendre » dans la construction suivante à la forme négative :

I don't pretend to know everything. – Je ne prétends pas tout connaître.

Sinon, le sens le plus courant est le suivant :

to pretend to do something : faire semblant, feindre de faire quelque chose

He pretended to know Betty. – Il a fait semblant de connaître Betty.

Antidote

to claim : prétendre

He claimed that it was true. – Il a prétendu que c'était vrai.

to realise

Ce verbe est souvent rendu par l'anglicisme « réaliser », alors qu'il est plus élégamment traduit par « se rendre compte de », « s'aviser de »... Par ailleurs, les autres sens de « réaliser » sont rendus par des verbes différents :

He didn't immediately realise what had happened. – Il ne se rendit pas compte immédiatement de ce qui s'était passé.

to fulfil a dream : réaliser un rêve

to carry out a survey : réliser une enquête

to perform an exploit : réaliser un exploit

to remark

Ce verbe signifie « faire remarquer », « faire observer ». Vous pouvez, par exemple, l'utiliser si vous devez écrire un dialogue.

"It won't be easy", he remarked. – « Ce ne sera pas facile », fit-il observer.

Antidote

to notice : remarquer

He didn't notice anything. – Il ne remarqua rien.

to resign

Certes, *to resign oneself to* signifie bien « se résigner à ».

He had to resign himself to the situation. = He had to put up with the situation. – Il dut se résigner à la situation.

Mais *to resign* signifie « démissionner ».

He had to resign because of a scandal. – Il fut contraint de démissionner en raison d'un scandale.

to resume

Signifie « reprendre », « se remettre à ».

to resume work : reprendre le travail

Antidote

to sum up a text : résumer un texte

to search / to research

Ces deux verbes ne signifient pas « chercher » et « rechercher ». Lisez donc attentivement les distinctions suivantes :

to search a house, a suspect : fouiller une maison, un suspect

to search for… : chercher

I will search for this information on the Internet. – Je chercherai ces renseignements sur Internet.

to research a subject : se documenter sur un sujet

a well-researched book : un livre bien documenté

to research into (= on) a subject : faire des recherches sur un sujet

This aspect of the question has not been researched into. – On n'a pas fait de recherches sur cet aspect de la question.

Antidotes

to look for… = to search for … : chercher

to seek : rechercher

to long for… : aspirer à

to seek solitude = to long for solitude : rechercher la solitude, aspirer à la solitude

sensible

Signifie « raisonnable », « sensé ».

Be sensible! – Sois raisonnable !
a sensible solution : une solution raisonnable

Antidote

sensitive : sensible

society

a society : une société à but non lucratif

Antidote

a firm = a company : une entreprise, une société commerciale

to support

Ne signifie pas « supporter », mais 1) « soutenir », 2) « subvenir aux besoins de »

He was supported by his friends. – Il fut soutenu par ses amis.
He has two children to support. – Il a deux enfants à faire vivre.

Antidotes

to bear = to stand = to put up with : supporter.
He has difficulty putting up with the situation. – Il a du mal à supporter la situation.
I can't stand this any longer. – Je ne peux plus supporter cela.

surname

surname = family name : nom de famille

Antidote

nickname : surnom

sympathetic

Ne pas traduire par « sympathique ». L'adjectif, proche de la valeur étymologique de « sympathie » (faculté d'éprouver la même souffrance qu'autrui), signifie « compréhensif », « compatissant ».

He was sympathetic to her. – Il se montra compréhensif envers elle.

Évitez aussi soigneusement d'utiliser ~~*sympathic*~~, qui présente l'inconvénient indéniable de ne pas exister…

Antidotes

She is a nice (= friendly = likable) person. – Elle est sympathique.

trivial

Signifie « sans importance », « insignifiant », « banal », « sans intérêt ».

a trivial matter : une affaire sans importance

Antidote

vulgar : vulgaire, trivial
a vulgar remark : une remarque triviale

venue

C'est un « lieu » où un événement ou une rencontre doit avoir lieu.

a concert venue : un lieu de concert

Chapitre 13

Éléments de civilisation

Il est indispensable que vous possédiez des connaissances sur la civilisation et la culture anglo-saxonnes afin de mieux comprendre les textes que vous aurez à étudier, tant à l'écrit qu'à l'oral. Certes, on ne vous posera pas de questions d'érudition en soi, l'épreuve d'anglais ne s'assimilant pas à une épreuve d'histoire-géographie en anglais ! Un minimum s'impose néanmoins pour éclairer le contexte aussi bien que tel ou tel détail.

Les petits exposés qui suivent ont pour seul but de vous constituer des points de repère.

The United Kingdom

The UK, Great Britain or England?

Don't get mixed up!

- ***The British Isles** : Great Britain, Ireland, the Channel Islands (Jersey, Guernesey), the Isle of Man*
- ***The United Kingdom (the UK)** = Great Britain and Northern Ireland*
- ***Great Britain (GB)** : England, Scotland and Wales*

The emblems of the various countries :

- *the rose : England*
- *the thistle : Scotland*
- *the leek : Wales*
- *the shamrock : Ireland*

*The **Union Jack** is the national flag of Great Britain.*

The motto of the Order of the Garter : "Honi [sic] soit qui mal y pense."

Keeping a stiff upper lip.

The British are said to be able to "keep a stiff upper lip" in all circumstances, i.e. conceal their feelings and emotions in a crisis.

***Scotland** is part of the UK. Its capital is **Edinburgh**, famous for the Edinburgh Festival, a festival of drama and music held in August and September. **Scots Gaelic**, which is a Celtic language, is still spoken in some parts of Scotland. The patron saint of Scotland is **Saint Andrew**. The traditional Scottish dish is **haggis** (*panse de brebis farcie*). A well-known celebration (on 25 January) is **Burns' Night**. (Robert Burns is Scotland's "national" poet.) Scotland is also famous for its... **Loch Ness Monster** (whose nickname is "Nessie"), but the existence of this co-called prehistoric animal has never been proved…*

***Wales** is also part of the UK. Its capital is **Cardiff. Welsh** (*le gallois*), which is also a Celtic language, is still spoken in some parts of the country.*

*See **Celtic languages**.*

British history: a few landmarks

*1066: **William the Conqueror**, the Duke of Normandy, invaded England and defeated Harold at the **Battle of Hastings**. William was crowned at Westminster on Christmas Day. Saxon culture was gradually influenced by Norman culture. This affected law, religion, architecture, as well as the English language (which explains why there are so many words of French origin in the English language).*

*1215: the **Magna Carta** limited royal powers.*

*1455-1485: the **Wars of the Roses** between two noble families, the house of York and the house of Lancaster.*

*1588: the Spanish **Armada** was defeated by the English navy (led by **Sir Francis Drake**).*

*1642-1649: the **Civil War** between King Charles I and Parliament.*

1649: Charles I was executed.

*1649-1660: the **Commonwealth**, i.e. the republic established by Oliver Cromwell (who died in 1658).*

*1664-1665: the **Great Plague of London**.*

*1666: the **Great Fire of London**.*

*1689: the **Bill of Rights**, establishing constitutional monarchy.*

*1707: the **Act of Union** uniting the parliaments of England and Scotland.*

Second half of the 18th century: beginning of the Industrial Revolution.

*1837-1901: **Queen Victoria's** reign, the longest reign in English history.*

*1921: Irish **Home Rule**.*

*1940-1941: the **Blitz** (i.e. the bombing of British cities, particularly of London, by the German airforce).*

*1945: the **Welfare State**.*

*1973: Great Britain joined the **Common Market**.*

British institutions

*Great Britain is a **parliamentary monarchy**. Parliament is made up of the **House of Commons**, the **House of Lords**, and the monarch. The House of Commons is the more powerful of the two houses. The Houses of Parliament, which are at **Westminster** in London, vote on bills brought by the government. The members of the House of Commons are elected, while those of the House of Lords are not. The latter are either **hereditary peers** or **life peers**.*

*The **Prime Minister** is the head of government and the leader of the dominant party in the House of Commons. He is appointed by the monarch. The Prime Minister lives in London, at **10, Downing Street**.*

GROS PLAN

A few ministers and ministries
De quelques ministres et ministères

the Prime Minister = the PM = the Premier : le Premier Ministre

the Cabinet : le cabinet des ministres

the Lord Chancellor : le ministre de la Justice

the Chancellor of the Exchequer : le Chancelier de l'Échiquier ou ministre des Finances

the Home Office : le ministère de l'Intérieur

the Home Secretary : le ministre de l'Intérieur

the Foreign Office : le ministère des Affaires étrangères

the Foreign Secretary : le ministre des Affaires étrangères

the Shadow Cabinet : le « Cabinet Fantôme » (formé de députés de l'opposition, sorte de « contre-gouvernement »)

The two main parties in Britain are the ***Conservative Party*** *(or* ***Tory Party****), which is right-wing, and the* ***Labour Party****, which is left-wing. The third party is the* ***Liberal Democrats (= the "Lib Dems")****, but it is a small party (of the centre).*

Liberal

Le mot *liberal* ne doit pas se traduire par « libéral », qui fait surtout penser en français à « partisan du libéralisme économique ». *Liberal* se réfère au libéralisme **politique**, signifie en fait « aux idées progressistes » et correspond à une sensibilité de gauche.

The British press

A classic distinction is often established between "quality papers" and the "popular press" (= tabloids).

– Quality papers

The Times – *It is the most famous British newspaper. It is mainly conservative, but not as conservative as you might think, because it offers a wide range of different opinions.*

Please, don't get mixed up! The Times *has nothing to do with* Time Magazine, *which is an American newsmagazine.*

The Daily Telegraph *(founded in 1855) : conservative*

The Guardian *: liberal*

The Independent *(founded in 1986), nicknamed* **"The Indie"** *: known for varied opinions, even though this newspaper is mostly close to the politics of the Liberal Democrats.*

These dailies also have Sunday editions. For instance, **The Observer** *is the Sunday edition of* **The Guardian**.

– Popular papers

The Sun *(founded in 1964): it is the most popular tabloid, most famous for its "page 3 naked girl" !*

Other famous tabloids : **The Daily Mirror, The Daily Mail, The Daily Express**.

What's a tabloid?

"A term for a newspaper with small-size pages (conventionally about 30 cm for 40 cm). Almost all popular papers are of tabloid size and the term, therefore, usually implies the popular press" (Adrian Room, Dictionary of Britain, *Oxford University Press).*

What is Fleet Street ?

It is a street in London where most important newspapers used to have their offices. Today the name still refers to the newspaper industry.

The British education system

(Voir aussi le chapitre ***Le vocabulaire thématique***)

Most pupils between 11 and 19 attend ***comprehensive schools****, i.e. co-educational schools which accept pupils of all levels of ability. At 16 they take exams called* ***GCSEs*** *(General Certificate of Secondary Education). At 18 they take* ***A-levels****. Then students can go to college or university. The two most famous universities in England are* ***Oxford University*** *(founded in the 12th century) and* ***Cambridge University*** *(founded in the 13th century), where students can take degrees in various subjects. "****Redbrick universities****", such as the University of Manchester, were founded in the late 19th century.*

to take a degree : passer une licence

Public schools

As a matter of fact, "public schools" in England are… independent schools for students aged 11 to 18. They are fee-paying schools, with very high academic standards, and an emphasis on strict discipline. Of course, only a limited number of pupils attend these very expensive, sometimes snobbish, establishments, usually members of the upper classes and of the aristocracy. Some of these public schools are world-famous, such as **Eton** *or* **Harrow**.

"Anyone who has been to an English public school will always feel comparatively at home in prison" (Evelyn Waugh).

Oxbridge

A colloquial abbreviation for the universities of Oxford and Cambridge. The word is often used to refer to very high standards in education, with an emphasis on elitist values. Lots of students there come from "public schools".

British painting

The English school of painting has a very rich tradition that dates back to the 17th century, and comprises major painters that are world famous. This entry is not a history of British painting; it only lists the names of a few famous artists that cannot be overlooked.

– ***William Hogarth*** *(1697-1764) – The "first" English painter: a satirical painter, well-known for three series of paintings*, The Harlot's Progress, The Rake's Progress, Marriage à la mode.

– ***Sir Joshua Reynolds*** *(1723-1792) – A renowned portrait painter.*

– ***Thomas Gainsborough*** *(1727-1788) – A rival of Reynolds; a landscape painter too.*

– ***John Constable*** *(1776-1837) – A master of landscape painting, who painted directly from nature.*

– ***William Turner*** *(1775-1851) – A water-colour artist who revolutionized landscape painting through his treatment of light. He was called "the painter of light". He was a major precursor of the Impressionnists. One of his most celebrated paintings:* Rain, Steam and Speed (1844).

– ***The Pre-Raphaelite Brotherhood*** *– This group of painters wanted to revive the art of the late Middle Ages through their works. Among the most famous members of the movement D.G. Rossetti (1828-1882), Sir John Millais (1829-1896). Edward Burne-Jones (1833-1898).*

British music

The British are not only famous for their pop music! They also have a long tradition of classical music. They are renowned in particular for their art of choir-singing.

England has produced some outstanding composers. Three names must absolutely be known. These three composers are said to be genuinely English in spite of the influences they came under.

– ***Henry Purcell*** *(1659-1695) – He is considered as one of the greatest composers. He wrote a lot of songs, famous odes, such as the* Ode for St Cecilia's Day, *anthems, incidental music for theatre plays, semi-operas such as* The Fairy Queen *and* King Arthur, *instrumental music such as viol fantasias and pieces for harpsichord or organ. His opera* Dido and Aeneas *(1689) is part of the conventional operatic repertoire.*

– ***Edward Elgar*** *(1857-1934) – He composed beautiful choral works as well as symphonies, concertos, chamber music. Two of his most famous works are the* Enigma Variations *for orchestra (1899) and the five* Pomp and Circumstance *marches.*

– ***Benjamin Britten*** *(1912-1976) – A major composer of the 20th century. He wrote operas –* Peter Grimes *(1945) –, symphonic music –* Simple Symphony, Spring Symphony *–, concertos, chamber music, vocal works.*

A few bank holidays and celebrations

A ***bank holiday*** *is an official public holiday when banks, post offices, shops, etc, are closed. Here are the most important bank holidays and celebrations in England and Wales.*

New Year's Day

Good Friday (le Vendredi saint)

Easter Monday

May Day *(May 1st)*

Christmas Day

Boxing Day *(December 26th) – "Today many people still give an annual Christmas gift to regular callers such as dustmen and paperboys" (Adrian Room,* Dictionary of Britain, *Oxford University Press).*

Halloween

31 October, the eve of All Saints Day. Children like dressing up as witches. They visit houses, knock on people's doors, and ask people if they want a "trick" or are ready to give them a "treat" (usually sweets). ("Trick or treat?") This custom originated in the USA and was imported to Britain in the early 1980s.

Guy Fawkes' Night

On the evening of November 5th people light fireworks, and crackers are set off near bonfires, on which people burn "guys" in memory of the "Gunpowder Plot" (November 5th, 1605). (On that day, Guy Fawkes tried to destroy Parliament.)

London

- ***Buckingham Palace*** *: the official residence of the royal family in London.*
- *The* ***Houses of Parliament*** *= the* ***House of Commons*** *and the* ***House of Lords****.*
- *The* ***Tower of London*** *: an ancient fortress (on the north bank of the river Thames), formerly a prison. It is now a museum, where the Crown Jewels are on display. It is guarded by the Yeomen of the Guard or Beefeaters.*
- ***Tower Bridge*** *(crossing the river Thames near the Tower of London.) It is made up of two drawbridges with Gothic towers.*
- ***St-Paul's Cathedral*** *(1675-1710), built by the architect Christopher Wren, in central London. It is famous in particular for its "Whispering Gallery".*
- *The* ***City*** *: the financial centre in central London.*
- *The* ***British Museum*** *:it is famous for its collection of antiquities.*
- ***Covent Garden*** *: the name for the Royal Opera House in central London.*
- *The* ***Tate*** *: two famous art galleries in London. Tate Britain (in Millbank) houses collections of British art. Tate Modern (which is located in a former power station in the Bankside district of London) houses collections of international contemporary art. The latter opened in 2000.*
- *The* ***Albert Hall*** *: a famous concert hall, known for its "Promenade Concerts" (because lots of listeners simply stand in front of the orchestra).*
- *The* ***Barbican (Centre)*** *: a cultural centre in central London (with a theatre, a concert hall, an art gallery, cinemas, etc.).*
- ***Canary Wharf*** *: a business district that was created in the 1990s. It is part of the Docklands development in East London. The Canary Wharf Tower, also called One Canada Square, is the tallest building in Britain.*
- ***Two famous parks*** *: Hyde Park - with its Speakers' Corner where all sorts of orators deliver speeches standing on soapboxes - and St-James's Park, the oldest royal park in London.*
- ***Notting Hill Carnival*** *(in West London, held on the last weekend in August each year since 1966) : a multiracial street carnival, originally a West Indian carnival.*
- *A* ***Cockney*** *: a typical Londoner, with a strong accent, from the East End. Traditionally, you are considered to be a true Cockney if you were born within hearing of Bow Bells, the bells of a church in the City.*

The USA

A few landmarks

– *17th century and 18th century : Northern America was mainly inhabited by "**Native Americans**" (the politically correct name for the Indians).*

– *1620: the **Pilgrim Fathers** (who were English Puritans) settled in America. They arrived on the* **Mayflower**.

– *1773: the **Boston Tea Party**, in protest against a tax on tea imposed by the British Parliament. Beginning of the revolt of the Thirteen Colonies against Britain.*

– *1776: the **Declaration of Independence** was signed on July 4th.*

– *1789: George Washington was elected first President of the USA.*

– *1861-1865: **Civil War** (in French, la "guerre de Sécession") between the Union (Northern States) the Confederacy (Southern States).*

– *1929: **Great Depression**.*

– *the 30s: **New Deal**, introduced by President Roosevelt.*

– *1941: **Pearl Harbor**, which brought the USA into World War II.*

– *1945 : two atom bombs on **Hiroshima** and **Nagasaki**.*

– *1954-1975 : **Vietnam War**.*

– *1964 : **Civil Rights Act**, outlawing racial discrimination, as well as any kind of discrimination.*

– *2001 : **9/11** (terrorist attacks on the Twin Towers in New York).*

– *October 2001 : **USA Patriot Act**, whose aim is to help fight terrorism.*

The early settlers

The first settlers arrived on the eastern coast at the beginning of the 17th century. Jamestown was the first settlement of English people in America (1607).

On November 21, 1620, the **Mayflower** *reached the coast of Massachusetts. Its passengers, called "**the Pilgrim Fathers**", were English Puritans who had been persecuted by the Church of England and had fled England, then Holland. They founded the Plymouth Colony, so as to be free to practise their own form of religion.*

Early settlers had to face various hardships such as famine, wild beasts, the weather conditions. And of course their relations with the Indians soon became difficult. They were to degenerate into a war of extermination.

*In 1763, there were thirteen colonies on the Atlantic coast, among which English was the dominant language. They are known as "**the Thirteen Colonies**".*

During the following centuries, other settlers, "going West", colonized new territories.

Thanksgiving

It is a public holiday in the USA (on the fourth Thursday in November). In 1621 the settlers had a day of "thanksgiving" (i.e. gave thanks to God) with the Indians, who had taught them to grow maize. On this day Americans spend time with their families and eat special dinners made up of turkey and pumpkin pie. The winter holiday season begins as of "Black Friday" (the day after Thanksgiving).

The Frontier

The "frontier" was a term used to describe the area between existing settlements and wild country. The frontier kept moving westward until 1890. To lots of people, the frontier was equated with a "land of opportunity". Today, the word refers to the extreme limits of knowledge in a specific field.

Immigration to the USA

Throughout the past four centuries, millions of people have decided to emigrate to the USA for various reasons. At first some wanted to escape religious persecution (for instance the early Puritan settlers), while others fled their countries for political reasons, owing to economic hardships, or because they were outlaws and wanted to "turn over a new leaf". Lots of other people simply longed for adventure, wishing to start from scratch.

*For a long time the goal immigrants to the USA aimed to achieve was the ideal of the "**melting pot**", i.e. they did their best to adjust to their new cultural environment. Now the word that is more commonly used is "**salad bowl**". It means that some new immigrants are more likely to preserve their cultural identities, without systematically trying to become integrated.*

There were three main "waves" of immigration:

– The first wave, approximately from 1800 to 1870, was made up of Irish people – the "Great Potato Famine" compelled many to emigrate… –, Germans, Austrians and Scandinavians.

– The second wave, from 1870 to 1914, was a massive wave from Eastern Europe, Russia, Italy, Japan, China.

– After 1921, the US government passed Quota Laws in order to restrict the flow of immigrants. These laws were in force until 1965.

After 1945, there was a new wave, mostly from Latin America and Asia.

"The American Dream" is a set phrase meaning the opportunity offered by the USA for anyone to become rich and successful. Today this phrase still means something to thousands of people all over the world, and the USA is still considered as a "land of opportunity".

GROS PLAN

Ellis Island and the **Statue of Liberty**

From 1892 to 1943, immigrants to the USA first set foot on Ellis Island, a small island off Manhattan, close to the Statue of Liberty. They had to go through this immigration station and pass sanitary tests before being accepted in the USA.

The **Statue of Liberty** *(on Liberty Island), the work of Auguste Bartholdi, was given to the USA by France in 1884.*

Here are a few lines from the poem at the base of the Statue of Liberty:

"Give me your tired, your poor,

Your huddled masses yearning to breathe free,

The wretched refuse of your teeming shore.

Send these, the homeless, tempest-tossed, to me:

I lift my lamp beside the golden door."

(*Emma Lazarus,* The New Colossus)

Slavery

The importation of black slaves from Africa started as soon as the beginning of the 17th century and lasted until the mid-19th century. They were needed to work on the large cotton and tobacco plantations of the South. Uncle Tom's Cabin *(1852), the famous novel by* ***Harriet Beecher Stowe****, played a most significant part in turning things around and making public opinion aware of the cruel treatments black slaves were subjected to.*

The Civil War (1861-1865)

In the first half of the 19th century, there was a sharp contrast between the North and the South in terms of economic approaches. In the South lots of black slaves worked on large cotton plantations, while the far more industrial Northern states relied on immigrants for labour. Moreover, the latter wanted to put an end to slavery on moral grounds, and the issue was all the more acute as new states in the West were joining the Union: were they to adopt slavery? In 1861, eleven Southern states seceded from the Union, thus rebelling against the Federal government and deciding to become independent. They formed the ***Confederate States of America****, something President* ***Abraham Lincoln*** *(who had been elected in 1860) could not accept. This led to war between the* ***Confederacy*** *and the* ***Union*** *(or between the* ***Rebels*** *and the* ***Yankees****). The* ***Confederacy*** *(under the command of* ***General Lee****), with far fewer soldiers, was defeated at* ***Gettysburg*** *and* ***Vicksburg*** *in 1863 by* ***General Grant****. The Rebels finally surrendered in 1865 at* ***Appomattox****, in Virginia. The Civil War was a terrible bloodshed, killing about 800,000 people.*

Reconstruction *(1865-1877) is the name of the period following the war, when the country, especially the South, had te be "rebuilt".*

Slavery in the Confederate States was prohibited by the ***Emancipation Proclamation*** *in 1863 and was finally abolished by the* ***13th Amendment to the Constitution****. Abraham Lincoln was assassinated in 1865. Through the* ***Civil Rights Act*** *in 1866 Blacks were granted equal rights with Whites.*

*Unfortunately, even though slavery was abolished, former slaves and slaves' descendants were unofficially discriminated against and had to face inequalities... After Reconstruction, the legalization of segregation was instituted through what was called the "****Jim Crow Laws****".*

The Ku Klux Klan

It is a secret organization that was founded in Tennessee in 1866. This Protestant vigilante group did not accept the Civil Rights Act and organized actions against Blacks. Its members also included Catholics and Jews among its enemies. Although the organisation was particularly violent in those days, it was also very active in the 1960s during the Civil Rights protests. The members of the Ku Klux Klan are known to wear long white robes and pointed hoods hiding their faces.

Gone With the Wind : Autant en emporte le vent

Both a bestseller (1936) by ***Margaret Mitchell*** *and a world famous film (1939) by* ***Victor Fleming****.* Gone With the Wind *(in French,* Autant en emporte le vent*) relates the adventures of the two heroes,* ***Scarlet O'Hara*** *and* ***Rhett Butler****. The story takes place in Georgia during the American Civil War.*

Prohibition (1919-1933)

As a matter of fact, since the end of the 19th century, there had been temperance movements trying to make the selling of alcohol illegal. Alcohol was thought to be the source of many social evils. In some states, for instance in Texas or Maine, selling liquor was already prohibited. Through the 18th Amendment and the Volstead Act, prohibition was enforced throughout the USA. It became prohibited to manufacture, sell and transport alcohol. Of course, lots of citizens did not really approve of the amendment... and "bootleggers" trafficked in illegal liquor, especially in big cities. Many people would drink alcohol in "speakeasies". Moreover this led to gang warfare, as in Chicago with ***Al Capone****, the famous gangster. The 18th Amendment was repealed by the 21st Amendment in 1933.*

Brian De Palma's film **The Untouchables** *(1987) deals with the crusade of Eliot Ness, a Treasury Department agent, against Al Capone.*

a bootlegger : un trafiquant ou fabricant d'alcool clandestin

a speakeasy : un bar clandestin

"When I sell liquor, it's called bootlegging ; when my patrons serve it on silver trays on Lake Shore Drive, it's called hospitality" (Al Capone).

The Civil Rights Movement: towards desegregation

In the first half of the 20th century, more and more people – even White people – started disapproving of segregation. From the fifties onwards, a series of events and demonstrations helped turn things around. In 1955, Rosa Parks, a black woman who was subsequently called the "mother of the Civil Rights Movement", refused to give up her seat at the front of a bus to a White man when she was ordered to. The next year, segregation on buses became illegal.

Martin Luther King *(1929-1968), a Black minister, launched a campaign for civil rights, advocating a strategy of non-violent action based on "civil disobedience". In 1963, he staged a massive march on Washington on August 28. Those initiatives proved fruitful, as two major acts were signed afterwards: the* ***Civil Rights Act*** *in 1964 and the* ***Voting Rights Act*** *in 1965.*

However, other groups of Black activists, belonging to the Black Power Movement (1966-1975), were in favour of more violent measures to change the status of Black people, ensure their diginity and economic self-sufficiency. The most famous one is ***The Black Panthers****, led by* ***Malcolm X****.*

Now the emphasis is on "affirmative action", which aims at reducing inequalities between White people and Black people.

GROS PLAN

"I have a dream..."

On August 28, 1963, ***Martin Luther King*** *delivered a famous speech. Here is a short extract from that speech:*

"I have a dream that one day this nation will rise up and live out the true meaning of its creed: We hold these truths to be self-evident, that all men are created equal.

I have a dream that one day on the red hills of Georgia, the sons of former slaves and the sons of former slave owners will be able to sit down together at the table of brotherhood.

I have a dream that my four little children will one day live in a nation where they will not be judged by the color of their skin but by the content of their character.

I have a dream today !"

The Vietnam War (1954-1975)

It was a civil war between North Vietnam and South Vietnam, its aim being to turn Vietnam into a single communist state. The communists of North Vietnam (the Viet Cong guerillas) were helped by the USSR and China, while South Vietnam's allies were the USA, Australia, New Zealand, South Korea, Thailand and the Philippines. The American forces left Vietnam in 1973. South Vietnam was finally defeated by the North as Saigon (the South Vietnamese capital) fell on 30 April 1975.

Lots of people in the USA protested the intervention of the American forces and some young men – called "draft dodgers" – refused to go to war, while others were official "conscientious objectors".

GROS PLAN

Films about the Vietnam War

The Vietnam War has left its stamp on American citizens and on veterans in particular. Quite a few films are concerned with the subject. Among the most famous:

- Apocalypse Now *(Francis Ford Coppola, 1979) is a "provocative vision of the human 'heart of darkness' revealed through the peculiar madness of the Vietnam War" (www.wellesley.edu).*
- The Deer Hunter *(1979, Michael Cimino) is about a group of friends caught in the hell of the Vietnam War.*
- Full Metal Jacket *(1987, Stanley Kubrick) is a film concerned with the effects of military discipline and war on the minds of young Marine Corps recruits, first as they train under the command of Sgt Hartman and then in Vietnam during the Tet Offensive.*
- Platoon *(1986, Oliver Stone) is about the lives of a platoon of American soldiers during the Vietnam War.*

American institutions

American democracy is based on the ***1787 Constitution****.*

- *The* ***executive power*** *is held by the* ***President of the United States****, who is elected for a four-year term. His residence is the* ***White House*** *in Washington.*

The **President's Cabinet** *is composed of various departments. Among them are:*

- *the* ***State Department*** (ministère des Affaires étrangères)
- *the* ***Department of the Interior***
- *the* ***Treasury Department*** (ministère des Finances)
- *the* ***Defense Department***
- *the* ***Justice Department****, whose head is the* ***Attorney General*** (= le garde des Sceaux, le ministre de la Justice).

The ***FBI*** *(Federal Bureau of investigation) is a bureau of the Justice Department that investigates crimes in more than one state.*

- ***Congress*** *is the legislative branch of the Federal government, composed of the* ***Senate*** *and the* ***House of Representatives****. Congress sits in the* ***Capitol*** *in Washington.*
- *The judicial power is held by the* ***Supreme Court****.*

The two main parties in the USA are the ***Republican Party*** *(the "Grand Old Party" or GOP), whose emblem is an elephant, and the* ***Democratic Party*** *(or the* ***Democrats****), whose party symbol is a donkey. The Democratic Party is considered more liberal than the Republican Party.*

*The régime is a "****presidential régime****" in that the President wields great power. Among other things, he can veto bills passed by Congress, appoint lots of officials, make treaties…*

The flag of the United States is the ***Star-Spangled Banner*** *or the* ***Stars and Stripes****.*

Education

The first aim of education in the USA may not be academic achievement. The education system tries to develop self-reliance and to help children become good citizens. In elementary schools, every morning the children, with their hands on their hearts, say: "I pledge allegiance to the flag of the United States of America and to the Republic for which it stands; one nation under God, indivisible, with liberty and justice for all."

Another feature of the American education system is an emphasis on sports. It is a common feature with the British system (while the French are far more likely to emphasize… academic skills!).

Although there is a Federal Office of Education giving general directions, each state is left free to decide on educational matters.

From 12 to 13, American pupils attend ***junior high school****. Then, from 14 to 17 they attend* ***senior high school****.*

In their last two years of high school, the students who want to go to college take the ***SATs*** *(Scholastic Aptitude Tests).*

A student in the first year of study in a college is called a ***freshman****. A student in the second year is a* ***sophomore****. In the next two years the student is a* ***junior****, then a* ***senior****. Before taking a* ***Bachelor's Degree****, the student is an* ***undergraduate****.*

US Universities

GROS PLAN

*There are both private universities and public universities in the USA. The most prestigious private universities are to be found in a group of eight universities called the "****Ivy League****". Among them:* ***Harvard, Yale and Princeton Universities****.*

The most prestigious public university is the ***University of California, Berkeley****.*

The press

There are lots of ***local newspapers*** *in the USA, and very few* ***"national" newspapers****.* USA Today, The Wall Street Journal *and* The New York Times *are sold throughout the country.* The Los Angeles Times *and* The Washington Post *are also well-known but can't be found everywhere.*

The International Herald Tribune *is an English-language international newspaper printed throughout the world. It is made up of articles from* The New York Times *as well as articles written by its own correspondents. It is targeted at American expatriates.*

Two ***weekly magazines*** *are world famous:* Time Magazine *and* Newsweek.

Religion in the USA

Although there is no official Church in the USA, religion plays a most significant part in American life. In historical terms this can easily be accounted for, as among the first settlers there were lots of Puritans who fled their countries for religious reasons and were determined to practise their own form of religion freely. Understandably this Puritan legacy is still felt today, even if it is not always consciously. The Americans are among the most religious nations in the world. 41% of American citizens are reported to attend religious services. Religion and politics are often close to each other in political life, and politicians do not scruple to talk about religion quite openly. And on bills and coins the following motto can be read: "In God we trust."

As freedom of religion (according to the First Amendment) prevails in the USA, there is a proliferation of various churches and denominations. Protestantism and Roman Catholicism are the largest denominations, but there are lots of religious groups and Protestant churches, such as Baptists, Methodists, the Presbyterian Church, the Pentecostal Church of God, the Seventh-day Adventist Church, Jehovah's Witnesses, the Old Order Amish Church, etc. Two new religions were born in the USA: the religion of the Mormons and Christian Science.

a denomination: une confession

"In America, religion is used as a club and a cloak by both politicians and moralists, all of them lusting for power and most of them palpable frauds" (H.L. Mencken).

Jazz

It is one of the most exciting types of music of the 20th century. It originated in New Orleans at the end of the 19th century. It is mostly rooted in Black African music, such as Negro spirituals, the blues and ragtime. Originally, it also combined with popular European music and brass-band marches.

"'How would you define jazz ?' 'Man, if you gotta ask, you'll never know" (Louis Armstrong).

A few landmarks and a few (very) famous artists...

Negro spirituals

Negro spirituals are religious folk songs that were sung by slaves on the large plantations of Southern states. The Bible is a frequent source of inspiration.

Mahalia Jackson *(1911-1972)*

Ragtime

It is a form of piano music of Black origin, sounding like syncopated march music.

Scott Joplin *(1868-1917)*

A famous piece of his, The Entertainer, *was used in George Roy Hill's film* The Sting (L'Arnaque, 1973).

Blues

The blues is a melancholy form of folk song that is often built on a typical twelve-bar pattern. Just like Negro spirituals, blues were sung on the plantations of Southern US as "work songs". The phrase "to have the blues" means "to feel low".

Big Bill Broonzy *(1893-1958),* ***Bessie Smith*** *(1894-1937),* ***Memphis Slim*** *(1915-1988),* ***John Lee Hooker*** *(1917-2001),* ***B.B. King*** *(1925)*

New Orleans Style

The earliest form of jazz, which originated in New Orleans. The style relied on brass instruments (trumpet, trombone) with a powerful rhythmic section. Improvisation was a key element. "Dixieland" is a White form of New Orleans Style.

Sidney Bechet *(1897-1959),* ***Louis Armstrong*** *(1900-1971), nicknamed "Satchmo"*

Big bands and the Swing Era (1935-1945)

***Count Basie** (1904-1984), **Tommy Dorsey** (1905-1956), **Benny Goodman** (1909-1986), **Duke Ellington** (1923-1974)*

*A legendary saxophone player: **Coleman Hawkins** (1901-1969)*

Be-bop (1940)

This new style relied more on improvisation (compared with big band music) and on the use of new harmonies.

***Dizzy Gillespie** (1917-1993), **Thelonious Monk** (1917-1982), **Charlie Parker** (1920-1955)*

Cool jazz

A quieter style of jazz based on subtler harmonies.

***Lester Young** (1909-1959), **Dave Brubeck** (1920), **Miles Davis** (1926-1991), **Stan Getz** (1927-1991)*

A few great female vocalists

Billie Holiday** (1915-1959), **Ella Fitzgerald** (1918-1996), **Sarah Vaughan** (1924-1990), **Dee Dee Bridgewater** (1959), **Diana Krall** (1966), **Stacey Kent

Free jazz

This style of jazz is often atonal.

*A precursor: **John Coltrane** (1926-1967)*

*The two chief exponents: **Eric Dolphy** (1928-1964), **Ornette Coleman** (1930)*

Jazz rock

A fusion of jazz and rock.

***Miles Davis** (1926-1991), **Herbie Hancock** (1940), **John McLaughlin** (1942), **Chick Corea** (1940)*

*An exceptional pianist: **Keith Jarrett** (1945)*

"Hot can be cool and cool can be hot, and each can be both. But hot or cool, man, jazz is jazz" (Louis Armstrong).

Jazz and classical music…

***George Gershwin** (1898-1937)*

A major classical composer who was strongly influenced by jazz! He wrote many popular songs as well as orchestral music. Among his most famous works: the opera Porgy and Bess *(1935),* Rhapsody in Blue *for piano and orchestra (originally for piano and jazz band, 1923-1924) and* An American in Paris *(1928) for orchestra.*

American painting

*In the 19th century, quite a few American painters went to Europe, to France, Italy and England. **James McNeill Whistler** (1834-1903), for instance, spent time in France and England. He was influenced by Manet as well as by Japanese art. **Mary Cassatt** (1845-1926) settled in Paris in 1872, met Degas and exhibited her own paintings with the Impressionnists. Besides she played an important part in making her compatriots familiar with the latter school of painting.*

*In the second half of the 20th century, a significant artistic movement emerged, called "**abstract expressionism**", whose major exponents soon became world famous artists: **Mark Rothko** (1903-1970), **Willem de Kooning** (1904-1997) and **Jackson Pollock** (1912-1956). They were more interested in the very act of creating than in the finished painting itself. The influences of surrealism and psychoanalysis were strongly felt in their art.*

*In the '60s **Pop Art** – which was also a British movement – used everyday objects (soup cans, comic strips, bottles…) as the very subjects of its works. It was illustrated by such famous artists as **Roy Lichtenstein** (1923-1997), **Robert Rauschenberg** (1925), **Jasper Johns** (1930) and **Andy Warhol** (1930-1987) – who often painted soup cans and Marilyn Monroe!*

Other very famous artists:

***Man Ray** (1890-1976): a photographer and a painter who spent a great part of his life in Paris and was involved in the Dada and Surrealist movements.*

***Alexander Calder** (1898-1967): a sculptor, mostly famous for his "mobiles".*

***Edward Hopper** (1882-1967): a realistic painter, often concerned with the theme of solitude.*

*Two very famous museums in New York: **the Metropolitan Museum of Art** and **the MoMA** (the Museum of Modern Art).*

Ireland

***Ireland** is made up of :*

*– **Northern Ireland** or **Ulster**, which is part of the British Isles. Its capital is **Belfast**. The majority of its inhabitants are Protestants.*

*– The **Republic of Ireland** or **Eire**, which has been an independent state since 1921. Its capital is **Dublin**. More than 90% of its inhabitants are Catholics.*

A few landmarks

- *4th century BC: Celtic tribes.*
- *mid-5th century: Christianity introduced by St Patrick.*
- *12th century: English invasions.*
- *1801: the Act of Union, creating the "United Kingdom of Great Britain and Ireland".*
- *1845-1849: the "Great Potato Famine", which caused many people to emigrate to the USA.*
- *1905: creation of Sinn Fein.*
- *1916: Easter Rising against Great Britain.*
- *1919: creation of the IRA (Irish Republican Army) by Michael Collins.*
- *1921: the country was divided into Eire and Ulster.*
- *1998: a peace agreement was reached in May.*

Notes

*The **IRA** is the Irish Republican Army. It is a militant organization wishing to establish a united Irish Republic.*

*The **Provisional IRA** (= the **Provisionals** = the **Provos**) is a group within the IRA that resorts to violence and terrorism.*

***Sinn Fein** : a political organisation that would like Northern Ireland to be part of the Republic of Ireland*

Languages

Ireland is a bilingual country as both English and Irish are official languages. Irish is a Celtic language (see box on Celtic languages).

Saint Patrick

The national saint of Ireland.
***St Patrick's Day** : 17 March, a national day and a bank holiday in Ireland. On that day people often wear green clothes.*

GROS PLAN

Celtic languages

They are a subfamily of the Indo-European family of languages. Celtic languages are divided into:

– Gaelic,

– Brythonic.

***Gaelic** consists of:*

Irish, Scots Gaelic, Manx.

These languages are almost mutually intelligible today, i.e. Donegal Irish and Islay Scots Gaelic are quite close.

***Brythonic** consists of:*

Welsh, Cornish, Breton.

Breton and Cornish were apparently mutually intelligible until the 15th century.

There were two waves of invasions to the British Isles, which gave rise to the two varieties of Celtic languages we have today.

The first invasion was to Ireland in the 4th century BC, probably from Western France. This variant became Gaelic and spread from Ireland to the Isle of Man and Scotland. The second invasion (Brythonic) was to southem England and Wales and from there (in the 5th century AD) to Brittany

(*Adapted from* the Cambridge Encyclopaedia of language).

Great Irish writers

Jonathan Swift (*1667-1745*): Gulliver's Travels (1726)

Oscar Wilde (*1856-1900*): see ***Dix grands auteurs britanniques***.

George Bernard Shaw (*1856-1951*): Candida (1894), Man and Superman (1903), Pygmalion (1916).

William Butler Yeats (*1865-1939*): one of the greatest Irish poets.

James Joyce (*1882-1941*): Dubliners (1914), Ulysses (1922), Finnegans Wake (1939).

Samuel Beckett (*1906-1989*): *Many of his works were first written in French.* En attendant Godot (1952), Fin de Partie (1957).

The Commonwealth

"An organisation of about 50 independent states which were formerly parts of the British Empire, established to encourage trade and friendly relations among its members. The Queen is the head of the Commonwealth" (Longman Dictionary of British Culture and Language).

Canada

Canada is the world's second-largest country. It is made up of 10 provinces and 2 "territories". Its federal capital is **Ottawa** *(in the Province of Ontario). It is a federal state and a parliamentary monarchy. It has been a member of the Commonwealth since 1931. The monarch is represented by a "Governor-General", with no real power.*

There are two official languages, English and French.

A few historical landmarks

- *1534: the explorer* ***Jacques Cartier*** *(1491-1557) claimed Canada for France when he established the first French settlement there.*
- *1608:* ***Quebec City*** *was founded by* ***Samuel de Champlain*** *(1567-1635).*
- *1763: by the* ***Treaty of Paris*** *France ceded Canada to Great Britain.*

Quebec *is a French-speaking province, and* ***Montreal*** *(in South Quebec) is its largest city. A number of Quebecers would like Quebec to be independent from Canada. Yet the Quebecer idea of Quebec's sovereignty was rejected by a referendum in 1980 and a second one in 1995.*

Canada is a highly industrialized country, with very close economic links with the USA.

The two symbols of Canada are the ***maple tree leaf*** *and the* ***beaver****.*

Australia

Australia *is a "nation continent", famous for its beautiful landscapes, its vast open spaces and the… relaxed way of living of its inhabitants (the "****Aussies****"). It is a country full of contrasts, with its modern cities on the one hand and its "****outback****" (i.e. the part of the country that is far from urban life) on the other hand. Most of its territory is occupied by deserts. Its flora is remarkable, as well as its fauna (kangaroos, koala bears, platypuses, dingos...).*

Australia was first inhabited by the ***Aborigenes****, who now account for only 1,5% of the whole population. But Aboriginal culture is unquestionably part of the Australian cultural identity, for instance with its mythological animal, the "Rainbow Serpent", or the concept of "Dreamtime" (which has been described as the ability to "see with eternal vision").*

Australia was first discovered by the Portuguese in the early 16th century. They were followed by the Dutch in the 17th century, the French in the 18th century and by ***Captain James Cook****, who claimed the East Coast of Australia for Great Britain in 1770. The English then considered Australia as a* ***penal settlement****, and began sending all their convicts over there !*

In 1901, a federation of the various settlements was created, the Commonwealth of Australia, and ***Canberra*** *became the capital in 1927. After 1945, another significant wave of immigrants settled in Australia.*

Other important cities : Sydney, Melbourne, Perth, Darwin, Brisbane, Cairns, Adelaide.

New Zealand

New Zealand is in the Pacific Ocean, about 2,200 kilometres east of Australia. It is made up of two main islands (North Island and South Island) and of other smaller islands (Stewart Island, the Chatham Islands…). Its capital is ***Wellington****. Another large city is* ***Auckland****.*

90% of its inhabitants are descendants of Britons, and about 10% are ***Maoris****, living in the "Land of the Long White Cloud".*

New Zealand is a ***constitutional monarchy*** *and has been independent since 1907, but it is part of the* ***Commonwealth****. The head of state is the Queen of England, represented by a "Governor-General", appointed by her.*

Both islands are mountainous. New Zealand exports wool, meat (mutton and lamb), cheese and butter.

Two cultural "specialties"

- *The* ***All Blacks****: the celebrated rugby union team. They are also famous for performing a Maori dance (called a "haka") before international matches.*
- ***Kiri Te Kanawa*** *(born in 1944): one of the most famous lyric sopranos in the world, who has both Maori and European ancestry.*

South Africa

A few historical landmarks

- *17th century: colonization by the Dutch (the "Boers", the word meaning "peasants").*

- *19th century: English colonization.*
- *1899-1902: the **Boer War** won by the British; the South African Union became part of the British Empire.*
- *1948-1990: **apartheid** (official separation between races, more specifically White people and Black people).*
- *1960: republic of South Africa.*
- *June 1994: Nelson Mandela as President of the republic and F.W. De Klerk as Vice-President.*

*During apartheid, Blacks (almost 80% of the population) were denied political rights and lived in very poor "townships". Opposition parties were illegal. Yet, as from 1989, president **F.W. De Klerk** managed to reduce the regime of apartheid. In 1994, apartheid was abolished, which was far from suppressing all inequalities. **Nelson Mandela**, a Black nationalist leader of the ANC (African National Congress), was freed after 27 years in prison.*

The Afrikaners are the descendants of the Boers.

*The three official capital cities : **Pretoria, Cape Town** and **Bloemfontein**. Johannesburg is another important city.*

South Africa is often called "The Rainbow Nation".

India

A few historical landmarks

- *17th century: trade between India and Great Britain through the East India Company.*
- *1856: most of India fell under British rule; India became a British colony, which was to be named the "jewel of the Crown"; that provoked Indian rebellion from then on.*
- *1876: Queen Victoria became Empress of India.*
- *1947: India became independent; partition between India and Pakistan.*
- *1950: India became a republic.*

*India is a **federal republic**.*

*The official languages are **Hindi** and **English**.*

*Capital: **New Delhi***

A key figure of Indian independence: Mahatma Gandhi (1869-1948)

*After World War I, this lawyer, who was at the head of the Indian National Congress, initiated non-violent action, mainly based on "**civil disobedience**", to free the country from British rule and help it gain independence. He also fought caste discrimination (against the untouchables in particular) as well as the oppression of women. Gandhi was murdered by a Hindu fanatic in 1948.*

*What is the "**caste system**"? According to the principles of Hinduism, Indian society is divided into castes, the highest of which is that of the Brahmins while the lowest caste is that of the "untouchables".*

*India's economy is growing fast, partly thanks to the boom in **information technology**. Another booming business, which provides young Indian graduates with well-paid jobs, is that of "**call-centres**". ("A call centre […] is a centralised office used for the purpose of receiving and transmitting a large volume of requests by telephone"* [Wikipedia]*). India is considered as an "emerging superpower".*

Bollywood

The film industry is also a thriving business in India. "'Bollywood' refers to the Hindi-language film industry based in Mumbai (formerly Bombay) which sometimes produces more than 200 films a year. As Indian cinema becomes more popular to viewers around the world, the term has also come to describe a particular genre of Indian film" (Rupert Morgan, Today in English, *November 2006). Those films are far less violent, more colourful, and make use of a lot of music and dance.*

A few famous American and British films… and their French titles!

Lots of American and British films are very popular with French audiences. Yet French people usually know the… French titles of all these famous films. So, if you are to talk about any of them, you should know the English titles! Here are a few of them.

– *L'Arnaque* (George Roy Hill, 1973) : *The Sting.*

– *Arsenic et Vieilles Dentelles* (Frank Capra, 1944) : *Arsenic and Old Lace.*

– *Autant en emporte le vent* (Victor Fleming, 1939) : *Gone With the Wind.*

– *Brève Rencontre* (David Lean, 1945) : *Brief Encounter.*

– *Certains l'aiment chaud* (Billy Wilder, 1959) : *Some Like It Hot.*

– *La Chevauchée fantastique* (John Ford, 1939) : *Stagecoach.*

– *Citizen Kane* (Orson Welles, 1940) : *Citizen Kane.*

– *Le crime était presque parfait* (Alfred Hitchcock, 1954) : *Dial M for Murder.*

– *Les Dents de la mer* (Steven. Spielberg, 1975) : *Jaws.*

– *2001 : l'odyssée de l'espace* (Stanley Kubrick, 1968) : *2001: a Space Odyssey.*

– *Le Dictateur* (Charles Chaplin, 1940) : *The Great Dictator.*

– *Douze hommes en colère* (Sidney Lumet, 1957) : *Twelve Angry Men.*

– *Les Enchaînés* (Alfred Hitchcock, 1946) : *Notorious.*

– *Les Feux de la rampe* (Charles Chaplin, 1952) : *Limelight.*

– *Fenêtre sur cour* (Alfred Hitchcock, 1954) : *Rear Window.*

– *Le Grand Sommeil* (Howard Hawks, 1946) : *The Big Sleep.*

– *La Guerre des étoiles – L'empire contre-attaque* (Irvin Kershner) : *Star Wars – The Empire Strikes Back.*

– *L'Homme qui en savait trop* (Alfred Hitchcock, 1956) : *The Man Who Knew Too Much.*

– *L'Homme qui tua Liberty Valance* (John Ford, 1961) : *The Man Who Shot Liberty Valance.*

– *L'Homme tranquille* (John Ford,1952) : *The Quiet Man.*

– *L'Inconnu du Nord-Express* (Alfred Hitchcock, 1951) : *Strangers on a Train.*

– *Le Lauréat* (Mike Nichols, 1967) : *The Graduate.*

– *Lawrence d'Arabie* (David Lean, 1962) : *Lawrence of Arabia.*

– *Les Lumières de la ville* (Charles Chaplin, 1931) : *City Lights.*

– *La Maison du docteur Edwards* (Alfred Hitchcock, 1945) : *Spellbound.*

– *La Main au collet* (Alfred Hitchcock, 1955) : *To Catch a Thief.*

– *La Mort aux trousses* (Alfred Hitchcock, 1959) : *North by Northwest.*

– *Mr Smith au Sénat* (Frank Capra, 1939) : *Mr Smith Goes to Washington.*

– *Noblesse oblige* (Robert Hamer, 1949) : *Kind Hearts and Coronets.*

– *Les Oiseaux* (Alfred Hitchcock, 1963) : *The Birds.*

– *Orange mécanique* (Stanley Kubrick, 1971) : *A Clockwork Orange.*

– *Le Parrain* (Francis Ford Coppola, 1972) : *The Godfather.*

– *Le Pont de la rivière Kwai* (David Lean, 1957) : *The Bridge on the River Kwai.*

– *Psychose* (Alfred Hitchcock, 1960) : *Psycho.*

– *La Ruée vers l'or* (Charles Chaplin, 1925) : *The Gold Rush.*

– *Les Sentiers de la gloire* (Stanley Kubrick, 1957) : *Paths of Glory.*

– *Le Silence des agneaux* (Jonathan Demme, 1991) : *The Silence of the Lambs.*

– *Sueurs froides* (Alfred Hitchcock, 1958) : *Vertigo.*

– *Sur les quais* (Elia Kazan, 1954) : *On the Waterfront.*

– *Le Troisième Homme* (Carol Reed, 1949) : *The Third Man.*

– *Voyage au bout de l'Enfer* (Michael Cimino, 1978) : *The Deer Hunter.*

Troisième partie

Ressources

Dans cette partie…

– Des exercices de compréhension

– Des exercices de traduction en français

– Des exercices de grammaire

– Des exercices de vocabulaire

Chapitre 14

Exercices de compréhension

On trouvera dans ce chapitre des exercices de compréhension divers portant soit sur des extraits d'articles de journaux et magazines, soit sur des extraits d'œuvres littéraires, de niveaux de difficulté fort divers. Ces exercices, courts ou plus longs, vous permettront de vous entraîner rapidement aux questions variées que l'on rencontre dans les sujets de bac. Ceux qui voudront travailler sur les sujets de bac des années précédentes en trouveront très facilement sur l'Internet. Consulter pour cela la liste des sites Internet utiles proposée à la fin de ce livre.

1) Lire le passage suivant :

"The lorry's open back held mattresses, an orange sofa, a chair covered with a bright flower print, all jumbled together, all blistering in the hot August sun."

(*Deborah CROMBIE*, And Justice There is None, 2002, début du sujet LV1, séries ES-S, session 2004)

Question :

Is this text English or American? How can you tell?

Corrigé :

It is English, because of the word "lorry", which is typically British.

2) Lire le passage suivant :

"Deidre Fount looked down at the dress, laid out on the hotel bed, and remembered the only time she had bought clothes without consulting her mother. For they had always gone shopping together, and shared a changing room when both were buying. 'I know what suits you, Deidre', Mrs Winifred Oddicott would say (...)."

(*Susan HILL*, A Change for the Better, Penguin Books, 1969)

Question :

What does "would" indicate in the sentence : "Mrs Oddicott would say"?

Corrigé :

"Would" is a modal. In this sentence it shows that the two women always go shopping together and that Deidre's mother never fails to say that to her. It is a regular habit with her.

3) Lire le passage suivant :

"I met Luis Comenares in Venice, not having seen him for years. He is a Mexican exile living on the scanty remains of what was once wealth, and eking out a poor and lonely existence by being a painter. But his art is only a sedative to him. He wanders about like a lost soul, mostly in Paris or in Italy, where he can live cheaply. He is rather short, rather fat, pale, with black eyes, which are always looking the other way, and a spirit the same, always averted."

(D.H. LAWRENCE [1885-1930], None of That *[short story])*

Questions :

Right or wrong? Justify your answers by quoting from the text.

a) Luis Comenares is not well-off.

b) He used to be rich.

c) He has very definite goals in life.

d) He is a straightforward kind of man.

Corrigé :

a) Right: "...living on the scanty remains of what was once wealth, and eking out a poor and lonely existence by being a painter."

b) Right: "... living on the scanty remains of what was once wealth."

c) Wrong: "He wanders about like a lost soul."

d) Wrong: "... black eyes, which are always looking the other way, and a spirit the same, always averted."

4) Lire le passage suivant :

"Once there was a bad little boy whose name was Jim – though, if you will notice, you will find that bad little boys are nearly always called James in your Sunday-school books. It was strange, but still it was true, that this one was called Jim.

He didn't have a sick mother, either (...). Most bad boys in the Sunday books are named James, and have sick mothers, who teach them to say 'Now I lay me down' etc. and sing them to sleep with sweet, plaintive voices, and then kiss them good night, and kneel down by the bedside and weep. But it was different with this fellow. He was named Jim, and there wasn't anything the matter with his mother – no consumption, nor anything of the kind. She was rather stout than otherwise, and she was not pious; moreover she was not anxious on Jim's account. She said if he were to break his neck, it wouldn't be much loss. She always spanked him to sleep, and she never kissed him good night; on the contrary, she boxed his ears when she was ready to leave him."

(*Mark TWAIN [1835-1910]*, The Story of the Bad Little Boy)

Questions :

a) Tick the right answer :

The beginning of the story is the typical beginning of

❑ *a detective novel*

❑ *a tale*

❑ *a tall story*

❑ *a historical novel*

b) In what way is this passage humorous?

Corrigé :

a) A tale ("Once there was…").

b) The passage is humorous because M. Twain mocks the style and the subject of a conventional tale by saying just the opposite of what is expected: "He didn't have a sick mother",/"she was not pious", etc).

5) Lire cet extrait de « Jane Eyre » de Charlotte BRONTË (1816-1855)

Jane Eyre, who has been hired by Mr Rochester as a governess, falls in love with him and is just about to marry him. In the following passage, they are at the altar, but…

"Our place was taken at the communion rail. Hearing a cautious step behind me, I glanced over my shoulder: one of the strangers – a gentleman evidently – was advancing up the chancel. The service begun. The explanations of the intent of matrimony was gone through; and then the clergyman came a step forward, and bending slightly towards Mr Rochester went on.

'I require and charge you both (as ye will answer at the dreadful day of judgment, when the secrets of all hearts shall be disclosed), that if either of you know any impediment why ye may not lawfully be joined together in matrimony, ye do now confess it (…).'

He paused, as the custom is. When is the pause after that sentence ever broken by reply ? Not perhaps once in a hundred years. And the clergyman, who had not lifted his eyes from his book and had held his breath for a moment, was proceeding; his hand was already stretched towards Mr Rochester as his lips unclosed to ask 'Wilt thou take this woman for thy wedded wife?' – when a distinct and near voice said:

'This marriage cannot go on: I declare the existence of an impediment.'

The clergyman looked up at the speaker, and stood mute; the clerk did the same; Mr Rochester moved slightly, as if an earthquake had rolled under his feet: taking a firmer footing and not turning his head or eyes, he said, 'Proceed'.

Profound silence fell when he had uttered that word, with deep but low intonation. Presently Mr Wood said:

'I cannot proceed without some investigation into what has been asserted, and evidence of its truth or falsehood.'

'The ceremony is quite broken off,' subjoined the voice behind us. 'I am in a condition to prove my allegation: an insuperable impediment in this marriage exists.'

Mr Rochester heard, but heeded not: he stood stubborn and rigid, making no movement, but to possess himself of my hand. (…)

Mr Wood seemed at a loss.

'What is the nature of the impediment ?' he asked. 'Perhaps it may be got over – explained away ?'

'Hardly', was the answer."

Vocabulaire :

chancel : chœur

… but heeded not = … but did not pay any attention

Questions :

a) Who is the narrator?

b) Would you say this scene is

- ❑ *frightening?*
- ❑ *tragic?*
- ❑ *dramatic?*
- ❑ *moving?*

c) Who is Mr Wood?

d) What does the word "impediment" mean?

- ❑ *an obstacle?*
- ❑ *a ban?*
- ❑ *a disadvantage?*

e) What is the nature of this impediment, do you think?

Corrigé :

a) Jane Eyre.

b) Dramatic (as things take an unexpected turn).

c) The clergyman.

d) An obstacle

e) As a matter of fact, Mr Rochester is already married.

6) Lire le passage suivant :

"New research shows that people who play action games several times a week beat non-gamers in tests of visual ability.

It means that children hooked on computer games may not be rotting their brain, but rather improving attention skills such as being able to track and focus on objects while avoiding distractions."

(Adapted from "How video games could be good for children" by David ADAM, The Guardian, May 29, 2003)

Questions :

a) In your own words explain in what way video games can prove beneficial to children.

b) What does "rotting their brain" mean?

- ❑ *destroying their brain?*
- ❑ *helping their brain?*
- ❑ *altering their brain?*

c) What does "while avoiding distractions" mean?

- ❑ *while looking for entertainment?*
- ❑ *without being disturbed?*
- ❑ *while having a good time?*

Corrigé :

a) Video games can help children see better, i.e. use their eyes more efficiently, which allows them to concentrate on objects more easily.

b) Destroying their brain.

c) Without being disturbed.

7) Lire le passage suivant :

"Oliver Twist and his companions suffered the tortures of slow starvation for three months; at last they got so voracious and wild with hunger that one boy, who was tall for his age, and hadn't been used to that sort of thing (for his father kept a small cook's shop), hinted darkly to his companions that unless he had another basin of gruel per diem, he was afraid he should some night eat the boy who slept next him, who happened to be a weakly youth of tender age. (...) A council was held; lots were cast who should walk up to the master after supper that evening, and ask for more; and it fell to Oliver Twist.

The evening arrived; the boys took their places; the master in his cook's uniform stationed himself at the copper; (...); the gruel was served out (...). The gruel disappeared, and the boys whispered to each other, and winked at Oliver, while his next neighbour nudged him. Child as he was, he was desperate with hunger and reckless with misery. He rose from the table, and advancing, basin and spoon in hand, to the master, said, somewhat alarmed at his own temerity:

'Please, sir, I want some more.'

The master was a fat, healthy man, but he turned very pale. He gazed in stupefied astonishment on the small rebel for some seconds, and then clung for support to the copper. The assistants were paralysed with wonder, and the boys with fear.

'What ?' said the master at length, in a faint voice.

'Please, sir', replied Oliver. 'I want some more.'

The master aimed a blow at Oliver's head with the ladle, pinioned him in his arms and shrieked aloud for the beadle.

The board were sitting in solemn conclave when Mr Bumble rushed into the room in great excitement and addressing the gentleman in the high chair, said:

'Mr Limbkins, I beg your pardon, sir – Oliver Twist has asked for more.' There was a general start. Horror was depicted on every countenance.

'For more !' said Mr Limbkins. 'Compose yourself, Bumble, and answer me distinctly. Do I understand that he asked for more, after he had eaten the supper allotted by the dietary?'

'He did, sir', replied Bumble.

'That boy will be hung', said the gentleman in the white waistcoat. 'I know that boy will be hung.'

(Charles DICKENS [1812-1870], Oliver Twist)

Vocabulaire :

copper : chaudron

beadle : bedeau

Questions :

a) In which century does the action take place?

❑ *in the 18th century?*

❑ *in the 19th century?*

❑ *at the beginning of the 20th century?*

b) What had been the lot of Oliver Twist and his companions for three months?

c) What did Oliver Twist's companions want him to do after supper that night?

d) "He gazed in stupefied astonishment" means:

❑ *he looked astounded.*

❑ *he wondered if Oliver Twist was stupid.*

❑ *he stood beaming.*

e) Why was "horror depicted on every countenance"?

f) Even though this passage is pathetic, a few sentences are fraught with a certain amount of grim humour. Pick out one example.

Corrigé :

a) In the 19th century.

b) They had hardly eaten anything for three months.

c) They wanted him to ask the master for more food.

d) He looked astounded.

e)"Horror was depicted on every countenance" because Oliver's behaviour was deemed to be absolutely unjustified by the board. They were at a loss to understand how Oliver Twist had dared to ask for more food. They considered him as a rebel undermining the very foundations of society.

f) "... one boy hinted darkly (...) he was afraid he should some night eat the boy who slept next him, who happened to be a weakly youth."

8) Lire le texte suivant :

"Information literacy seems to be an apt phrase for our time. Last month, a leading developer of aptitude tests announced that it had created one to measure students' ability to evaluate online material. That suggested an official recognition that the millions spent to give schools and universities online access is of little use, unless students know how to collect useful information from the oceans of sludge on the Web. Clearly, computer skills are not enough."

(*Adapted from* The New York Times, *February 2005*)

Questions :

a) In your own words, explain what students have difficulty doing?

b) What does "online material" mean?

- ❑ *information on the Internet?*
- ❑ *goods that can be bought on the Internet?*
- ❑ *IT equipment?*

c) "Unless students know how to collect..." means:

- ❑ *although students know how to collect.*
- ❑ *if students do not know how to collect.*
- ❑ *because students know how to collect.*

Corrigé :

a) Students have difficulty finding and selecting useful information on the Internet.

b) Information on the Internet.

c) If students do not know how to collect.

9) Lire l'extrait d'article suivant :

"Teleworkers were first counted back in 1997. Then, just 921,000 said they used (...) their homes as a base for work. (...) But by early 2005 the number of teleworkers had shot up to 2,377,000. (...) As a result all teleworkers now make up 8% of the working population, up from 4% in 1997. According to the ONS, the big increase in teleworking has been

caused by more people working in different locations, but using home as their base. They far outnumber those who simply stay at home to do their work."

(*Adapted from* BBC News, *news.bbc.co.uk, 6 October 2005*)

Questions :

Right or wrong ? Justify your answer(s) if wrong:

a) According to this article, teleworkers are people working from home full-time.

b) The number of teleworkers is increasing.

c) Teleworkers working in different places are more numerous than 100% homeworkers.

Corrigé :

a) Wrong. Teleworkers both work from home and in different places.

b) Right.

c) Right.

10) Lire l'extrait d'article suivant :

"For sheer monotony, few office environments can beat the deadening tedium of the call centre, where workers spend long shifts repeating pre-scripted phrases to faceless customers.

So it is all the more remarkable that the Indian call centre, where around 350,000 people are employed has emerged as the inspiration for some of the country's most provocative cultural creations."

(*Amelia GENTLEMAN, in* New Delhi Sunday, *May 21, 2006*, The Observer)

Questions :

a) Say whether the following statement is true or false:

working in a call centre is a rewarding experience.

b) Find one word in the text characterizing this experience.

c) What does the journalist find remarkable about call centres in India? Answer in your own terms.

Corrigé :

a) False.

b) "Monotony" or "tedium".

c) She finds it remarkable that, although working in a call centre is a boring experience, call centres should be a source of inspiration for creators.

11) Lire l'extrait d'article suivant :

"The first time I went to the Edinburgh Festival is one of my most vivid memories. I was a student and I was with a large company of other students. We were (…) performing a rock-musical at some out-of-the way venue on the city fringes.

The musical itself was distinctly average, and our performances, of course, were characterized more by enthusiasm than professional polish. The audiences would vary in size from almost full to two bemused old ladies and a dog."

(John FARNDON, "The Edinburgh Festival", Today in English, *June 2006)*

Questions :

a) What country did the writer's experience take place in?

b) Explain the following passage in your own words: "We were performing a rock-musical at some out-of-the-way venue on the city fringes."

c) "The musical itself was distinctly average" means:

- ❑ *it was atrocious.*
- ❑ *it was neither good nor bad.*
- ❑ *it was excellent.*

d) The audiences that attended their performances were always the same. Right of wrong? Justify your answer by quoting from the text..

Corrigé :

a) In Scotland.

b) They were playing a rock-musical outside the city in some distant place.

c) It was neither good nor bad.

d) Wrong. They "would vary in size".

12) Lire le texte suivant :

"Unless one is wealthy there is no use in being a charming fellow. Romance is the privilege of the rich, not the profession of the unemployed. The poor should be practical and prosaic. It is better to

have a permanent income than to be fascinating. These are the great truths of modern life which Hughie Erskine never realised. Poor Hughie! Intellectually, we must admit, he was not of much importance. He never said a brilliant or even an ill-natured thing in his life. But then he was wonderfully good-looking, with his crisp brown hair, his clear-cut profile, and his grey eyes. He was as popular with men as he was with women, and he had every accomplishment except that of making money. His father had bequeathed him his cavalry sword, and a History of the Peninsular War *in fifteen volumes. Hughie hung the first over his looking-glass, put the second on a shelf between* Ruff's Guide *and* Bailey's Magazine, *and lived on two hundred a year that an old aunt allowed him. He had tried everything. He had gone on the Stock Exchange for six months; (…) he had been a tea-merchant for a little longer, but had soon tired of pekoe and souchong. Then he had tried selling dry sherry. That did not answer; the sherry was a little too dry. Ultimately he became nothing, a delightful, ineffectual young man with a perfect profile and no profession.*

To make matters worse, he was in love. The girl he loved was Laura Merton, the daughter of a retired Colonel who had lost his temper and his digestion in India, and had never found either of them again. Laura adored him, and he was ready to kiss her shoe-strings. They were the handsomest couple in London, and had not a penny-piece between them. The Colonel was very fond of Hughie, but would not hear of any engagement.

'Come to me, my boy, when vou have got ten thousand pounds of your own, and we will see about it,' he used to say; and Hughie looked very glum on those days, and had to go to Laura for consolation."

(Oscar WILDE [1856-1900]), The Model Millionnaire *[beginning of the short story])*

Questions :

a) How could you define the tone of the beginning of the passage? Use two adjectives.

b) Explain the sentence: "It is better to have a permanent income than to be fascinating."

c) Hugh had two problems. What were they? Yet, he had one asset. What was it? Answer the questions in your own words.

d) Laura's father didn't want his daughter to marry Hugh because

- ❑ *of the young man's pecuniary difficulties.*
- ❑ *he didn't want his daughter to marry at all.*
- ❑ *he thought the young man was lazy.*

Corrigé :

a) The tone of the passage is provocative, flippant, cynical.

b) It is better to earn one's livelihood than to be strikingly handsome.

c) He had no money and he wasn't too bright. Yet he was a handsome man.

d) ... because of the young man's pecuniary difficulties.

13) Lire le texte suivant :

"Halloa ! Below there!"

When he heard a voice thus calling to him, he was standing at the door of his box, with a flag in his hand (...). One would have thought, considering the nature of the ground, that he could not have doubted from what quarter the voice came; but instead of looking up to where I stood on the top of the steep cutting nearly over his head, he turned himself about and looked down the Line. There was something remarkable in his manner of doing so, though I could not have said for my life what. But I know it was remarkable enough to attract my notice, even though his figure was foreshortened and shadowed, down in the deep trench, and mine was high above him, so steeped in the glow of an angry sunset, that I had shaded my eyes with my hand before I saw him at all.

"Halloa! Below!"

From looking down the Line, he turned himself about again, and, raising his eyes, saw my figure high above him.

"Is there any path by which I can come down and speak to you?"

(...) After a pause, during which he seemed to regard me with fixed attention, he motioned with his rolled-up flag towards a point on my level, some two or three hundred yards distant. I called down to him: "All right!" and made for that point. There (...) I found a rough zigzag descending path (...), which I followed.

(...) When I came down low enough upon the zigzag descent to see him again, I saw that he was standing between the rails on the way by which the train had lately passed, in an attitude as if he were waiting for me to appear. He had his left hand at his chin, and his left elbow rested on his right hand, crossed over his breast. His attitude was one of such expectation and watchfulness that I stopped a moment, wondering at it.

(...)

Before he stirred, I was near enough to him to have touched him. Not even then removing his eyes from mine, he stepped back one step, and lifted his hand.

This was a lonesome post to occupy (I said), and it had riveted my attention when l looked down from up yonder. A visitor was a rarity, I should suppose; not an unwelcome rarity, I hoped? (...)

He directed a most curious look towards the red light near the tunnel's mouth, and looked all about it, as if something were missing from it, and then looked at me.

That light was part of his charge? Was it not?

He answered in a low voice: "Don't you know it is?"

The monstrous thought came into my mind, as I perused the fixed eyes and the saturnine face, that this was a spirit, not a man, I have speculated since, whether there may have been infection in his mind.

In my turn, I stepped back. But in making the action, I detected in his eyes some latent fear of me. This put the monstrous thought to flight."

(Adapted from The Signalman, *a short story by Charles DICKENS [1812-1870])*

Vocabulaire :

a signalman : un aiguilleur

the cutting : la tranchée

from up yonder = from up there

to peruse = to examine

Questions :

a) Right or wrong? Justify your answer by quoting from the text.

At the beginning of the passage, the narrator was standing level with the signalman.

b) Why did the signalman's figure appear "foreshortened and shadowed" to the narrator?

c) At the beginning of the passage, why did the narrator call down to the signalman?

d) In your own words, explain the following sentence, taken from the text : "His attitude was one of such expectation and watch fulness that I stopped a moment, wondering at it."

e) Read this passage, taken from the text : "This was a lonesome post to occupy (I said), and it had riveted my attention when l looked down from up yonder. A visitor was a rarity, I should suppose; not an unwelcome rarity, I hoped?"

Who is talking?

Rewrite the passage in your own words, addressing the other character.

f) Once he was near the signalman, what did the narrator imagine the signalman might be?

Corrigé :

a) Wrong. The narrator was standing above the signalman.

b) The narrator was looking down and could only see the signalman from above. Moreover the signalman stood in the dark trench of the railway line.

c) He called down to him because he wanted to find a path to go down and talk to him.

d) He was observing me so intently that I stopped walking, very surprised.

e) The narrator.

"This is a lonely post, and it attracted my notice when I looked down from above. You don't have many visits, I suppose, but I hope I'm not disturbing you."

f) The narrator wondered whether the signalman was a real human being. He also suspected he might be slightly unhinged.

14) Lire le passage suivant :

"Ah Cho did not understand French. He sat in the crowded court room, very weary and bored, listening to the unceasing, explosive French that now one official and now another uttered. It was just so much gabble to Ah Cho, and he marvelled at the stupidity of the Frenchmen who took so long to find out the murderer of Chung Ga, and who did not find him at all. The five hundred coolies on the plantation knew that Ah San had done the killing, and here was Ah San not even arrested. It was true that all the coolies had agreed secretly not to testify against one another; but then, it was so simple, the Frenchmen should have been able to discover that Ah San was the man. They were very stupid, these Frenchmen.

Ah Cho had done nothing of which to be afraid. He had had no hand in the killing. It was true he had been present at it, and Schemmer, the overseer on the plantation, had rushed into the barracks immediately afterward and caught him there, along with four or five others; but what of that? Chung Ga had been stabbed only twice. It stood to reason that five or six men could not inflict two stab wounds. At the most, if a man had struck but once, only two men could have done it.

So it was that Ah Cho reasoned, when he, along with his four companions, had lied and blocked and obfuscated in their statements to the court concerning what had taken place. They had heard the sounds of the killing, and, like Schemmer, they had run to the spot. They had got there before Schemmer – that was all. True, Schemmer had testified that, attracted by the sound of quarrelling as he chanced to pass by, he had stood for at least five minutes outside; that then, when he entered, he found the prisoners already inside; and that they had not entered just before, because he had been standing by the one door to the barracks. But what of that? Ah Cho and his four fellow-prisoners had testified that Schemmer was mistaken. In the end they would be let go. They were all confident of that. Five men could not have their heads cut off for two stab wounds. Besides, no foreign devil had seen the killing. But these Frenchmen were so stupid. In China, as Ah Cho well knew, the magistrate would order all of them to the torture and learn the truth. The truth was very easy to learn under torture. But these Frenchmen did not torture – bigger fools they! Therefore they would never find out who killed Chung Ga."

(*Jack LONDON [1876-1916]*, The Chinago)

Vocabulaire :

the overseer : le contremaître

to obfuscate : chercher à noyer le poisson, chercher des faux-fuyants

Questions :

a) What was Ah Cho suspected of?

b) Why did he find the Frenchmen stupid?

c) The actual murderer is:

❑ *Ah Cho*

❑ *Ah San*

❑ *Schemmer*

d) Was Ah Cho afraid of being charged with the murder of Chung Ga? Explain why or why not in your own words.

e) The action takes place in China.

Right or wrong? Justify your answer by quoting from the text.

Corrigé :

a) He was suspected of having killed Chung Ga.

b) He found them stupid because so far they hadn't been able to understand who the murderer was, whereas all the coolies knew!

c) Ah San.

d) No, he wasn't, because he had been with four other coolies on the murder scene, and they would not testify against one another. Moreover they wouldn't be tortured by the Frenchmen.

e) Wrong. "In China (...) the magistrates would order all of them to the torture and learn the truth..."

15) Lire le texte suivant :

"It was not easy for Mr Daffy to leave his shop for the whole day, but an urgent affair called him to London, and he breakfasted early in order to catch the 8.30 train. On account of his asthma he had to allow himself plenty of time for the walk to the station; and all would have been well, but that, just as he was polishing his silk hat and giving final directions to his assistant, in stepped a customer, who came to grumble about the fit of a new coat. Ten good minutes were thus consumed, and with a painful glance at his watch the breathless tailor at length started. The walk was uphill; the sun was already powerful; Mr Daffy reached the station with dripping forehead and panting as if his sides would burst. There stood the train; he had barely time to take his ticket and to rush across the platform. As a porter slammed the carriage-door behind him, he sank upon the seat in a lamentable condition, gasping, coughing, writhing; his eyes all but started from his head, and his respectable top-hat tumbled to the floor, where unconsciously he gave it a kick. A grotesque and distressing sight."

(Extract from The Riding-Whip, *a short story by George GISSING [1857-1903])*

Questions :

a) Mr Daffy "had to allow himself plenty of time for the walk to the station"

- ❑ *owing to his asthma?*
- ❑ *despite his asthma?*
- ❑ *thanks to his asthma?*

b) "...he had barely time to take his ticket...". "Barely" means:

- ❑ *hardly*
- ❑ *enough*
- ❑ *plenty of*

c) Explain why Mr Daffy "was a grotesque and distressing sight" in your own words.

Corrigé :

a) Owing to (= because of) his asthma.

b) Hardly.

c) He was "a grotesque and distressing sight" because he had been running to the station and was out of breath.

16) Lire le poème suivant :

The tide rises, the tide falls

"The tide rises, the tide falls,
The twilight darkens, the curlew calls;
Along the sea sands damp and brown
The traveler hastens toward the town,
And the tide rises, the tide falls.

Darkness settles on roofs and walls,
But the sea, the sea the darkness calls;
The little waves, with their soft white hands,
Efface the footprints in the sands,
And the tide rises, the tide falls.

The morning breaks; the steeds in their stalls
Stamp and neigh as the hostler calls;
The day returns, but nevermore
Returns the traveler to the shore
And the tide rises, the tide falls."
(H.W. LONGFELLOW [1807-1882])

Vocabulaire :

curlew : courlis
hostler = *ostler* : valet d'écurie
steed (lit.) = horse

Questions :

a) Is this an English poem or an American poem? How can you tell?

b) Focus on the rhythm pattern of the poem, which is particularly well balanced.

– Give two striking examples of it.

– What does this rhythm aim at imitating?

c) The general meaning of the poem is that:

❑ *whatever happens, the sea is always there.*

❑ *man never changes.*

❑ *our acts are never forgotten.*

Corrigé :

a) An American poem, because the word traveler is spelt with one l.

b)

❑ *The first two lines of the poem.*

❑ *It aims at imitating the motion of the sea.*

c) Whatever happens, the sea is always there.

17) Lire l'extrait d'article suivant

Budget airlines transform travel

"The idea of flying direct from London to out-of-the-way places like Gdansk, Poland, or Carcassonne, France, would have been thought ludicrous not that long ago. Such flights did not exist. The idea of doing so for less than it costs to buy a pass for the Paris Métro still seems inconceivable.

Yet this is the reality in Europe today, thanks to the integration of the European Union aviation market and the emergence of a new class of low-cost airlines like Ryanair and EasyJet."

(Meg BORTIN, The International Herald Tribune, *10 August 2005)*

Questions

a) "Out-of-the-way places" means:

❑ *distant places.*

❑ *strange places.*

❑ *foreign places.*

b) "Ludicrous" means:

- ❑ *ridiculous.*
- ❑ *amusing.*
- ❑ *attractive.*

c) "The idea of doing so for less than it costs to buy a pass for the Paris Métro still seems inconceivable."

This sentence means:

- ❑ *the idea of cheap flights is something people still have difficulty accepting.*
- ❑ *the idea of cheap flights is something that people still have difficulty realizing.*
- ❑ *the idea of cheap flights is something that people still find shocking.*

Corrigé :

a) Distant places.

b) Ridiculous.

c) The idea of cheap flights is something people still have difficulty realizing.

Voir aussi le chapitre 15 *Entraînement à la traduction en français.*

18) Lire l'extrait de « Pride and Prejudice » de Jane AUSTEN (dans La partie des Dix, chapitre 18, Dix grands auteurs britanniques)

Questions :

a) What do "the surrounding families" think when a young man who is single settles near them?

b) Focus on this part of the dialogue:

"How so? How can it affect them?

"My dear Mr Bennet", replied his wife, "how can you be so tiresome!""

Why does Mrs Bennet find her husband so tiresome?

c) "I have heard you mention them with consideration these last twenty years at least".

Does them refers to:

- ❑ *Mr and Mrs Bennet's daughters?*
- ❑ *Lizzy's sisters?*
- ❑ *Mrs Bennet's sensitive feelings?*

d) Would you say that:

- ❑ *Mrs Bennet is clever while Mr Bennet isn't?*
- ❑ *Mrs Bennet has a sense of humour while her husband merely has a sarcastic turn of mind?*
- ❑ *Mr Bennet has a sense of humour that Mrs Bennet fails to understand?*

Corrigé :

a) They think he might marry one of their daughters.

b) She finds him tiresome because he pretends not to understand what she means (i.e. that she wishes Mr Bingsley could marry one of their daughters).

c) Mrs Bennet's sensitive feelings.

d) Mr Bennet has a sense of humour that Mrs Bennet fails to understand.

19) Lire la troisième strophe du poème « Ode on Melancholy » de John KEATS (cf. Dix grands auteurs britanniques)

Question :

The general meaning of the stanza is that:

- ❑ *melancholy is the negation of joy and pleasure.*
- ❑ *melancholy is part of joy and pleasure.*
- ❑ *melancholy destroys all beauty.*

Corrigé :

Melancholy is part of joy and pleasure.

20) Lire l'extrait d'article suivant

"Half of Britons believe that being environmentally-friendly in the home is too expensive, according to a survey out today. (...)

The Energy Saving Trust said that this misconception presented a significant barrier to householders taking up measures to save on energy, and the organisation is keen to point out that taking energy saving measures, far from being more expensive, can often save money in the cost of running a home."

(*Susan SMILLIE*, The Guardian, *March 9, 2005*)

Questions :

a) What does "environmentally-friendly" mean?

- ❑ *Involved in environmental protection.*
- ❑ *Preoccupied with one's own comfort.*
- ❑ *Interested in saving money in the cost of running a home.*

b) Right or wrong? Justify your answer by quoting from the text.

Saving on energy is an environmentally-friendly initiative but it is not very cheap.

Corrigé :

a) Involved in environmental protection.

b) Wrong. "… taking energy saving measures, far from being expensive, can often save money in the cost of running a home."

21) Lire l'extrait d'article suivant

"Asda will this week demand that Sunday opening hours in England and Wales be extended, allowing the supermarket chain to create 7,500 new jobs.

The American-owned business says that its experience in Scotland, where it can keep shops open longer than the six hours currently allowed elsewhere on the mainland, proves that it would need to employ more staff."

(*Nick MATHISSON*, The Observer, *December 11, 2005*)

Questions :

a) Asda is

- ❑ *an American supermarket chain.*
- ❑ *a Scottish supermarket chain.*
- ❑ *an English supermarket chain.*

b) The supermarket chain wants to

- ❑ *work longer hours on Sundays in England and Wales.*
- ❑ *work longer hours on Sundays in Scotland.*
- ❑ *create new jobs.*

c) Why does the supermarket chain claim that it would create new jobs?

Corrigé :

a) An American supermarket chain.

b) … work longer hours on Sundays in England and Wales.

c) It says it would create new jobs in England and Wales because of its previous experience in Scotland where it had to do so.

22) Lire l'extrait de « David Copperfield » de Charles DICKENS (cf. Dix grands auteurs britanniques)

Questions :

a) How old (approximately) do you think the narrator is in the passage? Can you quote two details justifying your answer?

b) What are Peggotty's cheeks and arms compared to?

c) What effect does Dickens want to achieve with remarks such as: "a pigeon house (…) without any pigeons in it";"a great dog-kennel in a corner without any dog"/" one cock who (…) seems to take particular notice of me as I look at him…"

d) What is the effect obtained by the use of the present tense?

Corrigé :

a) He is a very young child. He must be three or four.

"I going unsteadily…": the boy is so young he can't stand on his legs.

"What an enormous perspective I make of it…": the boy is so young the passage looks huge to him.

b) They are compared to apples.

c) He wants to achieve a humorous effect.

d) The use of the present tense makes the memories all the more vivid.

23) Lire l'extrait de « The Gold-Bug » d'Edgar Allan POE (dans la partie des Dix, chapitre 19, Dix grands auteurs américains)

Questions :

a) Why is Legrand happy to see the narrator?

b) How does Legrand feel about his discovery? Quote one expression from the text justifying your choice:

❑ *concerned*

❑ *exhilarated*

❑ *perplexed*

c) Does the narrator feel like seeing the bug? Justify your answer by quoting from the text.

d) Why does Legrand ask the narrator to spend the night in his hut?

e) Write these two sentences in good English:

– "Dey aint no tin in him."

– "Neber feel half so hebby a bug in my life."

Corrigé :

a) Legrand is happy to see him because he wants to show him the strange bug he has just discovered.

b) He feels exhilarated. "Legrand was in one of his fits (…) of enthusiasm."

c) No, he doesn't ! "… wishing the whole tribe of scaraboei at the devil."

d) He asks him to spend the night in his hut, because he hasn't got the bug with him and wants to show it to him the next day.

e) – "There isn't any tin in him."

– "I have never felt such a heavy bug in my life."

24) Lire l'extrait de « Macbeth » de Shakespeare (cf. Dix grands auteurs anglais)

Questions :

a) "I have done the deed." What does Macbeth mean?

b) Pick out three clues from Macbeth's lines showing that Macbeth is upset.

c) How could you define Lady Macbeth's personality?

d) What does she mean when she cries that Macbeth is "infirm of purpose"?

❑ *bold?*

❑ *irresolute?*

❑ *foolish?*

Corrigé :

a) I have killed Duncan.

b) "This a sorry sight."/"Macbeth shall sleep no more."/"I am afraid to think what I have done."

c) She appears quite bold and resolute, and she mocks Macbeth's cowardice.

d) Irresolute.

25) Lire l'extrait d'article suivant

"It's good to talk but, for teenagers, it's even better to text. From swapping gossip, passing e-notes in class and forging friendships without the relative embarrassment of actually having to talk, tech-savvy teens love nothing more than sending an old-¬fashioned text message.

Texting is the favoured form of youth communication. Much to the chagrin of operators keen to see early adopters of mobile technology hooked on more lucrative functions."

(Natalie HANMAN, "The kids are all writing", adapted from The Guardian, *June 9, 2005)*

Questions :

a) Give equivalents for the following phrases:

– Swapping gossip.

– Forging friendships.

– Passing e-notes in class.

b) What does "actually" mean?

❑ *really?*

❑ *presently?*

❑ *now?*

c) What does "tech-savvy" mean?

❑ *knowledgeable about technology?*

❑ *allergic to technology?*

❑ *indifferent to technology?*

d) Explain the following sentence in your own words:

"... operators [are] keen to see early adopters of mobile technology hooked on more lucrative functions".

Corrigé :

a) – Swapping gossip = exchanging information about other people's private lives.

– Passing e-notes in class = communicating in the classroom through one's mobile.

– Forging friendships = becoming friends.

b) Really.

c) knowledgeable about technology.

d) … operators would like teenagers, who were among the first to buy mobiles, to purchase more expensive phones now.

26) Lire l'extrait de « The Adventures of Huckleberry Finn » de Mark Twain (cf. Dix grands auteurs américains)

Questions :

a) Who is the narrator?

b) Huckleberry is uneducated and doesn't always use good English. Some of the words he uses are not spelt properly. What is the right spelling for "druther" in:

"… he'd druther not take a child away from its father".

c) Why isn't the judge or the widow given custody of Huckleberry by the new judge?

d) What does "temperance" mean?

- ❑ *tranquillity?*
- ❑ *avoidance of alcoholic drinks?*
- ❑ *bad temper?*

e) The old man says he is going "to turn over a new leaf". What does he mean by that?

f) Focus on the scene between the old man and the new judge. Why are they all in tears?

Corrigé :

a) Huckleberry.

b) "Rather".

c) The new judge doesn't know anything about Huckleberry's father and refuses to separate a child from his father.

d) Avoidance of alcoholic drinks.

e) He is ready to adopt a new lifestyle and change his habits.

f) It is a sentimental scene: Huckleberry's father feels sorry for himself, cries and makes everybody cry.

27) Lire « How to Tell a Story » de Mark Twain (cf. Dix grands auteurs américains)

Questions :

a) Who does "I" refer to?

b) What kind of text is this?

- ❑ *a tale*
- ❑ *a short story*
- ❑ *an essay*

c) How would you define the tone of the passage? Is it well suited to the subject?

d) In what way is the American humorous story different from the English comic story and the French witty story? Explain it in your own words.

e) Study the following sentence: "The teller does his best to conceal the fact that he even dimly suspects that there is anything funny about it." What does the author mean?

f) What does Twain mean by the "nub" of the story?

Corrigé :

a) Mark Twain, the author.

b) An essay.

c) The tone is humorous and it is well suited to the subject, which is the humorous story.

d) The humorous effect of the American story is based on the way it is told, whereas the English story and the French story rely exclusively on the content of the story itself.

e) The teller pretends to think that there is absolutely nothing funny about the story.

f) The funny conclusion, the "punch line".

28) Lire l'extrait de « The American » de Henry James (cf. Dix grands auteurs américains)

Questions :

a) Does the young American speak good French? Give one clue, taken from the text, justifying your answer.

b) Why does he ask "Combien?" abruptly?

c) The American answers: "The Madonna, yes; I'm not a real Catholic, but I want to buy it."

Why does he add that he is not a Catholic?

d) The American suggests: "I haven't made a mistake…" What does he mean by that?

e) Consider the sentence: "The young lady's aptitude for playing a part at short notice was remarkable." What does this sentence mean?

f) The American says: "For a copy, isn't that a good deal?" What does "a good deal" mean?

- ❑ *a good job?*
- ❑ *a lot?*
- ❑ *financially worthwhile?*

g) What does the American think of the young copyist? Justify your answer by quoting from the text.

h) "'Her complexion', pointing to the Murillo 'is more delicate'", the American says. Who does "her" refer to?

i) Give two clues showing that the narrative viewpoint is an "omniscient" viewpoint.

Corrigé :

a) No, he doesn't speak French.

Clue: "… with the single word that constituted the strength of his French vocabulary…"

b) He asks the question abruptly because "combien" is the only French word he is familiar with and he is embarrassed to start the conversation with this single word, all the more so since his question is concerned with the price of the painting.

c) The Madonna (= the Holy Virgin) is a Catholic subject. The American explains that he is interested in the painting even though he is not a Catholic.

d) He hopes he hasn't offended the young lady by asking her how much the painting is.

e) The young lady proves quite willing to follow the American's cue, to give him the answers that he expects.

f) A lot.

g) He thinks she is talented, honest and beautiful. "Beauty, therefore talent, rectitude; she combined everything!"

h) "Her" refers to the Madonna.

i) – "The gentleman in whom <u>we</u> are interested…"

– "but <u>I</u> have said he was intelligent…"

Chapitre 15

Entraînement à la traduction en français

Du principe de précaution...

Certains des passages à traduire sont présentés ci-dessous, d'autres se trouvent dans d'autres parties du livre. Une traduction est bien entendu proposée comme « corrigé ». On sait qu'il ne peut s'agir que d'une « proposition de traduction », étant donné que la traduction n'a rien d'une science exacte !

Il a paru intéressant de montrer quelles étaient les difficultés rencontrées pour la traduction de tel ou tel passage. Cela vous permettra de voir quelles questions il faut se poser quand on rencontre certaines difficultés classiques de transposition de l'anglais au français. Ces remarques peuvent donc aider à comprendre en quel sens il convient de « se méfier » lorsqu'on se lance dans la traduction ! Des solutions pratiques sont suggérées. Mais, une fois assimilé le principe de précaution, vous serez certainement à même d'en trouver d'autres. La seule chose importante, répétons-le, c'est de se poser sans cesse des questions et de remettre en question ce que l'on écrit...

1) Traduire l'extrait du « Portrait de Dorian Gray » d'Oscar Wilde (cf. Dix grands auteurs britanniques) du début jusqu'à «... certainly strange »

Corrigé :

« À l'instant où il tournait la poignée de la porte, ses yeux tombèrent sur le portrait qu'avait fait de lui Basil Hallward. Il eut un mouvement de recul, comme frappé de saisissement. Puis il passa dans sa chambre, l'air quelque peu perplexe. Après avoir ôté la fleur à la boutonnière de son habit, il parut hésiter. Il finit par revenir sur ses pas, s'approcha du tableau, et l'examina. À la faible lumière qui filtrait tant bien que mal par les stores de soie couleur crème, il eut l'impression que le visage avait un peu changé. L'expression en semblait différente. On aurait dit que la bouche était cernée d'une ombre de cruauté. C'était assurément étrange. »

Remarques :

- ... *his own room*... : il a semblé inutile de traduire *own.*
- ... *looking somewhat puzzled... /... he seemed to hesitate... /... the face appeared to him... /The expression looked...* : essayez de ne pas abuser de « sembler » ou de « paraître », autrement dit évitez les répétitions
- *Finally he came back* : tâchez de trouver mieux que « finalement il revint ».
- *In the dim arrested light that struggled through the...* : type même du passage qu'on ne peut pas traduire mot à mot et qu'il faut transposer.

2) Traduire l'extrait de « A Room with a View » d'E.M. Forster (cf. Dix grands auteurs britanniques)

« Pourquoi la plupart des choses sortant de l'ordinaire n'étaient-elles pas convenables pour les dames ? Charlotte lui avait une fois expliqué pourquoi. Les dames n'étaient certes pas inférieures aux hommes ; elles étaient différentes. Elles avaient pour mission d'inspirer les autres afin de les amener à réaliser des choses, plutôt que de les réaliser elles-mêmes. Indirectement, grâce à son tact et à une réputation sans tache, une dame pouvait arriver à bien des résultats. Mais si elle se jetait elle-même dans la mêlée, elle était d'abord censurée, puis méprisée, et enfin snobée. Des poèmes avaient été écrits pour illustrer ce point de vue. »

Remarques :

- ... *big*... : cet adjectif pose bien sûr un problème. Il était en effet impossible de traduire par « gros » !
- ... *to inspire them to achievement*... : c'est parce qu'elle est plus elliptique, plus concise, que la tournure anglaise est difficile à traduire. Il faut donc parfois « surtraduire » pour être naturel en français.

3) Traduire l'extrait d'article de l'exercice de compréhension n° 6

« D'après de nouvelles recherches, lorsqu'ils sont soumis à des tests d'aptitude visuelle, les joueurs pratiquant des jeux vidéo plusieurs fois par semaine battent des gens qui n'y jouent pas.

Cela signifie que des enfants accros aux jeux sur ordinateur ne se détruisent peut-être pas le cerveau, mais améliorent au contraire leurs capacités d'attention, notamment l'aptitude à se concentrer sur des objets et à les suivre des yeux sans se laisser distraire. »

Remarques :

- Pensez toujours à alléger. « D'après de nouvelles recherches... » est plus léger que « De nouvelles recherches montrent que... »
- Efforcez-vous toujours d'éviter les répétitions. Évitez par exemple ici d'utiliser deux fois « gens ».
- *... in tests of visual ability...* : « surtraduire » peut être utile et légitime ici.
- *... rather than...* : la traduction littérale posait problème.
- *... track and focus on...* : si l'on traduisait littéralement par « suivre et se concentrer sur », on se retrouvait avec un verbe transitif direct et un verbe transitif indirect pour le même complément d'objet, ce qui est impossible en français.

4) Traduire l'extrait de « Wuthering Heights » d'Emily Brontë du début jusqu'à « ... frost from fire » (cf. Dix grands auteurs britanniques)

« Je n'ai pas plus de raison d'épouser Linton que je n'en ai d'être au Ciel ; et si le méchant homme qui vit ici n'avait pas tant rabaissé Heathcliff, je n'y aurais pas songé. Je me sentirais dégradée d'épouser Heathcliff, aujourd'hui ; aussi ne saura-t-il jamais à quel point je l'aime ; et cela, non parce qu'il est bien de sa personne, mais parce qu'il est davantage moi-même que je ne le suis. J'ignore ce dont nos âmes sont faites, mais la sienne et la mienne sont identiques, et celle de Linton est aussi différente qu'un rayon de lune l'est de l'éclair, ou le gel du feu. »

5) Traduire l'extrait d'article « Budget airlines transform travel » (exercice de compréhension n° 17)

Les compagnies aériennes à bas prix transforment les voyages

« L'idée de prendre l'avion à Londres, pour se rendre sans escale dans des endroits aussi reculés que Gdansk en Pologne ou Carcassonne en France, aurait été jugée ridicule il n'y a pas si longtemps. De tels vols n'existaient pas. L'idée d'y parvenir pour un coût inférieur à un coupon de métro parisien paraît encore inconcevable.

Toutefois c'est une réalité en Europe aujourd'hui, grâce à l'intégration du marché de l'aviation dans l'Union européenne et à l'apparition d'une nouvelle catégorie de compagnies aériennes à bas prix comme Ryanair et EasyJet. »

Remarques

- ... *for less than it costs to buy*... : il faut éviter de traduire littéralement par... « pour moins que cela ne coûte d'acheter... », car ce serait vraiment bien lourd.

6) Traduire le texte de Sinclair Lewis (cf. Le vocabulaire thématique, Tourism and holiday, Détendez-vous !)

« Depuis l'époque d'Alexandre le Grand, il est chic de croire que les voyages sont agréables et l'idéal pour former l'esprit. En réalité, de tous les passe-temps c'est l'un des plus ardus, et des plus ennuyeux malgré tout. S'il y a bien quelque chose de plus pénible que de mourir d'ennui à regarder fixement à travers les vitres d'une voiture, c'est de s'énerver à prendre des billets, à faire des valises, à trouver des trains, à rester allongé sur des couchettes bringuebalantes, à se laver sans eau, à pratiquer la pêche aux passeports, et à se battre pour franchir la douane. »

7) Traduire l'extrait de « The Third Man » de Graham Greene (cf. Dix grands auteurs britanniques)

« Quelque part derrière l'éventaire de gâteaux un homme sifflait un air que Martins reconnut. Il se retourna et attendit. Était-ce la peur ou l'excitation qui faisait battre son cœur, ou seulement les souvenirs qu'évoquait cet air ? Car la vie avait toujours accéléré lorsque Harry arrivait, arrivait tout comme maintenant, comme s'il ne s'était presque rien passé, comme si personne n'avait été enterré ou retrouvé gorge tranchée dans un sous-sol, arrivait avec son air amusé, supérieur, l'air de dire "c'est à prendre ou à laisser". Et, bien entendu, on acceptait à tous les coups. »

Remarques :

- « ... que Martins reconnut » : la relative évite d'utiliser « et », déjà présent dans la phrase suivante.
- « ... *for life had always quickened*...» : pourquoi ne pas couper la phrase en deux ? La phrase anglaise peut paraître bien lourde en un seul morceau à la traduction !

8) Traduire l'extrait de « Small World » de David Lodge (cf. Dix grands auteurs britanniques)

« Chaque chambre avait un lavabo, mais tous les lavabos n'avaient pas de bonde, et toutes les bondes pas de chaîne. Certains robinets ne s'ouvraient pas, d'autres ne fermaient pas. Pour des ablutions plus sérieuses, ou pour satisfaire un besoin naturel, il fallait s'aventurer dans un labyrinthe de couloirs, parcourus de courants d'air, à la recherche des salles de bains communes, où l'on trouvait des baignoires, des douches et des W.C., mais peu d'intimité, ainsi que de l'eau chaude en quantité limitée et aléatoire. »

Remarques :

- *though* : méfiez-vous toujous de « bien que » ou « quoique », qui doivent impérativement être suivis du subjonctif. La traduction par « bien que » serait bien lourde ici, donnant nécessairement « bien que tous les lavabos n'eussent pas de bonde. » Mieux vaut donc trouver autre chose.
- *and... and...* : méfiez-vous de l'accumulation de « et » en français. Pensez à « ainsi que » ou « de même que ».

9) Traduire l'extrait de « The World According to Garp » de John IRVING (cf. Dix grands autours américains)

« Horace Walpole a dit une fois que le monde était comique pour ceux qui pensent et tragique pour ceux qui éprouvent des sentiments. Vous conviendrez avec moi, je l'espère, que l'opinion d'Horace Walpole simplifie quelque peu le monde. Assurément, vous comme moi, nous pensons et éprouvons des sentiments. Si l'on se penche sur ce qui est comique et sur ce qui est tragique, madame Poole, tout s'entremêle en ce monde. Voilà pourquoi je n'ai jamais compris pourquoi “sérieux” et “drôle” étaient censés s'opposer. (...) Je ne ressens donc que sympathie pour la façon dont les gens se comportent – et je n'ai que le rire à leur offrir pour les en consoler. »

Remarques :

Tentez toujours d'alléger :

- « *I hope you'll agree with me...* » : traduire par « j'espère que vous conviendrez avec moi que... » serait plus lourd.
- « *by saying this* » : « en disant cela » serait plus lourd là aussi.

Chapitre 16

Exercices de grammaire

Ces exercices correspondent naturellement aux différents points abordés dans **La grammaire de survie**.

L'article défini

Ajouter, si besoin est, l'article *the* dans le texte à trous suivant :

"Welcome to … world of … ethical living which, if … recent trends are maintained, will see most of us not only taking care to save … energy and to cut back on our carbon output, but ensuring that we wear … clothes which do not exploit … workers in … developing world, go on … holidays that do not damage … precious habitats, and keep our children fastidiously eco-friendly." (By Lucy Siegle, The Observer, *March 5, 2006)*

Corrigé :

the/Ø/Ø/Ø/Ø/Ø/the/Ø/Ø

Comparatifs et superlatifs

Compléter avec des comparatifs ou des superlatifs l'extrait d'article qui suit :

"Helen Mirren gives a moving portrayal of one of the … famous, yet … known, people on Earth.

(…) For … than 50 years, she has played this role so perfectly that nobody outside her … intimate circle knows what she is like.

So it takes a courageous director (and an even … courageous actress to make a film about her. (…) (This is) an entirely convincing, moving portrait of this extraordinary woman at the … difficult moment of her life."

(Adapted from an article by Rupert Morgan about The Queen, *a film by Helen Mirren,* Today in English, *novembre 2006)*

Corrigé :

most/least/more/most/more/most

Les adjectifs composés

Traduire les expressions suivantes :

a) a hand-held printer

b) a time-saving device

c) a user-friendly computer

d) an interest-free loan

e) a self-reliant person

f) an easy-going lad

g) She was tongue-tied.

h) to be absent-minded

i) a one-way street

Corrigé :

a) une imprimante portable (= tenue à la main)

b) un dispositif qui fait gagner du temps

c) un ordinateur « convivial » (= ami de l'utilisateur)

d) un prêt sans intérêt

e) une personne autonome (= qui compte sur elle-même)

f) un garçon facile

g) Elle était muette (= à la langue liée).

h) être distrait (= avoir l'esprit absent)

i) une rue à sens unique

Les noms composés

Traduire les noms composés suivants :

a) a racehorse

b) a wage-earner

c) a word-processing package

d) a bedside table

e) a goods train

f) a woodpile

Corrigé :

a) un cheval de course

b) un salarié

c) un logiciel de traitement de texte

d) une table de chevet

e) un train de marchandises

f) un tas de bois

Pronoms réfléchis et pronoms réciproques

Traduire en utilisant selon le cas un pronom réfléchi ou un pronom réciproque.

a) Quand ils se quittèrent, ils se détestaient.

b) Peter et Sarah se connaissent depuis longtemps.

c) Les élèves faisaient tant de bruit que le proviseur et le professeur n'arrivaient pas se faire entendre.

Corrigé :

a) When they left each other, they hated each other.

b) Peter and Sarah have known each other for a long time.

c) The pupils were so noisy that the headmaster and the teacher couldn't make themselves heard.

La traduction de « on »

Utiliser la tournure ou le pronom qui convient pour traduire « on ».

a) On doit toujours essayer de faire de son mieux

b) On est arrivés à 5 h.

c) On signale que l'ennemi est près de la frontière.

d) On dit qu'il était polonais.

e) Dans ce pays, on fabrique des voitures bon marché.

Corrigé :

a) One must always try to do one's best. – You must always try to do your best.

b) We turned up at 5.

c) The enemy is reported to be near the border.

d) He is said to be Polish.

e) In this country, they make cheap cars.

Quantificateurs, dénombrables et indénombrables

Compléter par *much, many, few, little.*

a) I haven't got … information on the subject.

b) How … luggage have you got?

c) In fact, the teacher didn't give us … advice.

d) There were so … people that I decided to leave.

e) Lots of people think there are too … women in politics.

f) I can't talk with you, I have too … time.

g) I was disappointed because I had too … opportunities to speak English.

h) We haven't made … progress in that field.

Corrigé :

a) much

b) much

c) much

d) many

e) few

f) little

g) few

h) much

QCM – Choisir le bon quantificateur.

a) The children have eaten too much/too many/ too few chocolates!

b) You're exaggerating! I don't make much/many/few/a few mistakes!

c) We have made so many/so much/so few advances that we can consider launching the experiment.

d) I only know a few/few/little people in this area.

Corrigé :

a) too many

b) many

c) so many

d) a few

Traduire les phrases suivantes :

1) Jamais je n'aurais cru qu'il aurait eu autant de mal à accomplir cette tâche.

2) Le gouvernement a l'intention d'effectuer plusieurs études.

3) J'ai beaucoup trop de travail en ce moment !

4) J'ai trop peu d'informations pour répondre à cette question.

5) Pas de nouvelles, bonnes nouvelles !

Corrigé :

1) I would never have thought he would have had so much trouble performing that task.

2) The government is considering carrying out several surveys.

3) I have far too much work at the moment!

4) I have too little information to answer that question.

5) No news is good news!

Les propositions relatives

1) À partir des deux indépendantes, former une seule phrase en utilisant le pronom relatif qui convient.

Exemple :

Peter forgot his attaché-case. Peter was in a hurry.

> Peter, who was in a hurry, forgot his attaché-case.

a) This new pupil is better than the others. He has just started working with us.

b) The copier is out of order. I bought it a week ago.

c) My former husband has just sent me an email. I hadn't heard from him for six months.

d) The man is a very famous actor. You saw him in the restaurant last night.

Corrigé :

a) This new pupil, who has just started working with us, is better than the others.

b) The copier (that) I bought a week ago is out of order.

c) My ex-husband, whom I hadn't heard from for six months, has just sent me an email.

d) The man (that) you saw in the restaurant last night is a very famous actor.

2) À partir des deux indépendantes, former une seule phrase à l'aide du pronom relatif *whose*.

Exemple :

This artist is quite famous. The artist's paintings are on display in this museum.

> *The artist, whose paintings are on display in this museum, is quite famous.*

a) This novel was banned in England in the 50s. Its subject was thought to be highly provocative.

b) This man is a friend of my brother's. I can't remember his name.

c) The castle belongs to an Englishman. You can see its towers over the tree-tops.

Corrigé :

a) This novel, whose subject was thought to be highly provocative, was banned in England in the 50s.

En anglais soutenu : *This novel, the subject of which was thought to be highly provocative, was banned in England in the 50s.*

b) This man, whose name I can't remember, is a friend of my brother's.

c) The castle, whose towers you can see over the tree-tops, belongs to an Englishman.

La traduction de « dont »

Traduire les phrases suivantes :

a) Je ne me souviens pas de ce dont nous avons parlé ce jour-là.

b) Le film, dont je ne me rappelle pas le titre, était stupide.

c) L'homme dont tu t'es moqué est le nouveau patron.

Corrigé :

a) I don't remember what we talked about on that day.

b) The film, whose title I can't remember, was stupid.

d) The man you laughed at is the new boss.

Présent simple ou présent progressif ?

Mettre au temps voulu les verbes entre parenthèses.

a) I (to commute) between Pontoise and Paris every day.

b) I (to go) to London next week.

c) The plane (to take off) at 4.30

d) I (to see) Paul this afternoon.

Corrigé :

a) I commute.

b) I am going.

c) The plane takes off

d) I am seeing

Prétérit, prétérit progressif ou present perfect ?

Mettre au temps voulu les verbes entre parenthèses.

a) When (you/to visit) Italy?

b) I (never/to be treated) like that!

c) We (to have) a good time when the incident (to occur).

d) We (not/to receive) your letter yet.

e) The narrator explains that he (to meet) this character during the summer holidays.

f) I (to drive to work) when a lorry (to bump) into my car.

g) I can't call him! I (to run) out of credit!

Corrigé :

a) When did you visit Italy?

b) I've never been treated like that!

c) We were having a good time when the incident occurred.

d) We haven't received your letter yet.

e) The narrator explains that he met this character during the summer holidays.

f) I was driving … bumped…

g) I can't call him! I've run out of credit!

Le pluperfect

Traduire les phrases suivantes :

a) Il a plu la semaine dernière et il avait également plu la semaine d'avant.

b) Lorsqu'ils sont arrivés, Fred avait déjà réparé la machine.

c) Il venait d'acheter une nouvelle voiture quand il a perdu son emploi.

d) Ils venaient de partir quand Ronald a téléphoné.

e) Je me demande s'il avait lu le livre quand il a répondu aux questions du professeur.

Corrigé :

a) It rained last week and it had also rained the week before.

b) When they arrived, Fred had already repaired the machine.

c) He had just bought a new car when he lost his job.

d) They had just left when Ronald phoned.

e) I wonder if he had read the book when he answered the teacher's questions.

Le futur

1) Traduire les phrases suivantes :

a) Quand j'aurai cinquante ans, je changerai peut-être d'avis.

b) Je lui expliquerai la situation dès que je le verrai.

c) Je vais lui dire ce que je pense !

d) Attends ! Je vais répondre au téléphone d'abord !

Corrigé :

a) When I am fifty, maybe I'll change my mind.

b) I will explain the situation to him as soon as I see him.

c) I'm going to give him a piece of my mind!

d) Wait! I'll answer the phone first!

Le conditionnel

Conjuguer comme il convient :

a) He told his father that he (to do) his best to pass the exam.

b) Too late now! If only you (te tell) me about it, I (to make) a fool of myself!

c) They argued that they (to be) more careful, if they had been aware of the danger.

Corrigé :

a) He told his father that he would do his best to pass the exam.

b) Too late! If only you had told me about it, I wouldn't have made a fool of myself!

c) They argued that they would have been more careful if they had been aware of the danger.

Les modaux

1) Utiliser le modal ou l'expression équivalente qui convient :

a) As I can't finish this task today, I … to finish it tomorrow.

b) You … work so hard ! It's dangerous for your health !

c) I suspect it … snow tonight.

d) She … dance the tango quite well.

e) I don't know why he's late. He … … missed the bus.

Corrigé :

a) will have

b) mustn't ou *shouldn't*

c) may ou *might*

d) can

e) may have ou *must have*

2) Traduire en français les phrases suivantes :

a) She might have suspected something.

b) He can't have said such a stupid thing!

c) He must be joking!

d) Bob must have forgotten the appointment.

e) Bob may have forgotten the appointment.

f) You shouldn't have made that mistake.

Corrigé :

a) Il se pourrait qu'elle ait soupçonné quelque chose.

b) Impossible qu'il ait dit une telle ânerie !

c) Il plaisante sans doute !

d) Bob a dû oublier le rendez-vous.

e) Il se peut que Bob ait oublié le rendez-vous.

f) Vous n'auriez pas dû faire cette faute.

3) Traduire les phrases suivantes :

a) Il a fallu qu'elle parte pour Paris le lendemain.

b) Si j'avais accepté ce poste, il aurait fallu que je fasse la navette entre Rouen et Paris tous les jours !

c) Il faudra que je trouve une autre solution.

d) Tu aurais pu avoir un accident.

Corrigé :

a) She had to leave for Paris the next day.

b) If I had taken on this job, I would have had to commute between Rouen and Paris every day!

c) I will have to find another solution.

d) You could have had an accident.

Le double passif

1) Traduire en français les phrases suivantes :

a) I hope you will be offered a permanent job.

b) We may be granted a substantial discount.

c) He was told the good news as soon as he got home.

d) I've been told a very different story.

Corrigé :

a) J'espère qu'on vous proposera un emploi permanent.

b) Il se peut qu'on nous accorde un important rabais.

c) Il apprit la bonne nouvelle dès qu'il rentra chez lui.

d) On m'a raconté une histoire bien différente.

2) Mettre les phrases suivantes au passif « à l'anglaise » :

a) They will show you the flat as soon as you arrive.

b) They asked Peter to show his passport.

c) They promised the young boy a reward.
d) They ordered the man to leave the place at once.
e) They advised me to come back the next day.

Corrigé :

a) You will be shown the flat as soon as you arrive.

b) Peter was asked to show his passport.

c) The young boy was promised a reward.

d) The man was ordered to leave the place immediately.

e) I was advised to come back the next day.

Le passif prépositionnel

1) Traduire les phrases suivantes :

a) As soon as she started speaking, she was made fun of.
b) What teachers say must be paid attention to!
c) This politician is not well thought of in his own country.
d) My computer has been tampered with.

Corrigé :

a) Dès qu'elle se mit à parler, on se moqua d'elle.
b) Il faut prêter attention à ce que disent les professeurs !
c) Ce politicien n'a pas bonne réputation dans son propre pays.
d) On a touché à mon ordinateur.

2) Mettre les phrases suivantes au passif :

a) The neighbours will take care of the garden when we are away.
b) We should take advantage of this opportunity.
c) They didn't go into the matter.

Corrigé :

a) The garden will be taken care of by the neighbours when we are away.

b) This opportunity should be taken advantage of.

c) The matter wasn't gone into.

Verbes prépositionnels et verbes transitifs directs

1) Compléter, si besoin est, par la préposition qui convient :

a) I usually look … the baby when my parents are at work.

b) He asked … the teacher if he had made a mistake.

c) You shouldn't listen … music while you are working.

d) Jane attended … this school for two years.

e) I would like to get back … this point and comment … it.

Corrigé :

a) after

b) Ø

c) to

d) Ø

e) to/on

2) Traduire les phrases suivantes :

a) Cela dépendra de l'attitude de Jenny.

b) Nous espérons qu'il réussira à convaincre son associé.

c) Elle voudrait se marier avec un homme plus jeune.

d) Vous devrez leur fournir tous les documents nécessaires.

e) On lui a volé son portefeuille pendant qu'il était dans la boutique.

Corrigé :

a) It will depend on Jenny's attitude.

b) We hope he will succeed in convincing his partner.

c) She would like to marry a younger man.

d) You will have to provide them with all the necessary documents.

e) He was robbed of his wallet while he was in the shop.

Les complétives « spéciales » :

Traduire les phrases suivantes

a) Il a insisté pour que je lui envoie le rapport par e-mail ce soir.

b) J'exige qu'il répare cet appareil immédiatement !

c) Je propose que nous en restions là.

Corrigé :

a) He insisted that I email the report to him tonight.

b) I demand that he fix this machine immediately!

c) I suggest we call it a day.

Les propositions infinitives

Traduire les phrases suivantes en utilisant une infinitive :

a) Nous aimerions que vous soyez à l'heure demain.
b) J'attends qu'il soit de retour avant de vous expliquer la situation.
c) Je m'attends à ce qu'il s'énerve.
d) Je ne veux pas que cela se produise.
e) Elle aspirait à ce que quelque chose se produise dans sa vie.
f) J'ai laissé le livre sur la table pour que Janet le trouve facilement.
g) Il est indispensable que vous lui donniez quelques conseils.

Corrigé :

a) We would like you to be on time tomorrow.

b) I'm waiting for him to be back before explaining the situation to you.

c) I expect him to lose his temper.

d) I don't want that to happen.

e) She longed for something to happen in her life.

f) I left the book on the table for Janet to find it easily.

g) It is indispensable for you to give him some advice.

Les propositions circonstancielles

Traduire les phrases suivantes :

a) Je pense que nous aurons fini d'ici à la fin de la semaine, à moins que nous n'ayons un problème de dernière minute.

b) Dès que nous aurons le bon matériel, nous pourrons travailler beaucoup plus vite.

c) Nous devrions être prêts à partir ce soir, pourvu que John nous apporte les documents nécessaires.

d) N'oublie pas d'emporter ton portable, au cas où il aurait besoin de te joindre.

e) Nous mourons de faim, bien que nous ayons déjeuné très tard.

f) Étant donné que nous n'avons pas cette information, nous ne pouvons pas continuer à travailler.

Corrigé :

a) I think we'll have finished by the end of the week, unless we have a last-minute problem.

b) As soon as we have the right equipment, we'll be able to work much faster.

c) We should be ready to go tonight, provided (= insofar as = as long as) John brings us the necessary documents.

d) Be sure to take you mobile with you, in case he needs to get in touch with you.

e) We're starving, although we had lunch very late.

f) As (= since) we don't have this piece of information, we can't go on working.

Le discours indirect

Mettre les phrases suivantes au discours indirect :

a) "I'll be on time", she promised her husband.
What did she promise her husband?

b) "Don't shout!" he asked her.
What did he ask her?

c) "Are you going to tell Peter about it?" he asked me.
What did he ask me?

d) "Why did you refuse to help your sister?" he asked me.
What did he ask me?

e) "Take a taxi", he suggested.
What did he suggest?

Corrigé :

a) She promised her husband she would be on time.

b) He asked her not to shout.

c) He asked me if I was going to tell Peter about it.

d) He asked me why I had refused to help my sister.

e) He suggested we should take a taxi.

Chapitre 17

Exercices de vocabulaire

Ces exercices permettront d'utiliser en situation une partie du vocabulaire étudié. Les corrigés fourniront par la même occasion des phrases d'entraînement à répéter par cœur pour mieux retenir le vocabulaire.

Traduire les phrases suivantes :

The body / Physical appearance / Bodily activity

a) Elle avait de longs cheveux bouclés.

b) Elle leva les yeux vers son fils.

c) Il était assis le menton dans la main.

d) Il releva le menton et la regarda avec mépris.

e) Elle était d'une beauté si saisissante que tout le monde la regardait fixement.

f) Il la regarda en fronçant les sourcils, puis haussa les épaules.

g) Fais attention à ne pas trébucher sur les pavés.

h) Il traversa la pièce à grandes enjambées.

i) Il se précipita vers la porte sans se retourner.

j) Elle était magnifiquement bronzée.

k) Je distinguai une vague silhouette dans le lointain.

l) J'entrevis Fanny dans la foule, puis la perdis de vue.

m) Elle parlait d'une voix si basse que je l'entendais à peine.

n) Elle se dirigea vers la fenêtre sans prononcer un mot.

o) Il s'approcha de moi.

Corrigé :

a) She had long curly hair.

b) She looked up at her son.

c) He sat with his chin in his hand.

d) He tilted up his chin and looked at her contemptuously.

e) She had such stunning looks that everybody was staring at her.

f) He frowned at her, then shrugged.

g) Mind you don't stumble on the paving-stones.

h) He strode across the room.

i) He rushed towards the door without turning back.

j) She had a lovely tan.

k) I could make out an indistinct figure in the distance.

l) I caught a glimpse of Fanny in the crowd, and then I lost sight of her.

m) She was speaking in such a low voice that I could hardly hear her.

n) She walked towards the window without uttering a word.

o) He walked up to me.

Clothing

a) De plus en plus de gens aiment porter une tenue décontractée en toute occasion.

b) Les codes vestimentaires varient de pays à pays.

c) Il porte toujours des cravates qui ne vont pas avec ses costumes.

d) Ne mets pas une chemise aussi voyante.

e) Elle s'habille très classique.

Corrigé :

a) More and more people like wearing casuals on all occasions.

b) Dress codes vary from country to country.

c) He's always wearing ties that don't match his suits.

d) Don't put on such a showy shirt.

e) She wears very conservative clothes.

Feelings and attitudes

a) Manifestement, la jeune fille avait été effrayée par quelque chose.
b) Il adopta une attitude pleine de bon sens.
c) Il se sentit transporté quand il aperçut la femme qu'il aimait.
d) Il fut soulagé quand il apprit la nouvelle.
e) Ne sois pas si susceptible !
f) Ils n'étaient pas très chauds pour venir nous aider.
g) Tu devrais avoir honte de ce que tu as fait !
h) Je me suis ennuyé à cent sous de l'heure hier soir.

Corrigé :

a) Obviously, the young girl had been frightened by something.

b) He adopted a very sensible attitude.

c) He felt thrilled when he caught sight of the woman he loved.

d) He was relieved when he heard the news.

e) Don't be so touchy!

f) They were a bit reluctant to come and help us.

g) You should be ashamed of what you have done.

h) I was bored stiff last night.

Education

a) Depuis combien de temps fréquente-t-il cette école ?
b) À combien s'élèvent les frais de scolarité ?
c) Je suis bon en espagnol, mais nul en anglais.
d) Je dois passer ce concours l'année prochaine.
e) Tu devrais t'inscrire à des cours dans cette fac.

Corrigé :

a) How long has he been attending this school?

b) How much are the tuition fees?

c) I am good at Spanish, but hopeless at English.

d) I am to take this competitive exam next year.

e) You should sign up to take a course at this college.

The working world

a) J'ai un emploi du temps très chargé aujourd'hui.

b) Il faut que je fasse la navette entre Pontoise et Paris tous les jours.

c) Beaucoup de gens sont prêts à faire des heures supplémentaires.

d) M. Wilson est en congé maladie depuis une semaine.

e) Ils se sont mis en grève il y a trois jours.

f) Plus de cent salariés ont été licenciés par l'entreprise.

Corrigé :

a) I'm on a tight schedule today.

b) I have to commute between Pontoise and Paris every day.

c) Lots of people are prepared to work overtime.

d) Mr Wilson has been on sick leave for a week.

e) They went on strike three days ago.

f) More than a hundred workers have been laid off by the company.

Science and technology

a) Très peu d'expériences ont été pratiquées en ce domaine.

b) Cette invention est un progrès majeur.

c) Certains voudraient que les expérimentations sur les animaux soient interdites.

d) En Chine, on fait beaucoup de recherches sur le clonage thérapeutique.

e) Les Suisses fabriquent ce produit depuis longtemps.

f) De moins en moins d'ouvriers travaillent à la chaîne.

g) On retraite des déchets nucléaires dans cette usine.

Corrigé :

a) Very few experiments have been carried out in this field.

b) That invention is a major breakthrough.

c) Some people would like animal testing to be banned.

d) In China, therapeutic cloning is being thoroughly researched into.

e) The Swiss have been manufacturing this product for a long time.

f) Fewer and fewer factory workers work on assembly lines.

g) Nuclear waste is reprocessed in this plant.

Environmental protection

a) On ne peut pas se débarrasser de détritus n'importe où !

b) Se débarrasser de déchets nucléaires est un problème délicat.

c) Beaucoup de consommateurs se méfient de plus en plus des produits chimiques.

d) La plupart des scientifiques s'inquiètent du réchauffement de la planète.

e) Pour faire des économies d'énergie, les gens se tournent vers des énergies renouvelables comme l'énergie solaire.

f) On voit de plus en plus d'éoliennes dans certaines régions.

g) Il y a tellement de gaz d'échappement ici que j'ai du mal à respirer !

Corrigé :

a) Rubbish can't be disposed of just anywhere!

b) Getting rid of nuclear waste is a tricky problem.

c) Lots of consumers are more and more suspicious of chemicals.

d) Most scientists are concerned about global warming.

e) In order to save energy, people resort to renewable energies such as solar energy.

f) More and more wind turbines can be seen in certain regions.

g) There are so many exhaust fumes here that I have difficulty breathing!

Economic strategies

a) Beaucoup d'entreprises décident de se délocaliser dans des pays dont les coûts de main-d'œuvre sont moins élevés.

b) Cette entreprise a été créée il y a cinq ans.

c) Ils ont finalement trouvé un accord.

d) L'économie du pays connaît une baisse d'activité.

e) Cette politique a été mise en place par le gouvernement il y a deux ans.

f) Ils ont l'intention de s'implanter sur le marché chinois.

g) Cela risque d'être préjudiciable à l'image de notre entreprise.

h) L'entreprise cherche à gagner des parts de marché dans ce pays en y vendant un nouveau type de produit.

i) Leur chiffre d'affaires ne cesse d'augmenter.

Corrigé :

a) Lots of companies decide to relocate to countries whose labour costs are cheaper.

b) This company was set up five years ago.

c) They have finally come to an agreement.

d) The country's economy is going through a slump.

e) This policy was implemented by the government two years ago.

f) They plan to get a foothold in the Chinese market (=... to break into the Chinese market).

g) This is likely to be detrimental to our corporate image.

h) The company aims at gaining market share in this country by selling a new type of product there.

i) Their turnover keeps increasing.

Consumption and distribution

a) La consommation augmente régulièrement depuis deux ans.

b) Le pouvoir d'achat des consommateurs a augmenté l'année dernière.

c) Beaucoup de gens se méfient encore du commerce en ligne parce qu'ils estiment que le paiement n'est pas vraiment sécurisé.

d) On vous accordera une remise quand vous montrerez ce bon.

e) Cet hypermarché offre une gamme beaucoup plus large de produits.

Corrigé :

a) Consumption has been increasing steadily for two years.

b) Consumers' purchasing power rose last year.

c) Lots of people are still wary of online retailing because they think that payment is not really safe.

d) You will be granted a discount when you show this coupon.

e) This hypermarket offers a far wider range of products.

Advertising

a) J'ai vu une pub très drôle à la télé hier soir.

b) Ils viennent de lancer une nouvelle campagne de publicité.

c) Je trouve que la publicité comparative devrait être autorisée en France.

d) De nombreuses marques attirent l'attention des consommateurs par le biais de slogans accrocheurs.

e) Le paysage est littéralement défiguré par trop de panneaux publicitaires.

f) La plupart des films sont interrompus par des publicités, et j'ai du mal à le supporter !

Corrigé

a) I saw a very funny commercial on TV last night.

b) They have just launched a new advertising campaign.

c) I think that comparative advertising should be legalized in France.

d) Lots of brands attract consumers' attention through catchy slogans.

e)The landscape is literally disfigured by too many advertising billboards.

f) Most films are interrupted by commercials, and I have difficulty putting up with that!

Communication tools

a) Il passe son temps à utiliser son portable

b) Certaines personnes pensent que l'utilisation des portables devrait être restreinte dans les lieux publics.

c) J'ai décidé de me passer de ligne fixe.

d) Elle ne cesse de taper son son clavier toute la journée.

e) Il faudra que je saisisse sur ordinateur toutes ces données quand je rentrerai à la maison.

f) Il a fallu que je cherche ces informations sur Internet.

g) J'adore ajouter des commentaires sur les blogs de mes amis.

Corrigé :

a) He spends his time using his mobile.

b) Some people think that the use of mobiles should be restricted in public places.

c) I've decided to do without a landline.

d) She keeps tapping away at her keyboard.

e) I will have to key in all this data when I get back home.

f) I had to search for this information on the Internet.

g) I love posting comments on my friends' blogs.

Occupations

a) Peter a fait de l'humanitaire pendant trois ans avant de travailler comme kiné pour artistes du show-biz.

b) J'aimerais changer de métier.

c) Il a fait presque toute sa carrière à New York.

d) Il est menuisier depuis dix ans.

e) Je ne veux pas être fonctionnaire toute ma vie !

Corrigé :

a) Peter did charity work for three years before working as a physiotherapist for showbiz artists.

b) I would like to change jobs

c) He spent most of his career working in New York.

d) He has been a joiner for ten years.

e) I don't want to be a civil servant all my life!

Social life

a) Cette loi sera appliquée à partir de l'année prochaine.

b) La police a du mal à réduire le taux de criminalité.

c) Ils sont démunis face à la violence quotidienne.

d) Elle s'est fait agresser en rentrant chez elle.

e) La banque a été dévalisée deux fois.

f) La maison a été cambriolée (a été « visitée ») durant les vacances.

g) Ils ont décidé de sévir contre les voyous qui commettent ces délits.

h) Cette interdiction de fumée s'applique à tous les endroits publics, dont les bars et les pubs.

i) Ces activistes risquent de s'attirer un procès.

j) Des millions de gens vivent en dessous du seuil de pauvreté.

k) Ces enfants viennent de milieux défavorisés.

l) Le niveau de vie s'améliore régulièrement dans ce pays.

m) Il est au chômage depuis six mois.

n) Ils estiment qu'ils sont victimes de discrimination.

o) Il y eut des émeutes quand les gens apprirent la nouvelle.

p) Hier soir il y a eu une manifestation en faveur de ces sans-papiers.

Corrigé :

a) This law will be enforced as of next year.

b) The police have trouble curbing the crime rate.

c) Faced with everyday violence, they are helpless.

d) She was mugged on her way home.

e) The bank has been robbed twice.

f) The house was burglarized (was broken into) during the holidays.

g) They have decided to crack down on the hoodlums that commit these offences.

h) This smoking ban applies to every public place, including bars and pubs.

i) Those activists are liable to be sued.

j) Millions of people live under the poverty line.

k) Those children come from disadvantaged backgrounds.

l) The standard of living is improving steadily in this country.

m) He has been unemployed for six months.

n) They think they are discriminated against.

o) Riots broke out when people heard the news.

p) Last night there was a demonstration in favour of these undocumented immigrants.

Political life

a) Le projet de loi a été adopté le mois dernier.

b) Le Président ne tint pas les promesses qu'il avait faites quand il était candidat.

c) Ce politicien a dû démissionner à cause d'un scandale révélé par un célèbre journal à scandales.

d) Il dirige le pays depuis quinze ans.

e) D'après les sondages, il devrait être élu.

Corrigé :

a) The bill was passed last month.

b) The President didn't fulfil the promises he had made as a candidate.

c) This politician had to resign because of a scandal exposed by a famous tabloid.

d) He has been ruling the country for fifteen years.

e) According to the polls, he should be elected.

War

a) Les deux pays sont en guerre depuis l'année dernière.

b) La ville a été bombardée pendant deux mois.

c) Les autorités craignent l'utilisation éventuelle d'armes chimiques.

d) Dans ce pays, des civils sont tous les jours victimes de violations des droits de l'homme.

e) Des terroristes ont commis un attentat contre l'ambassade.

Corrigé :

a) The two countries have been at war since last year.

b) The town was shelled for two months.

c) The authorities are apprehensive about the possible use of chemical weapons.

d) In this country civilians are victims of human rights violations every day.

e) Terrorists committed a bomb attack on the embassy.

Leisure activities

a) Tu devrais faire de l'exercice, parce que cela t'aidera à décompresser si tu as beaucoup de travail.

b) Jenny sort en boîte tous les samedis soirs.

c) Mes enfants regardent beaucoup la télé tous les jours.

d) Ce film a été tourné en Grèce.

e) Ce film sortira le mois prochain.

f) Qu'est-ce qui passe (= est programmé) ce soir ?

g) C'est passé à la télé la semaine dernière.

Corrigé :

a) You should take some exercise, because it will help you let off steam if you have a heavy workload.

b) Jenny goes clubbing every Saturday night.

c) My children watch a lot of television every day.

d) This film was shot in Greece.

e) This film will be released next month.

f) What's on tonight?

g) It was shown on TV last week.

The media

a) Cela fait trois ans que je suis abonné à ce magazine.

b) Cet événement a fait la une des journaux il y a quelques mois.

c) Cette affaire a été révélée par un journal à scandales l'année dernière.

d) Ce journaliste risque d'être poursuivi pour diffamation.

e) Pour me tenir au courant de l'actualité, je regarde tous les jours les nouvelles à la télé.

Corrigé :

a) I've been subscribing to this newspaper for three years.

b) That event hit the headlines a few months ago.

c) That affair was exposed by a tabloid last year.

d) That journalist is liable to be sued for libel.

e) To keep informed about current events, I watch the news on TV every day.

Sport

a) L'année dernière j'ai fait de la randonnée dans les Cévennes.

b) J'aimerais mieux faire du ski de descente.

c) Je ne suis pas fana de ski de fond.

d) Quant à Peter, il préfère faire du parapente ou du saut à l'élastique !

Corrigé :

a) Last year, I went hiking through the Cévennes.

b) I'd rather do some downhill skiing.

c) I'm not crazy about cross-country skiing!

d) As for Peter, he prefers going hang-gliding or doing bungee jumping!

Tourism and holidays

a) Tu devrais prendre quelques jours de congé.

b) Je préfère partir en vacances seul. Il ne me viendrait pas à l'idée de partir en voyage organisé !

c) Nous avons loué une voiture et nous avons sillonné le pays.

d) Il se peut qu'il soit difficile de trouver à se loger durant la pleine saison.

e) Demain nous avons l'intention de faire du tourisme.

f) Vous devrez aller dans une agence de voyages pour réserver les places.

Corrigé :

a) You should take a few days off.

b) I prefer going on holiday by myself. I wouldn't dream of going on a package tour!

c) We rented a car and we toured the country.

d) It may be difficult to find accommodation in peak season.

e) We plan to go sight-seeing tomorrow.

f) You will have to go to a travel agent's to book the seats.

Commentary and literary appreciation

a) L'auteur se sert d'un ton neutre pour présenter le sujet.

b) On se serait attendu à une réplique bien différente.

c) Peter n'arrive pas à comprendre ce à quoi Élisabeth fait allusion.

d) Il ne cesse de faire des remarques méprisantes (cinglantes) sur sa femme.

e) Les arguments qu'il avance ne sont pas très convaincants.

f) Puis le personnage essaie d'atténuer sa déclaration.

g) Cette remarque révèle ce qu'il ressent vraiment.

h) Il obtient cet effet par l'utilisation de certains procédés stylistiques.

i) Cette description pittoresque est très évocatrice.

j) Soudain il y a un coup de théâtre.

k) D'après certains marqueurs de temps, on peut présumer que cette scène se passe avant l'événement.

l) La scène est considérée du point de vue du narrateur.

m) La façon dont l'auteur passe du passé au présent est révélatrice.

Corrigé :

a) The author uses (resorts to) a matter-of-fact tone to introduce the subject.

b) One would have expected a very different retort.

c) Peter fails to understand what Elizabeth is hinting at.

d) He keeps passing contemptuous (scathing) remarks about his wife.

e) The arguments he puts forward are not very convincing.

f) Then the character tries to qualify his statement.

g) This remark reveals what he actually feels.

h) He achieves this effect through certain stylistic devices.

i) This picturesque description is highly suggestive.

j) Suddenly there is a dramatic turn.

k) According to certain time-markers, we may assume that this scene takes place before the event.

l) This scene is seen from the narrator's point of view.

m) The way the author switches from the past tense to the present tense is revealing.

Introducing a newspaper article

a) Le journaliste s'intéresse à trois aspects significatifs de la question.

b) D'un bout à l'autre du texte, le journaliste a l'air sceptique.

c) Il porte un jugement négatif sur cette question.

d) Il aborde le problème d'un point de vue éthique.

e) Il insiste sur une caractéristique fondamentale de ce problème controversé.

f) Un aspect de la question n'est pas pris en compte.

g) Cela n'a rien à voir avec le sujet !

Corrigé :

a) The journalist focuses on three significant aspects of the issue.

b) Throughout the text, the journalist sounds sceptical.

c) He takes a negative view of this issue.

d) He approaches the problem in ethical terms.

e) He emphasizes a basic feature of this controversial issue.

f) One aspect is not taken into account.

g) That has nothing to do with the subject!

The business letter

a) Au cas où un problème de dernière minute se présenterait, n'hésitez pas à vous mettre en rapport avec nous.

b) Nous aimerions que vous puissiez nous envoyer un devis dès que possible.

c) Nous ne pourrons pas livrer les marchandises avant vendredi prochain.

d) Voudriez-vous avoir l'obligeance de nous fournir des informations supplémentaires sur votre nouvelle gamme de produits ?

e) Vous serait-il possible de trouver un hébergement pour M. Wilson, qui a l'intention de se rendre à Manchester en juin prochain ?

f) Nous serions intéressés par toute documentation sur votre nouveau modèle.

g) Je vous adresse cette lettre afin d'avoir des renseignements sur le poste pour lequel vous avez passé une annonce dans le dernier numéro du *Times*.

h) Je crains que nous ne soyons obligés de résilier le contrat si vous ne tentez pas de résoudre le problème.

i) Pourriez-vous joindre vos tarifs ?

j) Veuillez trouver ci-joint mon CV.

k) J'écris pour me plaindre d'un incident qui est survenu lorsque je me suis rendu dans votre magasin.

l) Parlez-moi de votre expérience professionnelle en Grande-Bretagne.

Corrigé :

a) Should any last-minute problem occur, be sure to get in touch with us.

b) We wish you could send us an estimate as soon as possible.

c) We won't be able to deliver the goods until next Friday.

d) Would you be so kind as to provide us with further information concerning your new range of products?

e) Would it be possible for you to find accommodation for Mr Wilson, who plans to go to Manchester next June?

f) We would be interested in any literature on the new model.

g) I'm writing to enquire about the position you advertised in the latest issue of The Times.

h) I am afraid we will be obliged to terminate the contract if you do not try to solve the problem.

i) Could you please enclose your price list?

j) Please find enclosed my CV (= my résumé).

k) I am writing to complain about an incident that took place when I visited your store.

l) Tell me about your work experience in Great Britain.

The personal letter

a) Je t'ai écrit au mois d'août dernier, et je ne comprends pas pourquoi je n'ai pas encore reçu de tes nouvelles. Tu aurais pu m'envoyer un texto ou un courriel !

b) J'espère que tout le monde va bien.

c) Je suis intéressé par vos cours d'été et j'aimerais savoir si vous avez encore des disponibilités.

d) Rappelez-moi au bon souvenir de votre épouse.

e) Je t'écris pour t'inviter à une fête que Jane et moi avons l'intention de donner le 28 mars.

f) Je veux simplement t'avertir que je déménage la semaine prochaine. Je vais m'installer à Toulouse et je te communiquerai mon numéro de fixe dès que je le connaîtrai.

g) Je voulais seulement vous remercier du séjour fort agréable que j'ai passé chez vous. Je me suis vraiment bien entendu avec vos enfants et j'espère qu'ils pourront venir à Paris l'été prochain.

Corrigé :

a) I wrote to you last August, and I fail to understand why I haven't heard from you yet. You could have sent me a text message or an email.

b) I hope everybody is keeping well.

c) I am interested in your summer courses and I would like to know if you still have any vacancies.

d) Please remember me to your wife.

e) I am writing to invite you to a party Jane and I are planning to give on March 28th.

f) I simply want to let you know that I'm moving house next week. I am moving to Toulouse, and I will give you my landline number as soon as I know it.

g) I just wanted to thank you for the very nice stay I had at your place. I got on so well with your children and I hope they will be able to come over to Paris next summer.

Chapitre 18

Correction des sujets 2010 des séries ES-S, L et STG (Langue vivante 1)

Lisez le mode d'emploi !

Ne négligez pas de lire attentivement la *Note aux candidats*...
En particulier, deux remarques essentielles s'imposent :

- **Faites des phrases complètes !** Ne vous contentez pas d'expédier la réponse en un seul mot... D'autre part, veillez bien à utiliser dans la réponse le temps de la question et à respecter la fameuse « concordance des temps ».
- **Conformez-vous scrupuleusement au nombre de mots indiqué pour chaque réponse.** Calibrez vos efforts en vous disant que ce nombre est forcément en rapport avec le barème.

In your own words!

Cela vous est le plus souvent demandé. Toutefois, même si ce n'est pas le cas, même pour répondre à une question simple, ne vous bornez pas à répéter servilement le texte : expliquez selon vos propres termes, trouvez des équivalents, jonglez avec les synonymes, jouez-la analogique !

SÉRIE ES-S

Session 2010

LANGUE VIVANTE 1

Durée de l'épreuve : 3 heures - Coefficient : 3

L'usage de la calculatrice et du dictionnaire n'est pas autorisé.

Répartition des points

Compréhension 10 points

Expression 10 points

"At the restaurant his father pulled out the admissions packet for Langford, showing photographs of the campus, smiling students gathered around classroom tables, teachers standing in front of blackboards, caught midsentence by the camera's lens. Academically it was far superior to the school he'd been attending, his father told him, mentioning the percentage of Langford graduates who went on to Ivy League colleges. Amit realized, as his father spoke, that the position in Delhi had been accepted, their house in Winchester already put up for sale. There was no question of his going to school in Delhi; it wasn't worth the trouble to adjust to education in a different country, his father said, given that eventually Amit would be attending an American college.

From Langford, during Christmas and after each academic year came to an end, Amit went to Delhi to be with his parents, staying in their flat full of servants in Chittaranjan Park, in a barren[1] room set aside for his stays. He never enjoyed his visits to Delhi, his broken Bengali[2] of no use in that city. It made him miss Calcutta, where all his relatives lived, where he was used to going. His parents had moved to Delhi the year of Indira Gandhi's assassination, and the riots that subsequently raged there, the curfews and the constant vigilance with which his parents had to live, meant that Amit remained cooped up inside, without friends, without anything to do. In that sense it was a relief to him to return to this peaceful town. Four years later his parents were back in America, moving to Houston. In Delhi his father had perfected a laser technique to correct astigmatism that earned him invitations to work and teach in hospitals all over the world. After five years in Houston they'd moved yet again, to Lausanne, Switzerland. They lived in Saudi Arabia now.

At Langford, Amit was the only Indian student, and people always assumed that he'd been born and raised in that country and not in Massachusetts. They complimented him on his accent, always telling him how good his English was. He'd arrived when he was fifteen, for sophomore year, which at Langford was called the fourth form, and by that time friendships and alliances among the boys of his class were already in place. At his high school in Winchester he'd been a star student, but suddenly he'd had to work doggedly to maintain his grades. He had to wear a jacket every morning to his classes and call his teachers "masters" and attend chapel on Sundays. Quickly he learned that his parents' wealth was laughable compared to the majority of Langford boys. There was no escape at the end of the day, and though he admitted it to no one, especially not his parents when they called from Delhi every weekend, he was crippled with homesickness, missing his parents to the point where tears often filled his eyes, in those first months, without warning. He sought traces of his parents' faces and voices among the people who surrounded and cared for him, but there was absolutely nothing, no one, at Langford to remind him of them. After that first semester he had slipped as best as he could into this world, swimming competitively, calling boys by their last names, always wearing khakis because jeans were not allowed. He learned to live without his mother and father, as everyone else did, shedding his daily dependence on them even though he was still a boy, and even to enjoy it. Still, he refused to forgive them."

1 *barren*: empty

2 *Bengali*: language spoken in the South of India

Jumpa Lahiri, *Unaccustomed Earth*, 2008

Note aux candidats

Les candidats traiteront le sujet sur la copie qui leur sera fournie et veilleront à :

- **respecter l'ordre des questions et reporter la numérotation sur la copie** ; (numéro et lettre repère, le cas échéant ; ex. : 6b) ;
- **faire précéder les citations de la mention de la ligne ;**
- **composer des phrases complètes** à chaque fois qu'il leur est demandé de rédiger la réponse ;
- **respecter le nombre de mots indiqué** qui constitue une exigence minimale. En l'absence d'indication, les candidats répondront brièvement à la question posée.

Compréhension

1. Who is the main character?

2. In which country was he born? Justify by quoting from the text.

3. Explain how the main character is connected to the following places:

   a) *Langford*

   b) *Winchester*

   c) *Calcutta*

   d) *Delhi*

   e) *Massachusetts*

4. What do we learn about his parents (origin, occupation, social status)?

5. What consequences did the father's job have on the life of his family?

6. In your own words, explain to what extent Langford was a new experience to the main character. Justify by quoting at least five details from the text. (40-50 words)

7. (ll. 35-36) "*… he had slipped as best as he could into this world, …*". Explain the sentence in your own words.

8. Why had his parents chosen Langford for him? (30-40 words)

9. (l. 39) "*Still, he refused to forgive them*". Comment on the sentence and explain the character's feelings. (30-40 words)

10. Translate from "*From Langford …*" (l.10) to "… used to going." (l.14)

Expression

Les candidats choisiront de traiter l'UN des deux sujets au choix.

1. At the end of his first semester at Langford, Amit writes a letter to his parents, pretending he is happy. (300 words)

2. Should parents interfere with their children's choices? (300 words)

Corrigé du sujet série ES-S

Compréhension

1) *The main character is Amit, a student.*

2) *He was born in the USA : "At Langford, Amit was the only Indian student, and people always assumed that he'd been born and raised in that country and not in Massachusetts." (l. 22-23).*

3)

a) *Amit is a student at* *__Langford__* *at this point of the story.*

b) *He used to live in* *__Winchester__* *before going to Langford, and he attended high school there.*

c) *He lived in* *__Calcutta__* *with his parents before they moved to Delhi. All his relatives are still living there.*

d) *His parents moved to* *__Delhi__* *after living in Calcutta. Amit goes to Delhi for the holidays, but he doesn't like the place.*

e) *Amit was born in* *__Massachusetts__*.

4) *Amit's parents are Indian. They are quite wealthy, though not as rich as the American families Amit is in contact with at Langford. His father must be an ophthalmologist or a medical researcher who has "perfected a laser technique to correct astigmatism" (l. 18-19).*

5) *As Amit's father was invited "to work and teach in hospitals all over the world" (l. 20), his family had to move to various places very frequently and live in different countries.*

6) *Langford was a new experience to Amit for various reasons:*

a/ "he was the only Indian student" (l. 22).

b/ He didn't know anybody and "friendships and alliances among the boys of his class were already in place" (l. 25-26).

c/ At his high school in Winchester, "he'd been a star student" (l. 27), but now he had "to work doggedly to maintain his grades" (id.), i.e. he had to work very hard to maintain his level.

[Remarque : il est conseillé d'expliquer une citation dont le vocabulaire peut poser problème pour montrer qu'on l'a… comprise !]

d/ He had to adopt different habits. "He had to wear a jacket to his classes and call his teachers 'masters' and attend chapel on Sundays". (l. 28-29) e/ He realized other families at Langford were far richer than his parents: "...his parents' wealth was laughable compared to the majority of Langford boys" (l. 29-30).

7) *The sentence means that he finally succeeded in adjusting to this new world, although it was rather difficult for him.*

8) *His parents had chosen Langford because it was an excellent school, "far superior to the school he had been attending" (l. 4) (in Winchester). Lots of Langford students "went on to Ivy League colleges" (l. 5), that is to say, the best American universities.*

N.B. De l'utilité de la culture générale !

On ne vous demandera pas ouvertement ce que sont les « *Ivy League colleges* », mais montrer mine de rien, au détour d'une réponse, que vous savez ce dont il s'agit, ce sera *the icing on the cake*. (Cf. le chapitre *Éléments de civilisation*.)

9) *At Langford, Amit felt lonely and homesick. He missed his parents, feeling as if he had been abandoned by them. And, even though he gradually adapted to his new environment, he had difficulty accepting his parents' decision and bore a grudge against them.*

10) Traduction

« À Noël et à la fin de chaque année scolaire, il quittait Langford pour Delhi, afin d'y retrouver ses parents. Il séjournait dans leur appartement de Chittaranjan Park, où grouillaient les domestiques, occupant une chambre dépouillée qui lui était réservée. Il n'appréciait jamais ces séjours à Delhi, où le bengali qu'il baragouinait ne lui servait à rien. Il regrettait en revanche Calcutta, où vivait toute sa famille et où il avait coutume d'aller. »

Fidèle, mais français !

Encore une fois, soulignons qu'il faut être fidèle au texte, tout en ne faisant pas de mot-à-mot. Cela implique de respecter exactement ce que vous comprenez en anglais, tout en vous servant de tournures spécifiquement françaises.

Il faut aussi alléger le plus possible et éviter les répétitions.

Deux remarques concernant la traduction ci-dessus :

- « ... où grouillaient les domestiques » pour *full of servants*. Pourquoi ne pas s'offrir cette petite « surtraduction » (comme diraient les spécialistes), vu que cela rend vraiment bien en français ?
- Méfiez-vous en permanence des éternels « faux amis ». Ici, vous en aviez un spécimen classique : rappelons que *relatives* et *relations* signifient « parents », « membres de la famille ».

Expression

Rappelons qu'il suffit de traiter un seul des deux sujets… En 2010 donc : soit une lettre, soit un *essay*.

Pour la lettre, il s'agissait de se mettre à la place d'Amit, qui devait tenter de faire croire à ses parents que tout se passait bien pour lui à Langford, qu'il y était heureux. Bien qu'une lettre ne demande pas à être aussi bien structurée qu'un *essay*, il est toujours bon de classer ses arguments : par exemple ici, les raisons positives incluaient un enseignement de bon niveau, des condisciples sympathiques, un campus agréable, etc. Par ailleurs, vous constatez qu'une bonne connaissance des formules propres aux lettres est indispensable.

L'*essay* doit, quant à lui, être clairement structuré. Par exemple, dans le cas présent : oui, les parents doivent aider de leurs conseils et de leur (éventuelle) connaissance du milieu professionnel ; non, ils ne doivent pas imposer leurs goûts personnels à leurs enfants ni se servir d'eux pour combler leurs propres frustrations ; à vrai dire, les parents doivent s'efforcer de comprendre ce que sont et veulent leurs enfants, doivent tenter de bien cerner leur profil psychologique et se contenter de les mettre en garde, si besoin est, vu leur expérience… Toujours garder à l'esprit l'importance des paragraphes, afin d'aérer, de clarifier, de guider.

Sujet n° 1

Langford
15th of March 2010

Dear Mummy, dear Daddy,

Everything's fine as I told you on the phone a few days ago, and I am writing today to tell you about my life at Langford. You know that, at the outset, I was a bit apprehensive about attending another school, as I really felt in my element at Winchester. Well, of course, at first it took me some time to adjust to this new school, which is very different from my former school, but now I must say that I'm getting used to it.

In terms of academic standards, the level is far higher than at Winchester, and that was rather difficult for me to put up with, as I used to be the best student! There are lots of outstanding students here, which is quite stimulating. Yet I must work very hard, as I was saying. Most of the students here are nice to me, even if they've known one another for a few years. So I had trouble fitting in at first. They think I was educated in India and keep telling me how good my English is, which is funny, though a bit irritating at times!

The atmosphere is much more formal at Langford than at Winchester: we call our teachers "masters" and we have to wear a jacket in class. And I also have to attend chapel on Sundays. But I don't mind.

After school I must admit that I sometimes feel lonely, but on the whole I'm happy here. A lot of students go in for sport, and I think I'm going to do the same. There's a competitive spirit prevailing at Langford, and that is something I really appreciate.

So, I think life here is a rewarding experience and I'm sure I can make the most of it.

Anyway, I'm looking forward to seeing you at Easter,

Take care,

All my love,

Amit

Sujet n° 2

It is most difficult to answer this question. It is indeed impossible to claim that parents should have no say in the matter, since they love their children and want them to get ahead in life. Yet, in what way should they interfere with their children's choices, insofar as their children are nearly adults and should legitimately be left free to decide on their future careers?

As parents are usually supposed to know their children very well, it is quite natural that they should advise them by explaining why this or that job may not be the ideal job for them. Trying to make your child understand that his or her personality is not suited to this or that kind of job seems to be quite justified. A teenager may not fully realize what the job involves and can be persuaded to accept an adult's opinion.

Indeed, older people - such as parents or relatives - are likely to be more familiar with the professional world, and can tell their children what they know about certain jobs, tell them about their personal experiences, for instance. However, parents should be sensible and avoid encouraging their children to (systematically) choose the same jobs as theirs…

What is more tricky is to dissuade your son or daughter from choosing a job because you think that there is absolutely no job security in that field and that your child will not be able to make a living by becoming an actor, a musician, or a football player, for instance, even though you think that he or she is quite able to achieve the goal. It is often the case with artistic jobs.

But on the other hand it may simply be very hard for parents to know if their children are really cut out to be actors or musicians. And if this turns out to be the case, a child may later regret obeying his parents!

So, as usual, there is no ready-made answer, but parents and children should try to discuss the issue... dispassionately. If they can!

SÉRIE L

Session 2010

LANGUE VIVANTE 1

Durée de l'épreuve : 3 heures - Coefficient : 4

L'usage de la calculatrice et du dictionnaire n'est pas autorisé.

Compréhension et Expression : 14 points

Traduction : 6 points

"The first person they knew that came home on leave was Bill Monroe from Emerald Street and he was followed by a boy from Park Grove Street and one from over on Eldon Terrace, which seemed unfair as Albert had joined up before any of them. There was a big to-do one day because Bill Monroe hadn't gone back when he should have done and they sent in military policemen to take him back. His mother barred the front door with a broom handle and had to be lifted out of the way by the military policemen, one at each elbow, and Nell, who happened to be walking home from work along Emerald Street at the time, was reminded of Percy's funeral.

She had a further shock when an ordinary, civilian policeman appeared from nowhere and for a second Nell thought it was Percy. For a ridiculous moment she wondered if he'd come back to ask her why there was a little pearl and garnet ring on her engagement finger instead of the sapphire chips he'd given her which were now wrapped in tissue paper and put at the back of her drawer.

Bill Monroe was hauled off eventually and Nell didn't linger on the street. She felt embarrassed for him because she'd seen the look of terror on his face and thought how awful it must be to be such a coward and how unpatriotic as well - and she was surprised how many women came up to Mrs Monroe, who was raging and shouting and crying on her doorstep, and told her that she'd done the right thing.

Frank came home after the second battle of Ypres[1]; he'd been in hospital in Southport with a septic foot and was given a few days' leave before going back to the Front. It was odd because before the war they'd hardly known him yet now he seemed like an old friend and when he came knocking at the back door they both hugged him and made him stay to tea. Nell ran out and got herrings and Lillian cut bread and put out jam and even Rachel asked how he was doing. But when they were all sat round the table, drinking their tea from the best service, the one that had gold rims and little blue forget-me-nots, Frank found himself unexpectedly tongue-tied. He had thought there were a lot of things about the war he wanted to tell them but was surprised to discover that the neat triangles of bread and jam and the prettiness of the little blue forget-me-nots somehow precluded him from talking about trench foot and rats, let alone the many different ways of dying he had witnessed. The smell of death clearly had no place in the parlour of Lowther Street, with the snowy cloth on the table and the glass-bead fringed lamp and the two sisters who had such soft, lovely hair that Frank ached to bury his face in it. He was thinking all these things while chewing his bread and casting around desperately for conversation, until with a nervous gulp from the gold and forget-me-nots he said, 'That's a grand cup, you should taste the tea we get,' and told them about the chlorinated water in the trenches. When he saw the look of horror on their faces he felt ashamed that he'd ever wanted to talk about death.

They, in turn, told him about Billy Monroe and he tut-tutted[2] in the right places although secretly he wished he had a mother who could somehow - anyhow - prevent him having to return to the Front because Frank knew he was going to die if he went back to the war. He listened politely while they told him about all the things they were doing - they showed him their knitting - they'd stopped knitting for the Belgians and now they were knitting socks for soldiers, and Nell told him about her new job, making uniforms, where she'd just been made a forewoman because of her experience with hats, and Lillian was working as a conductress on the trams and Frank raised both eyebrows and said, 'Never!' because he couldn't imagine a woman conductress and Lillian giggled. The two sisters were so full of life that in the end the war was left more or less unspoken of, except, of course, to say that Jack was well and sent his love and that he hadn't seen Albert at all but he was a lot safer behind the big guns in the artillery than he would be in the trenches.

And Rachel, the toad in the corner, unexpectedly spoke up and said, 'It must be dreadful in those trenches,' and Frank shrugged and smiled and said, 'Oh it's not too bad really, Mrs Barker,' and took another drink from his forget-me-not cup."

1 *the second battle of Ypres*: 1915
2 *he tut-tutted*: he made a sound to show his disapproval

Kate Atkinson, *Behind the Scenes at the Museum*, 1995

Note aux candidats

Les candidats traiteront le sujet sur la copie qui leur sera fournie et veilleront à :

- **respecter l'ordre des questions et reporter la numérotation sur la copie** (numéro et lettre repère, le cas échéant ; ex. : 8b) ;
- **faire précéder les citations de la mention de la ligne** ;
- **composer des phrases complètes** à chaque fois qu'il leur est demandé de rédiger la réponse ;
- **respecter le nombre de mots indiqué** qui constitue une exigence minimale. En l'absence d'indication, les candidats répondront brièvement à la question posée.

I - Compréhension – Expression

1. What is the historical event referred to?

2. What do the following male characters have in common: Albert, Jack, Frank and Bill?

3. Focus on Bill.

   a) Who did he visit when he "*came home on leave*" (l. 1) and what happened during this visit? (30 words)

   b) One character witnessed this episode. What did he or she think about it? (20-30 words)

   c) What about the other neighbours' attitude towards this? (20 words)

4. Put the following events in chronological order:

   a) (l.4): "… Bill Monroe hadn't gone back when he should have done…"

   b) (l.22): "… they made him stay to tea."

   c) (l.3): "… Albert had joined up before any of them."

   d) (l.19): "Frank came home after the second battle of Ypres…"

e) (l.5): "His mother barred the front door..."

f) (l.1): "The first person they knew that came home on leave was Bill Monroe..."

5. Focus on Frank.

a) Why has he come back? (20 words)

b) Where and with whom does he spend one of his days' leave? Give full names whenever possible.

c) How is he considered by these characters? Illustrate your answer with two quotes from the text. (30-40 words)

6. Explain how the war has changed the lives of the female characters. Give examples from the text to illustrate your answer. (60 words)

7. What does Frank really think about what happened to Bill? (30 words)

8. Explain why "... Frank found himself unexpectedly tongue-tied." (1.25)? (50 words)

9. Choose one of the following subjects. (250 words)

a) Frank returns to the trenches and meets a friend. Frank explains that he almost didn't come back. Write their conversation.

b) Some things are best left unsaid. How far do you agree?

II - Traduction

Translate from the beginning of line 1 to line 10 "... *Nell thought it was Percy*".

Corrigé du sujet série L

I - Compréhension – Expression

1) *The historical event referred to in this text is World War I (1914-1918).*

2) *They are all soldiers fighting in that war.*

3) *Bill*

a/ When Bill Monroe came back home on leave, he visited his mother. As he didn't want to go back to the front, military policemen came to his mother's place and took him away, even though she tried to prevent them from doing so.

b) Nell witnessed the whole scene. She felt ashamed for Bill because she realized how terrified he was and she found his attitude undignified.

c) The other neighbours - an impressive number of women - visited Mrs Monroe to comfort her and tell her that they approved of her attitude.

4) *c-f-a-e-d-b*

5)

a/ Frank has come back because he has just left the hospital and has been given a few days' leave.

b/ One day he visits Nell, Lillian and Rachel Barker at their place in Lowther Street.

c/ He is considered as an old family friend:

- *"he seemed like an old friend" (l. 21).*
- *"they both hugged him and made him stay to tea" (l. 22).*

6) *Because of the war, the female characters have had to find jobs. They have taken up "knitting socks for soldiers" (l. 42-43). Nell is making uniforms and has "just been made a forewoman" (l. 42-43) because of her expertise. And, to Frank's astonishment, Lillian is "working as a conductress on the trams" (l. 43-44), which was unexpected for a woman in those days.*

7) *Frank envies Bill secretly because the latter has a mother who was prepared to protect him, and as a matter of fact Frank himself is afraid of going back to the front and of dying, just like Bill.*

8) *Frank "found himself unexpectedly tongue-tied", i.e. he was suddenly unable to speak about the dreadful things he had seen as a soldier, because the contrast between the horror of war and the cosy, refined atmosphere at tea-time with his neighbours was too sharp, too shocking. "The smell of death clearly had no place in the parlour of Lowther Street" (l. 29-30).*

9) Expression personnelle

Les candidats avaient le choix entre une conversation et un *essay*. On se rend compte, à la lecture du premier sujet, à quel point le recours au vocabulaire de la psychologie et des sentiments était opportun. On ne saurait donc trop insister, en série L notamment, sur l'acquisition de ce champ lexical précis. Ici, par exemple, Frank pouvait raconter ce qu'avait dû éprouver Bill et ce qui lui était arrivé, comment avait réagi sa mère, et ce que lui, Frank, avait éprouvé quand il avait pris le thé avec ses voisines…

L'*essay* reposait aussi sur une analyse psychologique. Rappelons que ce type de sujet doit impérativement s'articuler autour d'un plan selon lequel les arguments seront classés. Ainsi, pour décider s'il vaut mieux passer certaines choses sous silence ou non, les impératifs d'honnêteté sont à distinguer des arguments d'efficacité ou des raisons dictées par la compassion. Une troisième partie pouvait évoquer la relativité d'une telle décision selon les circonstances, poser la question de la légitimité d'un principe qui se voudrait intangible…

Sujet a

"Hello, Steve. Back to the front, eh?"

"Yes. But coming back here was awful for me. What about you, Frank?"

"I felt pretty the same about it, Steve. You know what? I even wondered if I would come back. Yet I didn't want to be shot as a deserter!"

"Tell me about it."

"Well, you know, once I was back home, I was invited to tea by some neighbours, three women, and the atmosphere in their parlour was so cosy, so remote from anything to do with the war that it seemed as if I were in another world. It was so odd, so different, so unreal that I found myself absolutely unable to talk about all the horrors we see every day. They kept talking and talking about all the things they did, about all the activities they had taken up, and the strange thing was that their world seemed to me much more real than our daily life in the trenches. I started wondering how the devil I could be a soldier!"

"Yes, I know that feeling. When I was on leave, I realized that real life was going on without me. So, why have you come back here?"

"Well, they told me about Bill Monroe, you know him, don't you? He refused to go back to the front and was taken away by the military police. His own mother barred the front door with a broom handle. I felt ashamed for him, and decided to go back to the front, even though I envied him in a way. To be loved and defended by one's mother like that!"

"Anyway, I don't know if you've done the right thing, but I'm so glad to see you back!"

10) Traduction

« La première personne de leur connaissance à revenir en permission fut Bill Monroe, d'Emerald Street, lequel fut suivi par un garçon de Park Grove Street, puis par un autre d'Eldon Terrace, ce qui parut injuste vu qu'Albert s'était engagé avant eux tous. Un jour il y eut toute une histoire parce que Bill Monroe n'était pas reparti le jour voulu, et que l'on envoya des agents de la police militaire pour le remmener. Comme sa mère défendait la porte d'entrée à l'aide d'un balai, les agents durent la soulever, chacun par un coude, pour pouvoir passer. Et Nell, qui rentrait d'aventure du travail à cet instant-là par Emerald Street, repensa à l'enterrement de Percy.

Nell eut encore un choc quand un simple policier dans le civil sortit de nulle part et qu'elle crut, l'espace d'un instant, qu'il s'agissait de Percy. »

Remarques :

Toujours songer à construire léger !

The first person they knew – « La première personne qu'elles connaissaient » serait plus lourd.

Idem pour *when he should have done* si l'on avait traduit par « quand il aurait dû ».

La fin du paragraphe n'a rien de facile malgré les apparences. Attention en particulier à la tournure suivante, très courante en anglais, qui peut s'accommoder en français de plusieurs façons :

One day he happened to meet her. – Il lui arriva de la rencontrer un jour. = Un jour, il la rencontra par hasard. = D'aventure, il la rencontra un jour. = Surprise ! Il la rencontra un jour.

SÉRIES STG (GSI), ST2S, STI et STL

Session 2010

LANGUE VIVANTE 1

Durée de l'épreuve : 2 heures – coefficient : 2

STG (CGRH, CFE, MERCATIQUE)

Durée de l'épreuve : 2 heures – coefficient : 3

STG, ST2S : Compréhension : 10 points ; Expression : 10 points

STI, STL : Compréhension : 12 points ; Expression : 8 points

L'usage de la calculatrice et du dictionnaire est interdit.

"Dear Mma Ramotswe,

I read about you in the newspaper and about how you have opened this big new agency down there in town. I am very proud for Botswana[1] that we now have a person like you in this country.

I am the teacher at the small school at Katsana[1] Village, thirty miles from Gaborone[1], which is near the place where I was born. I went to Teachers' College many years ago and I passed with a double distinction. My wife and I have two daughters and we have a son of eleven. This boy to which I am referring to has recently vanished and has not been seen for two months.

We went to the police. They made a big search and asked questions everywhere. Nobody knew anything about our son. I took time off from school and searched the land around our village. We have some kopjes[2] not too far away and there are boulders and caves over there. I went into each one of those caves and looked into every crevice. But there was no sign of my son.

He was a boy who liked to wander, because he had a strong interest in nature. He was always collecting rocks and things like that. He knew a lot about the bush and he would never get into danger from stupidity. There are no leopards in these parts any more and we are too far away from the Kalahari for lions to come.

I went everywhere, calling, calling, but my son never answered me. I looked in every well of every farmer and village nearby and asked them to check the water. But there was no sign of him.

How can a boy vanish off the face of the Earth like this? If I were not a Christian, I would say that some evil spirit had lifted him up and carried him off. But I know that things like that do not really happen.

I am not a wealthy man. I cannot afford the services of a private detective, but I ask you, Mma, to help me in one small way. Please, when you are making your enquiries about other things, and talking to people who might know what goes on, please ask them if they have heard anything about a boy called Thobiso, aged eleven years and four months, who is the son of the teacher at Katsana Village. Please just ask them, and if you hear anything at all, please address a note to the undersigned, myself, the teacher.

In God's name, Ernest Molai Pakotati, Dip.Ed".

Alexander McCall Smith, *The n°1 Ladies' Detective Agency*, 1998

1 Situated in Africa
2 *kopje : a small hill*

Note aux candidats

Les candidats traiteront les exercices sur la copie qui leur sera fournie et veilleront

- **à respecter l'ordre des questions et reporter la numérotation sur la copie (numéro de l'exercice et, le cas échéant, la lettre repère ; ex. : 1 a, 1 b, etc.) ;**
- **à faire précéder les citations éventuellement demandées du numéro de ligne dans le texte.**

Les candidats des séries STI, et STL traiteront les questions I, II (A, B, C, D) et III.

Les candidats des séries STG et ST2S traiteront les questions I, II (A, B, C, D, E, F) et III.

I - General comprehension

Write down the right answer.

1) The text is

a- an article. b- a letter. c- an e-mail.

2) It was written by

a- a teacher. b- a detective. c- a mayor.

3) It was written to

a- a teacher. b- a detective. c- a mayor.

4) It is about

a- a need for money. b- a need for information. c- a need for education.

5) Thobiso is

a- Ernest's son. b- Ernest's brother. c- Ernest's father.

6) Thobiso is

a- at school. b- on holidays. c- missing.

7) The undersigned refers to

a- Ernest. b- Mma. c- Thobiso.

II - Detailed comprehension

A- Right or Wrong? Answer and justify by quoting the text.

1- Ernest heard about Mma on the radio.

2- She has had a business in town for a long time.

3- The boy is not an only child.

4- Thobiso had spoken with Ernest three weeks before.

5- Ernest is not able to pay for help.

6- He'd like Mma to write to him if she gets any information.

B- Pick out words or phrases which indicate that

1- the narrator admires Mma Ramotswe.

2- Ernest stopped working for a while in order to look for his son.

3- the boy was familiar with the local environment (*three quotations*).

4- wild animals used to live there.

C- What do the following words refer to?

1- (line 8) " My wife and I..."

2- (line 11) " They made a big search"

3- (line 21) " asked them..."

4- (line 22) " But there was no sign of him"

5- (line 26) " ... I ask you..."

6- (line 30) "Please just ask them..."

D- Find the synonyms in the text for the following words and expressions:

1- succeeded

2- disappeared

3- to verify

4- rich

5- investigations

Les questions suivantes seront traitées uniquement par les candidats des séries STG et ST2S

E - Quote the sentence showing that Ernest believes Thobiso is able to take care of himself.

F- Quote the sentence showing that Ernest is totally confused by the situation.

III - Expression : les candidats de toutes les séries traiteront les 2 sujets

Do both subjects (one and two).

1- Thobiso comes back home. Imagine the conversation. **(80 words)**

2- Do you like detective stories (films, books, series, etc.)? Why or why not? Use examples to justify. **(120 words)**

Corrigé du sujet STG

I - General Comprehension

1) The text is a letter.

2) It was written by a teacher.

3) It was written to a detective.

4) It is about a need for information.

5) Thobiso is Ernest's son.

6) Thobiso is missing.

7) The undersigned refers to Ernest.

II - Detailed Comprehension

A /

1) Wrong : "I read about you in the newspaper." (l. 1)

2) Wrong : "you have opened this new agency down there in town." (l. 1)

3) Right : "My wife and I have two daughters and we have a son of eleven." (l. 8)

4) Wrong : "This boy (...) has not been seen for two months." (l. 9-10)

5) Right : "I am not a wealthy man. I cannot afford the services of a private detective" (l. 26).

6) Right : "if you hear anything at all, please address a note to the undersigned, myself, the teacher." (l. 30-31)

B/

1) "I am very proud for Botswana that we now have a person like you in this country" (l. 2-3)

2) "I took time off from school and searched the land around our college" (l. 12-13).

3) a) "He was a boy who liked to wander, because he had a strong interest in nature" (l. 16).
b) "He was always collecting rocks and things like that" (l. 16-17).
c) "He knew a lot about the bush" (l. 17).
d) "There are no leopards in these parts any more" (l. 18).

C/

1) Ernest

2) the police

3) "every farmer and village nearby"

4) Thobiso

5) Mma Ramotswe

6) "people who might know what goes on"

D/

1) passed (l. 8)

2) vanished (l. 9)

3) to check (l. 21)

4) wealthy (l. 26)

5) enquiries (l. 27)

N.B. : On se rend compte à quel point il est utile d'apprendre le plus possible de synonymes, ce type d'exercice se révélant assez fréquent d'un sujet à l'autre. Par ailleurs, dans d'autres exercices, disposer d'une petite batterie d' « équivalents » rendra de grands services pour donner des explications en anglais, comme il a déjà été dit.

E/

> *"He knew a lot about the bush and he would never get into danger from stupidity" (l. 17-18).*

F/

> *"If I were not a Christian, I would say that some evil spirit had lifted him up and carried him off" (l. 23-24).*

III - Expression

Faites bien attention : on vous demande de traiter les deux sujets. Les compétences requises sont bien différentes dans chaque cas.

Vous devez rédiger une conversation pour le premier sujet, ce qui nécessite de présenter le dialogue bien clairement, en utilisant à bon escient tous les accessoires indispensables : guillemets, tirets et points d'interrogation. Mais surtout, il est impératif que vous maîtrisiez parfaitement la forme interrogative. Ne vous offusquez pas de cette remarque : trop de candidats ne sont au fond guère habitués à poser des questions et donc à manier les structures interrogatives…

Le second sujet est plus classique, en ce sens qu'il s'agit de donner votre avis personnel. Toutefois, cela ne signifie pas que vous deviez le faire n'importe comment. Essayez au contraire d'expliquer vos goûts, de fournir des arguments, de structurer votre pensée.

Il est donc essentiel que vous classiez vos arguments. Par exemple, si vous aimez les films policiers, ce peut être pour des raisons variées : vous aimez le suspense ; vous aimez l'action et le mouvement ; vous aimez tenter de découvrir la solution par vous-même ; vous aimez la construction cinématographique de ce genre de film. Etc. Il est conseillé d'illustrer ces différents motifs par des exemples de films.

Remarque : le premier type de sujet, qui requiert certaines qualités d'écriture, n'est pas facile. Il faut vous être entraîné à ce genre d'exercice pendant l'année. Celui-ci demande imagination, mais aussi savoir-faire et pratique.

Sujet 1

"Mummy ! Daddy! I'm back home!"

"Thobiso! I just can't believe it! Your mother isn't in, but that's better. Otherwise the shock might be too strong for her. So I'll have to prepare her for the news. What happened, for God's sake?"

"I got lost and I was stung by some insect. Then I was sick for nearly two months! I was taken care of by farmers who found me lying under a tree. They saved me!"

" We've been looking for you everywhere for the past two months. The police searched for you... I even contacted a private detective! Anyway, thank God, you're back!"

Sujet 2

Yes, I like reading detective novels and seeing detective films.

*As far as reading novels goes, I must even admit that detective novels are almost the only novels that I read ! I started reading Agatha Christie's novels -*Ten Little Niggers, *for instance - a few years ago, like most people. And I also watch TV series based on her books, such as the British TV series featuring David Suchet as Hercule Poirot. I like trying to discover the murderer and figure out Agatha Christie's tricks. Of course I also like Conan Doyle's works, such as* The Hound of the Baskervilles, *because I'm really fond of suspense.*

As far as films are concerned, I love Hitchcock's thrillers, Psycho *for instance or* The Thirty-nine Steps.

In conclusion, I can't understand how people can refrain from reading and seeing detective stories, because there are so many different categories!

Quatrième partie

La partie des Dix

Dans cette partie…

Rappelons que dans cette partie, vous trouverez des séries de dix points ou éléments rigoureusement sélectionnés, qui vous permettront d'aller à l'essentiel, de « mettre dans le… dix » du premier coup.

Killing two birds with one stone!

- Les deux premiers chapitres présentent quelques auteurs « incontournables » de la littérature anglaise et de la littérature américaine, ainsi que des extraits d'œuvres, qui vous permettront de « goûter » (comme on dit dans les bonnes anthologies) quelques passages connus d'œuvres célèbres, ce qui vous donnera (peut-être) l'envie d'en lire plus !
- Ces extraits sont assortis d'exercices divers, que l'on trouvera dans la troisième partie ***Ressources***.

Chapitre 19

Dix grands auteurs britanniques

William SHAKESPEARE (1564-1616)

Shakespeare's biography is rather scanty as very few facts about his life are well established. He was born at Stratford-upon-Avon – Shakespeare is often referred to as the "Swan of Avon" –, where he married Anne Hathaway in 1582. He left Stratford around 1585 and went to London. There in the 1590s he became an actor, acting at "The Theatre", "The Curtain" and "The Globe". He spent the last years of his life at Stratford. From the 1590s to 1612, he also wrote an incredible number of plays. Here is a selective (!) list:

- Richard III (1592-1593)
- Romeo and Juliet (1594-1595)
- A Midsummer Night's Dream (1595-1596)
- The Merchant of Venice (1596-1597)
- Henry IV (1597-1598)
- Much Ado About Nothing (1598-1600)
- As You Like It (id.)
- Twelfth Night (id.)
- Henry V (id.)
- Julius Caesar (id.)
- Hamlet (id.)
- The Merry Wives of Windsor (id.)
- Othello (1604-1605)
- King Lear (1605-1606)
- Macbeth (id.)
- Anthony and Cleopatra (1606-1607)
- The Winter's Tale (1609-1610)
- Cymbeline (1610)
- The Tempest (1611-1612)

This list of masterpieces is quite impressive and Shakespeare is rightly considered as one of the greatest playwrights of all times. He wrote about 38 plays as well as sonnets and other poems.

"The Bard" (another nickname for Shakespeare) wrote both tragedies and comedies, but his tragedies are often interspersed with comic elements. Most betray subtle insights into the human soul, combining deep philosophical thoughts with farce.

As so little is known about his life, some scholars doubt whether he actually wrote all his plays. For instance it has been suggested that a contemporary playwright might have written several plays, Christopher Marlowe.

Macbeth (1605-1606)

One of Shakespeare's greatest tragedies. Three witches (the three "weird sisters") have announced to Macbeth and Banquo, generals of Duncan, king of Scotland, that Macbeth will become "thane of Cawdor" (= baron) and that Banquo will beget kings. Macbeth murders Duncan and Banquo in order to assume the crown. Macbeth will eventually be killed.

Extract (act II, scene 2)

Macbeth has just killed Duncan.

***Macbeth** : I have done the deed. Didst thou not hear a noise?*

***Lady Macbeth** : I heard the owl scream and the crickets cry.*

Did you not speak?

***Macbeth** : When?*

***Lady Macbeth** : Now!*

***Macbeth** : As I descended?*

***Lady Macbeth** : Ay.*

***Macbeth** : Hark!*

Who lies i' the second chamber?

***Lady Macbeth** :Donalbain.*

***Macbeth** : This is a sorry sight. [Looking on his hands.]*

***Lady Macbeth** : A foolish thought, to say a sorry sight.*

***Macbeth** : There's one did laugh in's sleep, and one cried "Murder"!*

That they did wake each other: I stood and heard them;

But they did say their prayers, and address'd them
Again to sleep.
***Lady Macbeth** : There are two lodged together.*
***Macbeth** : One cried "God bless us!" and "Amen" the other;*
As they had seen me with these hangman's hands'.
Listening their fear, I could not say "Amen",
When they did say "God bless us!"
***Lady Macbeth** : Consider it not so deeply.*
***Macbeth** : But wherefore could not I pronounce "Amen"?*
I had most need of blessing, and "Amen"
Stuck in my throat.
***Lady Macbeth** :These deeds must not be thought*
After these ways; so, it will make us mad.
***Macbeth** : Methought l heard a voice cry "Sleep no more!*
Macbeth does murder sleep", the innocent sleep,
Sleep that knits up the ravell'd sleave of care,
The death of each day's life, sore labour's bath,
Balm of hurt minds, great nature's second course,
Chief nourisher in life's feast, –
***Lady Macbeth** : What do you mean?*
***Macbeth** : Still it cried "Sleep no more!" to all the house:*
"Glamis hath murder'd sleep, and therefore Cawdor
Shall sleep no more; Macbeth shall sleep no more".
***Lady Macbeth** : Who was it that thus cried? Why, worthy thane,*
You do unbend your noble strength, to think
So brainsickly of things. Go, get some water,
And wash this filthy witness from your hand.
Why did you bring these daggers from the place?
They must lie there: go carry them; and smear
The sleepy grooms with blood.
***Macbeth** : I'll go no more:*

I am afraid to think what I have done;

Look on 't again I dare not.

Lady Macbeth : *Infirm of purpose!*

Give me the daggers: the sleeping and the dead

Are but as pictures: 't is the eye of childhood

That fears a painted devil. If he do bleed,

I'll gild the faces of the grooms withal;

For it must seem their guilt. [Exit. Knocking within.]"

Vocabulary

– *Hark!* = Listen!
– *and addresse'd them again to sleep = and went back to sleep*
– *As they had seen me… = As if they had seen me…*
– *wherefore = why?*
– *the ravell'd sleave* : la soie froissée

Jane AUSTEN (1775-1817)

Her father was the rector of Steventon in Hampshire. She was the youngest daughter of seven children. She started writing stories as a child. Most of her novels have become classics of English literature: Sense and Sensibility *(which she published at her own expense in 1811),* Pride and Prejudice *(1813),* Mansfield Park *(1814),* Emma *(1815),* Northanger Abbey *and* Persuasion *(1818, posthumous). Her novels are subtle comedies of manners, in which she shows an artful blend of humour and precise realism. Most plots are based on love stories, but it is often noted that, though Jane Austen is a Romantic, she is wary of the excesses of unbridled passion. Walter Scott's judgement is often quoted: "That young lady has a talent for describing the involvements of feelings and characters of ordinary life which is to me the most wonderful I ever met with."*

Pride and Prejudice (1813)

The plot revolves around the love stories of the Bennet sisters, more specifically around the love story between Elizabeth and Fitzwilliam Darcy. Mrs Bennet is an exasperating mother whose only aim in life is to see her daughters married, and Mr Bennet is a mild eccentric who tries to escape the turmoil of family life.

Extract (beginning of chapter 1)

"It is a truth universally acknowledged, that a single man in possession of a large fortune must be in want of a wife.

However little known the feelings or views of such a man may be on his first entering a neighbourhood, this truth is so well fixed in the minds of the surrounding families, that he is considered the rightful property of some one or other of their daughters.

'My dear Mr. Bennet', said his lady to him one day, 'have you heard that Netherfield Park is let at last?'

Mr. Bennet replied that he had not.

'But it is' returned she; 'for Mrs Long has just been here, and she told me all about it.'

Mr. Bennet made no answer.

'Do you not want to know who has taken it?' cried his wife impatiently.

'You want to tell me, and I have no objection to hearing it.'

This was invitation enough.

"Why, my dear, if you must know, Mrs. Long says that Netherfield is taken by a young man of large fortune from the north of England; that he came down on Monday in a chaise and four to see the place, and was so much delighted with it, that he agreed with Mr Morris immediately; that he is to take possession before Michaelmas, and some of his servants are to be in the house by the end of next week.'

'What is his name?'

'Bingley.'

'Is he married or single?'

'Oh! Single, my dear, to be sure! A single man of large fortune; four or five thousand a year. What a fine thing for our girls!'

'How so? How can it affect them?'

'My dear Mr Bennet', replied his wife, 'how can you be so tiresome! You must know that I am thinking of his marrying one of them.'

(…)

'They have none of them much to recommend them,' replied he; 'they are all silly and ignorant like other girls; but Lizzy has something more of quickness than her sisters.'

'Mr. Bennet, how can you abuse your own children in such a way? You take delight in vexing me. You have no compassion for my poor nerves.'

'You mistake me, my dear. I have a high respect for your nerves. They are my old friends. I have heard you mention them with consideration these last twenty years at least.'

Mr. Bennet was so odd a mixture of quick parts, sarcastic humour, reserve, and caprice, that the experience of three-and-twenty years had been insufficient to make his wife understand his character. Her mind was less difficult to develop. She was a woman of mean understanding, little information, and uncertain temper. When she was discontented, she fancied herself nervous. The business of her life was to get her daughters married; its solace was visiting and news."

John KEATS (1795-1821)

One of the leading Romantic poets. His poems – Endymion, La Belle Dame sans Merci, Ode to a Nightingale, To Autumn, Ode on Melancholy, Ode to a Grecian Urn… – *rank among the finest poems of English literature. All his life he searched for absolute beauty, and the world of ancient Greece in particular epitomized it for him. "No one else in English poetry save Shakespeare has in expression quite the fascinating felicity of Keats, his perfection of loveliness"* (Matthew Arnold).

The following lines are among the most famous lines of English poetry, especially the first one :

"A thing of beauty is a joy for ever:

Its loveliness increases; it will never

Pass into nothingness; but still will keep

A bower quiet for us, and a sleep

Full of sweet dreams, and health, and quiet breathing."

(Endymion, *Opening lines*)

Ode on Melancholy

(3rd stanza)

" She dwells with Beauty – Beauty that must die;

And Joy, whose hand is ever at his lips

Bidding adieu; and aching Pleasure nigh,

Turning to poison while the bee-mouth sips;
Ay, in the very temple of Delight
Veil'd Melancholy has her sovran shrine,
Though seen of none save him whose strenuous tongue
Can burst Joy's grape against his palate fine;
His soul shall taste the sadness of her might,
And be among her cloudy trophies hung."
(May, 1819)

Vocabulary

nigh = *near*
sovran = *sovereign* : souverain
shrine : sanctuaire
strenuous : vigoureux
might = *power*

« Elle côtoie la Beauté, la Beauté qui doit mourir,
Et puis la Joie, dont la main, toujours aux lèvres,
Dit adieu ; elle est proche aussi du Plaisir qui fait souffrir,
Devient poison quand la bouche butine comme l'abeille ;
Oui, dans le temple même du Ravissement
La Mélancolie voilée règne en souveraine,
Perçue seulement de celui dont la langue vigoureuse
Fait éclater le raisin de la Joie contre son délicat palais ;
L'âme de celui-ci tristement goûtera son pouvoir,
Et rejoindra ses trophées dans les nuages. »

Charles DICKENS (1810-1870)

He is considered as one of the greatest English novelists. He had a difficult childhood as his education was badly neglected and his father was sent to prison for debt, an event that strongly impressed the young boy, who was sent to work at a blacking warehouse. Afterwards, Charles became a reporter and started working for various magazines. He enjoyed enormous success with The Pickwick Papers (1836). *From then on he was immensely popular, writing novels regularly*: Oliver Twist *(1838)*, Nicholas Nickleby *(1839)*, Barnaby Rudge *(1841)*, Martin Chuzzlewit *(1843)*, David Copperfield *(1849-1850),* The Little Dorrit *(1855-1857)...*

In his numerous novels he stigmatized and caricatured the social evils of Victorian society. Although his plots are often confused, his art is often a felicitous mixture of pathos and humour, and some of his characters are truly unforgettable, such as Oliver Twist, Mr Pickwick, Scrooge, Sarah Gamp, Uriah Heep, Mr Micawber...

David Copperfield (1850)

It is said to be the most autobiographical of all Dickens's novels. The book is a coming-of-age novel and deals with the life of David Copperfield in Victorian England. The story is told from the narrator's point of view. A few characters are well-known: Mr Micawber, David's landlord, who is imprisoned for debt (like Dickens's own father) and who is always happy in spite of his financial difficulties, Uriah Heep, a wicked clerk, Peggotty, the servant of the Copperfield family.

Extract

"The first objects that assume a distinct presence before me, as I look far back into the blank of my infancy, are my mother with her pretty hair and youthful shape, and Peggotty with no shape at all, and eyes so dark that they seemed to darken the whole neighbourhood in her face, and cheeks and arms so hard and red that l wondered the birds didn't peck her in preference to apples.

l believe I can remember these two at a little distance apart, dwarfed to my sight by stooping down or kneeling on the floor, and I going unsteadily from the one to the other. l have an impression on my mind which l cannot distinguish from actual remembrance, of the touch of Peggotty's forefinger as she used to hold it out to me, and of its being roughened by needlework, like a pocket nutmeg-grater.

Looking back, as l was saying, into the blank of my infancy, the first objects l can remember as standing out by themselves from a confusion of things, are my mother and Peggotty. What else do I remember? Let me see.

There comes out of the cloud, our house – not new to me, but quite familiar, in its earliest remembrance. On the ground floor is Peggotty's kitchen, opening into a back yard, with a pigeon-house on a pole in the centre without any pigeons in it; a great dog-kennel in a corner, without any dog; and a quantity of fowls that look terribly tall to me, walking about in a menacing and ferocious manner. There is one cock who gets upon a post to crow, and seems to take particular notice of me as I look at him through the kitchen window, who makes me shiver, he is so fierce. Of the geese outside the side-gate who come waddling after me with their long necks stretched out when I go that way, I dream at night; as a man environed by wild beasts might dream of lions.

Here is a long passage – what an enormous perspective I make of it ! – leading from Peggotty's kitchen to the front door. A dark storeroom opens out of it, and that is a place to be run past at night; for I don't know what may be among those tubs and jars and old tea-chests, when there is nobody in there with a dimly-burning light, letting a mouldy air come out at the door, in which there is the smell of soap, pickles, pepper, candles, and coffee, all at one whiff. Then there are the two parlours: the parlour in which we sit of an evening, my mother and I and Peggotty – for Peggotty is quite our companion, when her work is done and we are alone – and the best parlour, where we sit on a Sunday; grandly, but not so comfortably."

Emily BRONTË (1818-1848)

She was a member of an extraordinarily productive family of writers, as the three daughters of Patrick Brontë, a clergyman from Ireland, rank among the most famous novelists of English literature. Anne's Agnes Grey *and Charlotte's* Jane Eyre *were both published in 1847. Emily's* Wuthering Heights *was published in 1847. They lived most of their lives, with their brother Branwell, at Haworth in Yorkshire. Their two eldest sisters had died of typhus during their schooling.*

Wuthering Heights (1847)

This famous novel is about the harmful consequences of a violent passion. The story takes place in Yorkshire at the end of the 18th century. It deals with the impossible love between Catherine, a farmer's daughter, and Heathcliff, an orphan welcomed into the farmer's home. Yet Catherine marries Edgar Linton, a more respectable neighbour.

Later, after becoming rich, Heathcliff marries Isabella, Edgar's sister. Catherine and Heathcliff's mutual passion leads to destruction. The narrative technique of the novel has always been judged rather subtle, as the story is told by two narrators.

Extract

Catherine is talking to Nelly Dean, one of the narrators:

"I've no more business to marry Linton than I have to be in heaven; and if the wicked man in there had not brought Heathcliff so low, I shouldn't have thought of it. It would degrade me to marry Heathcliff, now; so he shall never know how I love him; and that, not because he's handsome, Nelly, but because he's more myself than I am. Whatever our souls are made of, his and mine are the same, and Linton's is as different as a moonbeam from lightning, or frost from fire. (…)

(…) Every Linton on the face of the earth might melt into nothing, before I could consent to forsake Heathcliff! Oh, that's not what I intend – that's not what I mean! I shouldn't be Mrs Linton were such a price demanded! He'll be as much to me as he has been all his lifetime. Edgar must shake off his antipathy and tolerate him, at least. He will when he learns my true feelings towards him. Nelly, I see now you think me a selfish wretch, but did it never strike you that, if Heathcliff and I married, we should be beggars? whereas, if I marry Linton, I can aid Heathcliff to rise and place him out of my brother's power?"

Oscar WILDE (1854-1900)

This Irish writer, born in Dublin, is considered as one the greatest wits of his time. He was a flamboyant aesthete, a dandy, who chose to ignore conventional attitudes. He first studied in Dublin at Trinity College, then in England at Oxford. His scandalous behaviour, his disregard for commonplace morality, his shocking way of dressing, his provocative views emphasizing the "aesthetic" dimension of life, made him famous in London. In the 90s he achieved literary fame with his plays – among which Lady Windermere's Fan *(1892) and* The Importance of Being Earnest *(1895) –, his short stories and his novel* The Portrait of Dorian Gray *(1890). In 1895, his homosexuality caused him to be sentenced to two years' imprisonment with hard labour for "gross indecency". This depressing experience was the source of inspiration of one of his most poignant works, his poem the* Ballad of Reading Gaol *(1898). He died in Paris.*

Oscar Wilde was famous for his aphorisms and witticisms. Here are three of them:

– "An idea that is not dangerous is unworthy of being called an idea at all."

– "Children begin by loving their parents; as they grow older they judge them; sometimes they forgive them."

– "Murder is always a mistake – one should never do anything one cannot talk about after dinner."

The Picture of Dorian Gray (1890)

Dorian, a handsome young man has had his portrait painted by a friend of his, Basil Hallward. Dorian, convinced by a friend of Basil Hallward's that one of the final goals of life is beauty, expresses a "mad wish": he wants the portrait to grow old and wishes he could remain young himself. He falls in love with a young actress, Sybil Vane. Yet, after falling in love with him herself, she becomes unable to act properly. This kills Dorian's love for her. She commits suicide. Dorian then realizes the expression on the face of his portrait has changed. And when he takes up a loose life, this expression gets more and more evil and sinister, as each sin he commits causes the portrait to grow old. Finally Dorian slashes the painting. He dies, and the face on the portrait becomes young afresh.

Extract

"As he was turning the handle of the door, his eye fell upon the portrait Basil Hallward had painted of him. He started back as if in surprise. Then he went on into his own room, looking somewhat puzzled. After he had taken the buttonhole out of his coat, he seemed to hesitate. Finally he came back, went over to the picture, and examined it. In the dim arrested light that struggled through the cream-coloured silk blinds, the face appeared to him to be a little changed. The expression looked different. One would have said that there was a touch of cruelty in the mouth. It was certainly strange.

He turned round, and, walking to the window, drew up the blind. The bright dawn flooded the room, and swept the fantastic shadows into dusty corners, where they lay shuddering. But the strange expression that he had noticed in the face of the portrait seemed to linger there, to be more intensified even.The quivering, ardent sunlight showed him the lines of cruelty round the mouth as clearly as if he had been looking into a mirror after he had done some dreadful thing.

(…)

He threw himself into a chair, and began to think. Suddenly there flashed across his mind what he had said in Basil Hallward's studio the day the picture had been finished. Yes, he remembered it perfectly. He had uttered a mad wish that he himself might remain young, and the portrait grow old; that his own beauty might be untarnished, and the face on the canvas bear the burden of his passions and his sins; that the painted image might be seared with the lines of suffering and thought, and that he might keep all the delicate bloom and loveliness of his then just conscious boyhood. Surely his wish had not been fulfilled? Such things were impossible. It seemed monstrous even to think of them. And, yet, there was the picture before him, with the touch of cruelty in the mouth."

Edward Morgan FORSTER (1879-1970)

Forster was born in London. He attended a public school, whose set of values he hated, and then went to Cambridge. He also travelled abroad, and his experiences in Italy and India were used in his works. He wrote short stories – The Celestial Omnibus *(1911) – as well as novels and worked as a journalist too. His works are mainly based on the contrast and conflicting values between two cultures, for instance between Italy and England in* A Room with a View *(1908), between India and England in* A Passage to India *(1924). The negative impact of prejudices and social conventions was also a central theme in his books.*

A Room with a View (1908)

Lucy Honeychurch, a passionate young girl who travels to Italy with her elder cousin, finds the traditional values she is familiar with upset and questioned by different attitudes and conceptions. The novel is about the shock between English culture and Italian culture as well as between social habits and personal feelings.

Extract

Feeling bored in the "pensione" in Florence, Lucy wants something "big" to happen in her life.

" Why were most big things unladylike? Charlotte had once explained to her why. It was not that ladies were inferior to men; it was that they were different. Their mission was to inspire others to achievement rather than to achieve themselves. Indirectly, by means of tact and a spotless name, a lady could accomplish much. But if rushed into the fray herself she would be first censured, then despised, and finally ignored. Poems had been written to illustrate this point."

George ORWELL (Eric Arthur BLAIR) (1903-1950)

This writer is the author of one of the most famous novels of the 20th century, Nineteen Eighty-Four *(1949). He was born in India and educated at Eton. He served in the Indian Imperial Police in Burma. After that experience, he went back to Europe, living in Paris and London. Then he fought with the Republicans in the Spanish Civil War. In his works he satirized some of the most fearful aspects of totalitarian societies, using irony that questions the alleged truths of police states.* Animal Farm *(1945), for instance, is a cruel, scathing depiction of an oppressive society created by… animals that rebel against humans, inspired by the USSR! One of its most famous quotes is the following sentence: "All animals are equal, but some animals are more equal than others." Other works include Down and Out in Paris and London (1933), as well as essays such as* Politics and the English Language.

Nineteen Eighty-Four (1949)

It is a novel about the dangers of totalitarianism, mainly inspired by the USSR. It shows how people can be manipulated, how the Party endeavours to keep tabs on the citizens of an imaginary state. The all-powerful Party – symbolized by "Big Brother" – tries to control everything: information, History, people's minds (through the "Thought Police"), the language they speak (through a new language, "Newspeak")… Winston Smith, the hero of the novel, attempts to rebel against the Party but will eventually fail.

The Party's favourite slogan, illustrating the constant surveillance citizens are under, is very famous: "Big Brother is watching you."

Extract

"The telescreen received and transmitted simultaneously. Any sound that Winston made, above the level of a very low whisper, would be picked up by it; moreover, so long as he remained within the field of vision which the metal plaque commanded, he could be seen as well as heard. (…) You had to live – did live, from habit that became instinct – in the assumption that every sound you made was overheard, and except in darkness, every movement scrutinised."

Graham GREENE (1904-1991)

One of the major English novelists of the 20th century. He also wrote short stories and plays. Moreover, he was a journalist, which gave him many opportunities to travel extensively, and he worked at the Foreign Office. His greatest novels are Brighton Rock *(1938),* The Power and the Glory *(1940),* The Heart of the Matter *(1948),* The End of the Affair *(1951).* The Third Man *(1949) and* Our Man in Havana *(1958), which rank as "entertainments", have both been made into films. Greene described himself as a "novelist who happened to be Catholic", and his religious views, revolving around sin and redemption, are reflected in his works.*

The Third Man (1949)

This novel was made into a film, directed by Carol Reed, in 1949. The screenplay was adapted from the novel by Greene himself.

The story takes place in Vienna three years after World War II. Rollo Martins, a hack writer, goes to Vienna to meet Harry Lime, an old friend he hasn't seen since before the war and he admired as a boy. He discovers that Harry has been killed in an accident. Yet Rollo suspects that this may not be the truth; he even thinks that Rollo is alive and is involved in criminal trafficking…

Extract

Rollo is waiting for Harry in the Prater in Vienna, wondering whether Harry will turn up or not…

"Somewhere behind the cakestall a man was whistling, and Martins knew the tune. He turned and waited. Was it fear or excitement that made his heart beat – or just the memories that tune had ushered in, for life had always quickened when Harry came, came just as he came now, as though nothing much had happened, nobody had been lowered into a grave or found with a cut throat in a basement, came with his amused, deprecating take-it-or-leave-it manner – and of course one always took it."

David LODGE (1935)

This professor taught English at the University of Birmingham from 1960 to 1987. His novels often mock the world of academics. Among his most famous books : Changing Places *(1975),* Nice Work *(1988),* Small World *(1984),* Therapy *(1995),* Author, Author *(2001).*

Small World (1985)

Small World *is an "academic romance". It is about professors who are used to attending literary conferences all around the world. In this book, which is considered as one of his funniest novels, David Lodge does enjoy satirizing all those academics who are not only interested in the presentation of a paper... "The modern conference resembles the pilgrimage of medieval Christendom in that it allows the participants to indulge themselves in all the pleasures and diversions of travel while appearing to be austerely bent on self-improvement"* (Prologue).

Extract

The conferees have just arrived at Rummidge University and taken possession of their rooms.

"Each room had a washbasin, though not every washbasin had a plug, or every plug a chain. Some taps could not be turned on, and some could not be turned off. For more elaborate ablutions, or to answer a call of nature, it was necessary to venture out into the draughty and labyrinthine corridors in search of one of the communal washrooms, where baths, showers and toilets were to be found – but little privacy, and an unreliable surplus of hot water."

Chapitre 20

Dix grands auteurs américains

Edgar Allan POE (1809-1849)

One of the most famous American writers. He was an orphan at the age of three and led a tormented life. His health was gradually destroyed by his addiction to alcohol and opium. He excelled as a short story writer, a poet and a critic. More specifically he wrote morbid or macabre tales and is considered as a precursor of crime fiction.

This author, an exponent of American romanticism, exerted great influence over French authors such as Baudelaire and Mallarmé. Baudelaire, in particular, translated his stories and a few poems into French.

Among his famous stories : The Fall of the House of Usher *(1839)*, The Murders in the Rue Morgue *(1841)*, The Gold-Bug *(1843)*.

The narrative of Arthur Gordon Pym *(1837) is his only long work of fiction. His poem* The Raven *(1845) is one of the most celebrated poems of American literature.*

The Gold-Bug (1843)

This tale is the story of a treasure hunt on Sullivan's Island (South Carolina), that will eventually lead William Legrand to discover a hidden treasure thanks to a golden scarab beetle…

Extract

The narrator is waiting for Legrand and Jupiter, his black servant, in Legrand's hut.

"Upon reaching the hut I rapped, as was my custom, and getting no reply, sought for the key where I knew it was secreted, unlocked the door and went in. A fine fire was blazing upon the hearth. It was a novelty, and by no means an ungrateful one. I threw off an overcoat, took an armchair by the crackling logs, and awaited patiently the

arrival of my hosts.

Soon after dark they arrived, and gave me a most cordial welcome. Jupiter, grinning from ear to ear, bustled about to prepare some marsh-hens for supper. Legrand was in one of his fits – how else shall I term them? – of enthusiasm. He had found an unknown bivalve, forming a new genus, and, more than this, he had hunted down and secured, with Jupiter's assistance, a scarabœus which he believed to be totally new, but in respect to which he wished to have my opinion on the morrow.

'And why not to-night?' I asked, rubbing my hands over the blaze, and wishing the whole tribe of scarabœi at the devil.

'Ah, if I had only known you were here!' said Legrand, 'but it's so long since I saw you; and how could I foresee that you would pay me a visit this very night of all others? As I was coming home I met Lieutenant G., from the fort, and, very foolishly, I lent him the bug; so it will be impossible for you to see it until the morning. Stay here to-night, and I will send Jup down for it at sunrise. It is the loveliest thing in creation!'

'What – Sunrise?'

'Nonsense! no! – the bug. It is of a brilliant gold colour – about the size of a large hickory-nut – with two jet black spots near one extremity of the back, and another, somewhat longer, at the other. The antennæ are…'

'Dey aint no tin in him, Massa Will, I keep a tellin on you', here interrupted Jupiter; 'de bug is a goole bug, solid, ebery bit of him, inside and all, sep him wing – neber feel half so hebby a bug in my life.'

'Well, suppose it is, Jup', replied Legrand, somewhat more earnestly, it seemed to me, than the case demanded, 'is that any reason for your letting the birds burn? The colour'– here he turned to me -'is really almost enough to warrant Jupiter's idea. You never saw a more brilliant metallic lustre than the scales emit – but of this you cannot judge till tomorrow."

Vocabulary

marsh-hen : poule d'eau

tin : étain

"goole" = gold

"ebery" = every

"sep him wing" = except its wings

Mark TWAIN (pen-name of Samuel Langhorne CLEMENS, 1835-1910)

He was considered by William Faulkner as "the father of American literature". He was a marvellous humorist and two of his novels are classics of American humour: The Adventures of Tom Sawyer *(1876) and* The Adventures of Huckleberry Finn *(1884). He is also famous for his short stories; one of them made him famous as soon as 1865,* The Celebrated Jumping Frog of Calaveras County.

The Adventures of Huckleberry Finn (1884)

This picaresque novel, which is a striking evocation of the Frontier spirit, is a sequel of The Adventures of Tom Sawyer, *and the same characters are to be found in it. The book narrates the adventures of a young boy who runs away from his father, a dishonourable man and a… drunkard. At the beginning of the novel he is taken care of by a widow who has adopted him because he has saved her life.*

Extract

Huckleberry who has found a treasure has had to entrust Judge Thatcher with his money, as his father has heard about it and wishes he could lay his hands on it…

"Next day he [Huckleberry's father] *was drunk, and he went to Judge Thatcher's and bullyragged him and tried to make him give up the money, but he couldn't, and then he swore he'd make the law force him.*

The judge and the widow went to law to get the court to take me away from him and let one of them be my guardian; but it was a new judge that had just come, and he didn't know the old man; so he said courts mustn't interfere and separate families if they can help it; said he'd druther not take a child away from its father. So judge Thatcher and the widow had to quit on the business.

That pleased the old man till he couldn't rest. He said he'd cowhide me till I was black and blue if I didn't raise some money for him. I borrowed three dollars from Judge Thatcher, and pap took it and got drunk and went a blowing around and cussing and whooping and carrying on; and he kept it up all over town, with a tin pan, till most midnight; then they jailed him, and next day they had him before court, and jailed him again for a week. But he said he was satisfied; said he was boss of his son, and he'd make it warm for him.

When he got out the new judge said he was agoing to make a man of him. So he took him to his own house, and dressed him up clean and nice, and had him to breakfast and dinner and supper with the family, and was just old pie to him, so to speak. And after supper he talked to him about temperance and such things till the old man cried and said he'd been a fool, and fooled away his life; but now he was agoing to turn over a new leaf and be a man nobody wouldn't be ashamed of, and he hoped the judge would help him and not look down on him. The judge said he could hug him for them words; so he cried, and his wife she cried again; pap said he'd been a man that had always been misunderstood before, and the judge said he believed it. The old man said that what a man wanted that was down, was sympathy; and the judge said it was so; so they cried again."

How to Tell a Story

The humorous story: an American development – its difference from comic and witty stories.

Extract (beginning)

"I do not claim that I can tell a story as it ought to be told. I only claim I know how a story ought to be told, for I have been almost daily in the company of the most expert story-tellers for many years.

There are several kinds of stories, but only one difficult kind – the humorous. I will talk mainly about that one. The humorous story is American, the comic story is English, the witty story is French. The humorous story depends for its effect upon the manner of the telling; the comic story and the witty story upon the matter.

The humorous story may be spun out to great length and may wander around as much as it pleases and arrive nowhere in particular; but the comic and witty stories must be brief and end with a point. The humorous story bubbles gently along, the others burst.

The humorous story is strictly a work of art, – high and delicate art – and only an artist can tell it; but no art is necessary in telling the comic and the witty story; anybody can do it. The art of telling a humorous story – understand, I mean by word of mouth, not print – was created in America, and has remained at home.

The humorous story is told gravely; the teller does his best to conceal the fact that he even dimly suspects that there is anything funny about it; but the teller of the comic story tells you beforehand that it is one of the funniest things he has ever heard, he tells it with eager delight, and is the first person to laugh when he gets through. And sometimes, if he has good success, he is so glad and happy that he will repeat the 'nub' of it and glance around from face to face, collecting applause, and then repeat it again. It is a pathetic thing to see.

Very often, of course, the rambling and disjointed humorous story finishes with a nub, point, snapper, or whatever you like to call it. Then the listener must be alert, for in many cases the teller will divert attention from that nub by dropping it in a carefully casual and indifferent way, with the pretence that he does not know it is a nub.

(…)

But the teller of the comic story does not slur the nub; he shouts it at you – every time. And when he prints it, in England, France, Germany and Italy, he italicises it, puts some whooping exclamation-points after it, and sometimes explain it in a parenthesis. All of which is very depressing, and makes one want to renounce joking and lead a better life."

Henry JAMES (1843-1916)

James is one of the most "European" of American writers. He spent many years in Europe and was naturalized an Englishman towards the end of his life. He wrote novels and short stories. His narrative techniques are considered most subtle, relying on interior monologue and a sophisticated use of narrative viewpoints. His works often deal with the clash between contrasting cultures and personalities, more specifically with the gap between American civilization and European civilization. His later novels are often difficult reading as James gradually used more and more intricate sentences.

Major works: The American *(1877)*, The Europeans *(1878)*, Daisy Miller *(1879)*, Washington Square *(1880)*, The Portrait of a Lady *(1881)*, The Bostonians *(1886)*, The Turn of the Screw *(1898)*, The Ambassadors *(1903)*

The American (1877)

This early novel centres on the clash between American culture and European culture, a theme which is essential in James's novels. It is about the adventures of Christopher Newman, a young Californian millionaire who goes to Europe in the hope of finding a wife.

Extract

At the beginning of the novel Christopher Newman is in Paris, visiting the Museum of the Louvre. In the Salon Carré he has been watching a young lady, who is copying "Murillo's beautiful moon-borne Madonna".

"At last he rose abruptly, put on his hat, and approached the young lady. He placed himself before her picture and looked at it for some moments, during which she pretended to be quite unconscious of his inspection. Then, addressing her with the single word which constituted the strength of his French vocabulary, and holding up one finger in a manner which appeared to him to illuminate his meaning, 'Combien?' he abruptly demanded.

The artist stared a moment, gave a little pout, shrugged her shoulders, put down her palette and brushes, and stood rubbing her hands.

'How much?' said our friend, in English. 'Combien?'

'Monsieur wishes to buy it?' asked the young lady in French.

'Very pretty, splendide. Combien?' repeated the American.

'It pleases monsieur, my little picture? It's a very beautiful subject' said the young lady.

'The Madonna, yes; I am not a Catholic, but I want to buy it. Combien? Write it here.' And he took a pencil from his pocket and showed her the fly-leaf of his guide-book. She stood looking at him and scratching her chin with the pencil. 'Is it not for sale?' he asked. And as she still stood reflecting, (…) he was afraid he had offended her. She was simply trying to look indifferent, and wondering how far she might go. 'I haven't made a mistake– pas insulté, no?' her interlocutor continued. 'Don't you understand a little English?'

The young lady's aptitude for playing a part at short notice was remarkable. She fixed him with her conscious, perceptive eye and asked him if he spoke no French. Then, 'Donnez!' she said briefly, and took the open guide-book. In the upper corner of the fly-leaf she traced a number, in a minute and extremely neat hand. Then she handed back the book and took up her palette again.

Our friend read the number: '2,000 francs.' He said nothing for a time, but stood looking at the picture, while the copyist began actively to dabble with her paint. 'For a copy, isn't that a good deal?' he asked at last. 'Pas beaucoup?'

The young lady raised her eyes from her palette, scanned him from head to foot, and alighted with admirable sagacity upon exactly the right answer. 'Yes, it's a good deal. But my copy has remarkable qualities, it is worth nothing less.'

The gentleman in whom we are interested understood no French, but I have said he was intelligent, and here is a good chance to prove it. He apprehended, by a natural instinct, the meaning of the young woman's phrase, and it gratified him to think that she was so honest. Beauty, talent, virtue; she combined everything! 'But you must finish it', he said. 'Finish, you know' and he pointed to the unpainted hand of the figure.

'Oh, it shall be finished in perfection; in the perfection of perfections!' cried mademoiselle; and to confirm her promise, she deposited a rosy blotch in the middle of the Madonna's cheek.

But the American frowned. 'Ah, too red, too red!' he rejoined. 'Her complexion', pointing to the Murillo, 'is… more delicate.'

'Delicate? Oh, it shall be delicate, monsieur; delicate as Sèvres biscuit. I am going to tone that down; I know all the secrets of my art. And where will you allow us to send it to you? Your address?'

'My address? Oh yes!' And the gentleman drew a card from his pocket-book and wrote something upon it. Then hesitating a moment he said, 'If I don't like it when it it's finished, you know, I shall not be obliged to take it.'

The young lady seemed as good a guesser as himself. 'Oh, I am very sure that monsieur's not capricious!, she said with a roguish smile.

'Capricious?' And at this monsieur began to laugh. 'Oh no, I'm not capricious. I am very faithful. I am very constant. Comprenez?"

Francis Scott FITZGERALD (1896-1940)

He is one of the most significant writers of the period known as the "Jazz Age" (after World War I). He wrote novels and short stories. Two novels at least are quite famous, The Great Gatsby *(1925) and* Tender is the Night *(1934). "Fitzgerald was the self-styled spokesman of the 'Lost Generation', Americans born in the 1890s who came of age during World War I"* [Wikipedia, the free encyclopaedia].

The Great Gatsby (1925)

The action of the novel takes place in New York and Long Island in 1922. It revolves around Jay Gatsby, a very wealthy young man, who throws fabulous parties in his lavish mansion. The narrator, Nick Carraway, fascinated by the glamour of this glittering life, typical of the "Jazz Age", becomes his friend. Gatsby is soon involved in a tragic story of love and jealousy, which causes his death.

Extract

At one of Gatsby's parties :

"A celebrated tenor had sung in Italian and a notorious contralto had sung in jazz and between the numbers people were doing 'stunts' all

over the garden while happy vacuous bursts of laughter rose toward the summer sky. A pair of stage 'twins' (...) did a baby act in costume and champagne was served in glasses bigger than finger bowls. The moon had risen higher, and floating in the Sound was a triangle of silver scales, trembling a little to the stiff, tinny drip of the banjoes on the lawn."

William FAULKNER (1897-1963)

He is considered as one of the most original writers of American literature. His art of writing, influenced by European writers like James Joyce or Virginia Woolf, resorts to various literary devices such as the "stream of consciousness" or the use of various narrative viewpoints.

This writer, born in Oxford, Mississippi, is also presented as a major "Southern writer", in that his themes are associated with the so-called problems of the South (the guilt induced by former slavery, various social evils such as alcoholism...).

He was awarded the Nobel Prize for literature in 1949.

The Sound and the Fury (1929)

This novel centres on the Compson family, a degenerate family of the South: three sons (Benjy who is mentally defective, Quentin who goes mad, Jason who is dishonest), their sister Caddy, idolized by Benjy, their drunken father, their nymphomaniac mother... The story is made up of four narratives, three of which are those of the three Compson sons and make use of the "stream of consciousness". This device consists in using an uninterrupted flow of words, supposedly imitating the free flow of thoughts.

Extracts

"Caddy held me and I could hear us all, and the darkness, and something I could smell. And then I could see the windows, where the trees were buzzing. Then the dark began to go in smooth, bright shapes, as it always does, even when Caddy says that I have been asleep."

"I hit him I was still trying to hit him long after he was holding my wrists but I still tried then it was like I was looking at him through a piece of colored glass I could hear my blood."

Ernest HEMINGWAY (1899-1961)

A mythical figure of American literature, familiarly nicknamed "Papa". This famous novelist and journalist played a major part in the development of American fiction writing in the 20th century (see below). His contemporaries were similarly impressed by his tumultuous life. He took part in World War I, lived in Paris during the Roaring Twenties with other representatives of the "Lost Generation", went in for hunting in Africa, was fascinated by bull-fighting in Spain, had four wives, and finally committed suicide… He enjoyed life thoroughly, seeking what he called "grace under pressure".

His works are classics of American literature: in particular his novels Farewell to Arms *(1929), set during World War I,* For whom the Bell Tolls *(1941),* The Old Man and the Sea *(1952), about the fight between an old fisherman and a giant marlin, his collection of short stories* The Snows of Kilimandjaro.

Hemingway's style is characterized by its terseness, its artful use of understatement, focusing on the mere facts of the story.

For Whom the Bell Tolls (1941)

The action of the novel takes place during the Spanish Civil War (1936-1939). Robert Jordan, an American university professor who belongs to the International Brigades, is to blow up a bridge in order to help a group of Republican guerillas. He falls in love with Maria, a young woman in the group he joins. Their love story is all the more passionate as it is short-lived. One of the main themes of the novel is death and the way the various characters face the very prospect of dying. Robert Jordan, in particular, knows he is going to die, and at the end of the novel awaits death with "his heart beating against the pine needle floor of the forest".

Extract

Robert Jordan has just killed an enemy and is about to leave.

"Kiss me', she said. 'If thou goest.'.

'Thou art shameless', he said.

'Yes' she said. 'Totally.'

'Get thee back now. (…)

'Say that you love me.'

'No. Not now.'

'Not love me now?'

'Déjamos. *Get thee back. One does not do that and love all at the same time.'*

'I want to go to hold the legs of the gun and while it speaks love thee all in the same moment.'

'Thou art crazy. Get thee back now.'

'I am not crazy', she said. 'I love thee.'

'Then get thee back.'

'Good. I go. And if thou dost not love me, I love thee enough for both."

John STEINBECK (1902-1968)

Another most famous American writer of the 20th century. He was awarded the Nobel Prize for Literature in 1962 and the Pulitzer Prize for The Grapes of Wrath *(1939). Other celebrated works:* Tortilla Flat *(1935)*, In Dubious Battle *(1936)*, Of Mice and Men *(1937), a pathetic novella featuring two poor farmhands*, The Pearl *(1948)*, East of Eden *(1952)*, The Winter of our Discontent *(1961).*

Steinbeck is a naturalist writer, whose work focuses on social injustice and underprivileged people, more specifically on all the poor people that suffered from the Great Depression. His style is characterized by a blend of realism and intense lyricism.

The Grapes of Wrath (1939)

This novel is the saga of a family, the Joads, who are dispossessed of their farm and forced to leave the Oklahoma Dust Bowl. With lots of other "Okies", they leave for California, hoping to find work there. Yet they soon realize that they have been fooled and are victims of a ruthless economic system.

Extract

"Men who have created new fruits in the world cannot create a system whereby their fruits may be eaten. And the failure hangs over the State like a great sorrow… And in the eyes of the people there is the failure; and in the eyes of the hungry there is a growing wrath. In the souls of the people the grapes of wrath are filling and growing heavy, growing heavy for the vintage."

J.D. SALINGER (1919-2010)

This writer is mostly associated with his cult novel The Catcher in the Rye *(1951), whose hero, Holden Caulfield, has become an icon of youthful dissatisfaction and rebellion for generations of teenagers. As Salinger has not published anything since… 1965, does not give interviews and is never seen in public, he has already become a legendary writer.*

The Catcher in the Rye (1951)

This novel deals with the experiences and thoughts of Holden Caulfield, who has just been expelled from Pencey Prep, a University preparatory school. He is in particular obsessed with all the "phony" aspects of the adult world. Part of the charm of the book is due to the laid-back way Holden Caulfield expresses his views on life and people, through his use of slang words and colloquial phrases.

Extracts

"If you really want to hear about it, the first thing you'll probably want to know is where I was born and what my lousy childhood was like, and how my parents were occupied and all before they had me, and all that David Copperfield kind of crap, but I don't feel like going into it, if you want to know the truth." (Opening words of the book)

"I'm sort of an atheist. I like Jesus and all, but I don't care too much for most of the other stuff in the Bible. Take the Disciples, for instance. They annoyed the hell out of me, if you want to know the truth."

Jack KEROUAC (1922-1969)

He is one of the most significant exponents of what was called the "Beat Generation", with Allen Ginsberg and William Burroughs. He wandered through the USA and Mexico in the 1940s, and that experience was the source of inspiration of his cult novel On the Road *(1957). He advocated a return to nature, rebellion against the materialistic dimension of society, a search for all that is genuine, as well as the use of drugs.*

On the Road (1957)

This largely autobiographical novel was written (in three weeks) in 1951, but published six years later. It is based on Kerouac's travels through the USA and Mexico from 1943 to 1950. The book is both a revolt against conventions and a "spiritual quest". The fast-paced narrative and its lyrical style are quite impressive.

Extract

"In no time at all we were back on the main highway and that night I saw the entire state of Nebraska unroll before my eyes. A hundred and ten miles an hour straight through, a narrow road, sleeping towns, no traffic, and the Union Pacific streamliner falling behind us in the moonlight. (…) It was a magnificent car; it could hold the road like a boat holds on water. Gradual curves were its singing ease."

John IRVING (1942)

This most original writer, born in New Hampshire, has always been interested in writing, Dickens and… wrestling ! He attended university in the US and spent a year studying in Vienna. He started writing at an early age, but was not successful overnight. He enjoyed enormous success with the publication of The World According to Garp *(1978). Other novels:* Setting free the Bears *(1969)*, The Hotel New Hampshire *(1981)*, The Cider House Rules *(1985)*, A Son of the Circus *(1994)*.

The World According to Garp (1978)

It is the tragicomic life story of a writer, T.S. Garp, the son of a feminist nurse and of a brain-damaged soldier who could only say "Garp" ! In this zany novel, John Irving excels at blending tragic events and hilarious anecdotes, and we are thus introduced to a number of eccentric characters. The book was immensely popular as soon as it was published.

Extract

Garp's answer to one Mrs Poole, who has just read one of his novels:

"Horace Walpole once said that the world is comic to those who think and tragic to those who feel. I hope you'll agree with me that Horace Walpole somewhat simplifies the world by saying this. Surely both of us think and feel; in regard to what's comic and what's tragic, Mrs Poole, the world is all mixed up. For this reason I have never understood why 'serious' and 'funny' are thought to be opposites. (…) Therefore, I have nothing but sympathy for how people behave – and nothing but laughter to console them with."

Chapitre 21

Dix cartes… ou presque !

Planisphère

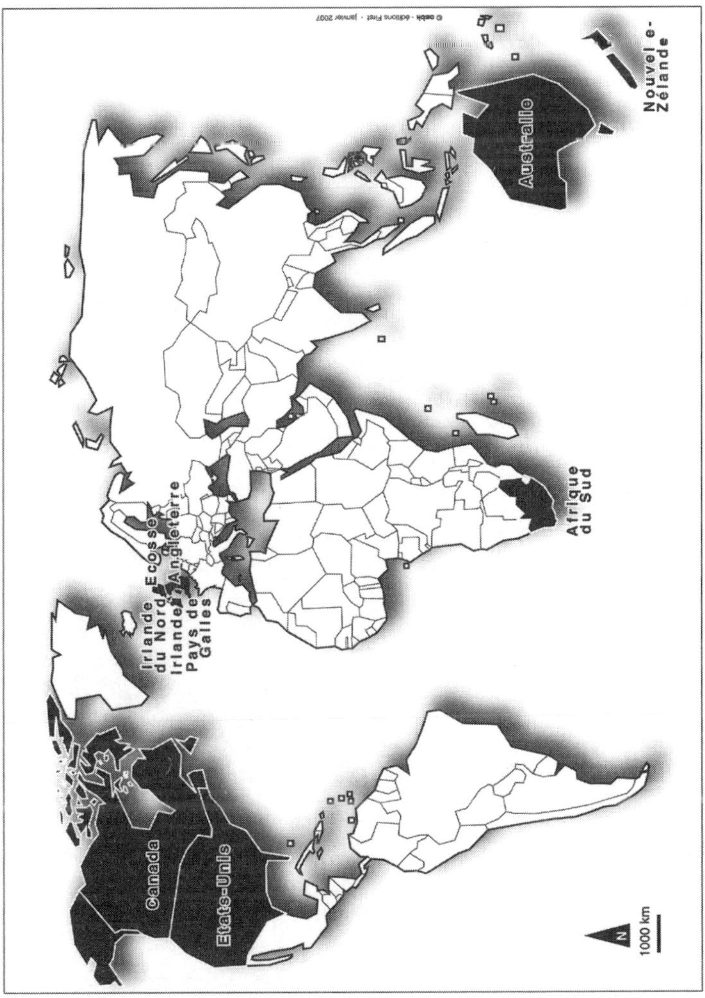

Angleterre

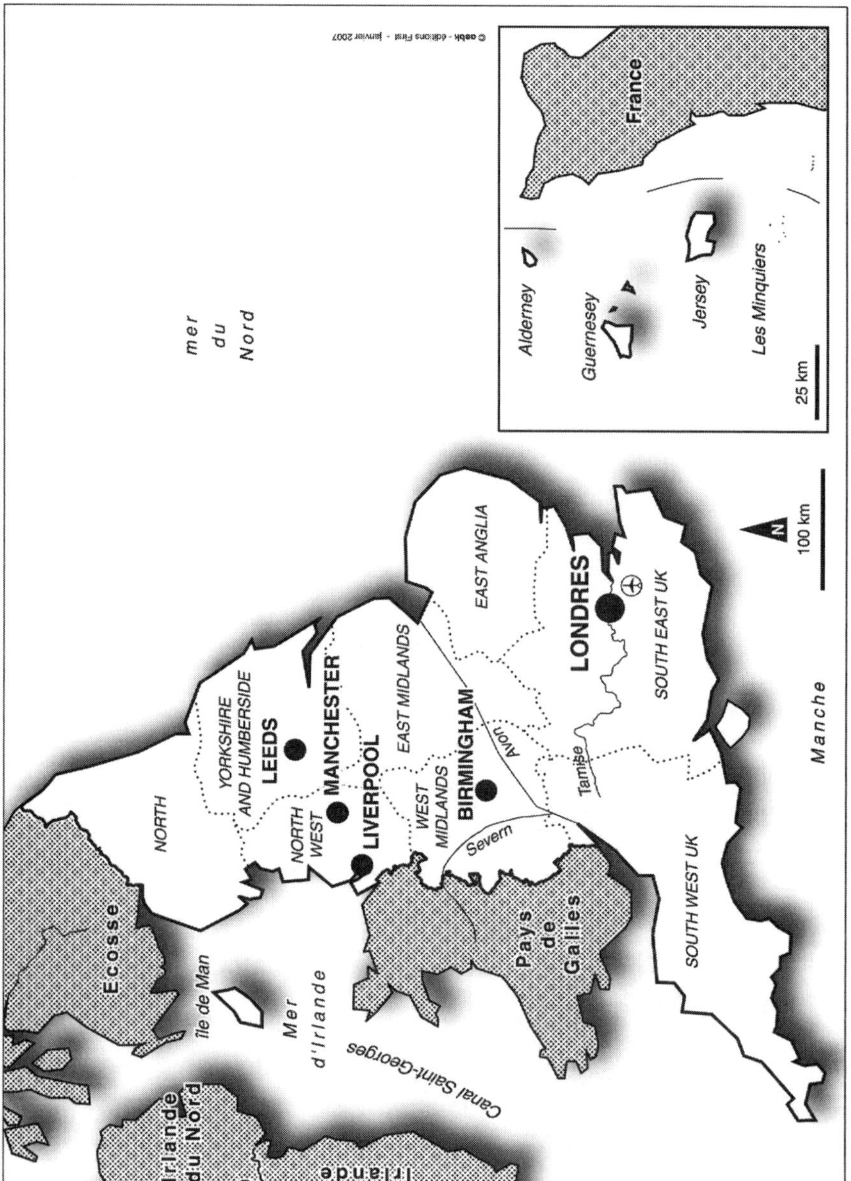
© asbk - éditions First - janvier 2007
mer du Nord
France
Alderney
Guernesey
Jersey
Les Minquiers
25 km
N
100 km
EAST ANGLIA
LONDRES
SOUTH EAST UK
Tamise
Manche
Avon
SOUTH WEST UK
Severn
Pays de Galles
BIRMINGHAM
WEST MIDLANDS
EAST MIDLANDS
LIVERPOOL
MANCHESTER
LEEDS
YORKSHIRE AND HUMBERSIDE
NORTH WEST
NORTH
Ecosse
île de Man
Mer d'Irlande
Canal Saint-Georges
Irlande du Nord
Irlande

Écosse

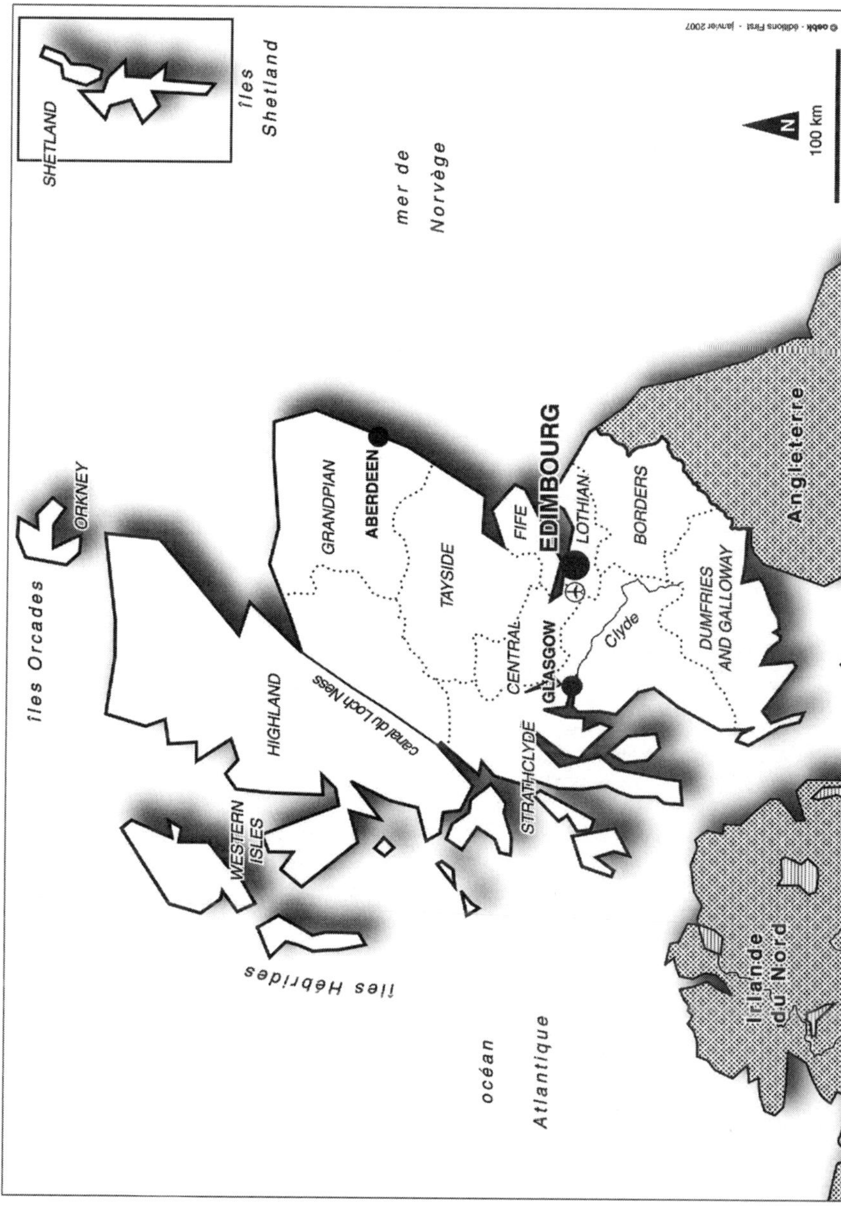
SHETLAND
îles Shetland
mer de Norvège
100 km
N
© aabk - éditions First - janvier 2007
ORKNEY
îles Orcades
HIGHLAND
canal du Loch Ness
GRANDPIAN
ABERDEEN
TAYSIDE
FIFE
EDIMBOURG
LOTHIAN
BORDERS
CENTRAL
GLASGOW
Clyde
STRATHCLYDE
DUMFRIES AND GALLOWAY
Angleterre
WESTERN ISLES
îles Hébrides
océan Atlantique
Irlande du Nord

Pays de Galles

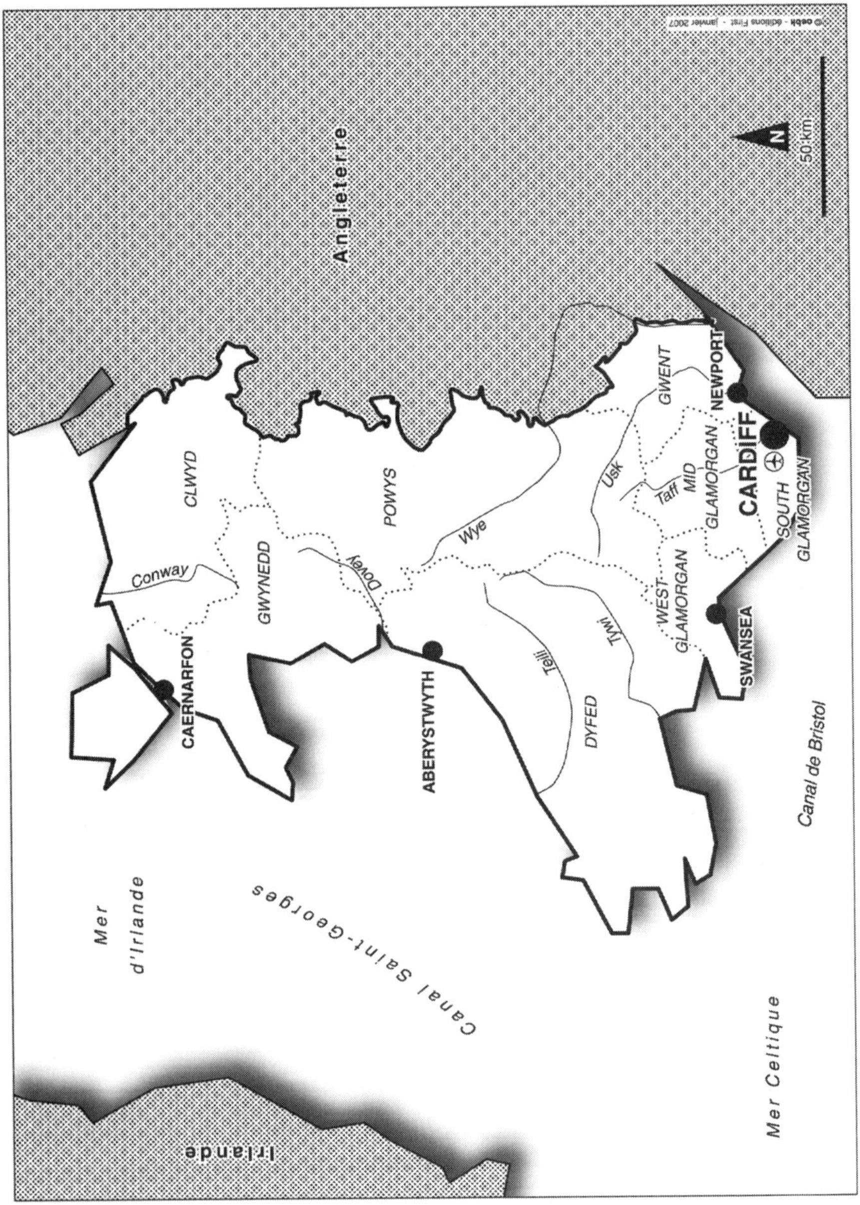

Irlande

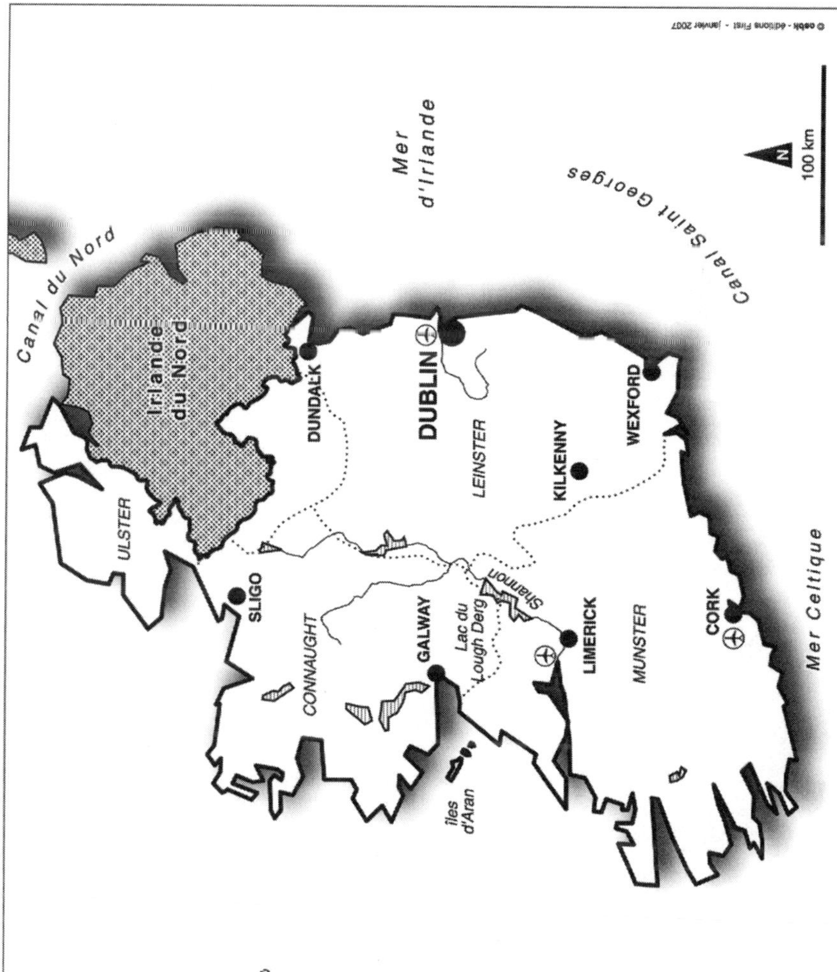
Mer d'Irlande
Canal Saint Georges
Canal du Nord
N
100 km
Irlande du Nord
DUNDALK
DUBLIN
LEINSTER
KILKENNY
WEXFORD
ULSTER
SLIGO
CONNAUGHT
GALWAY
Lac du Lough Derg
Shannon
LIMERICK
MUNSTER
CORK
Mer Celtique
îles d'Aran
Océan Atlantique

Irlande du Nord

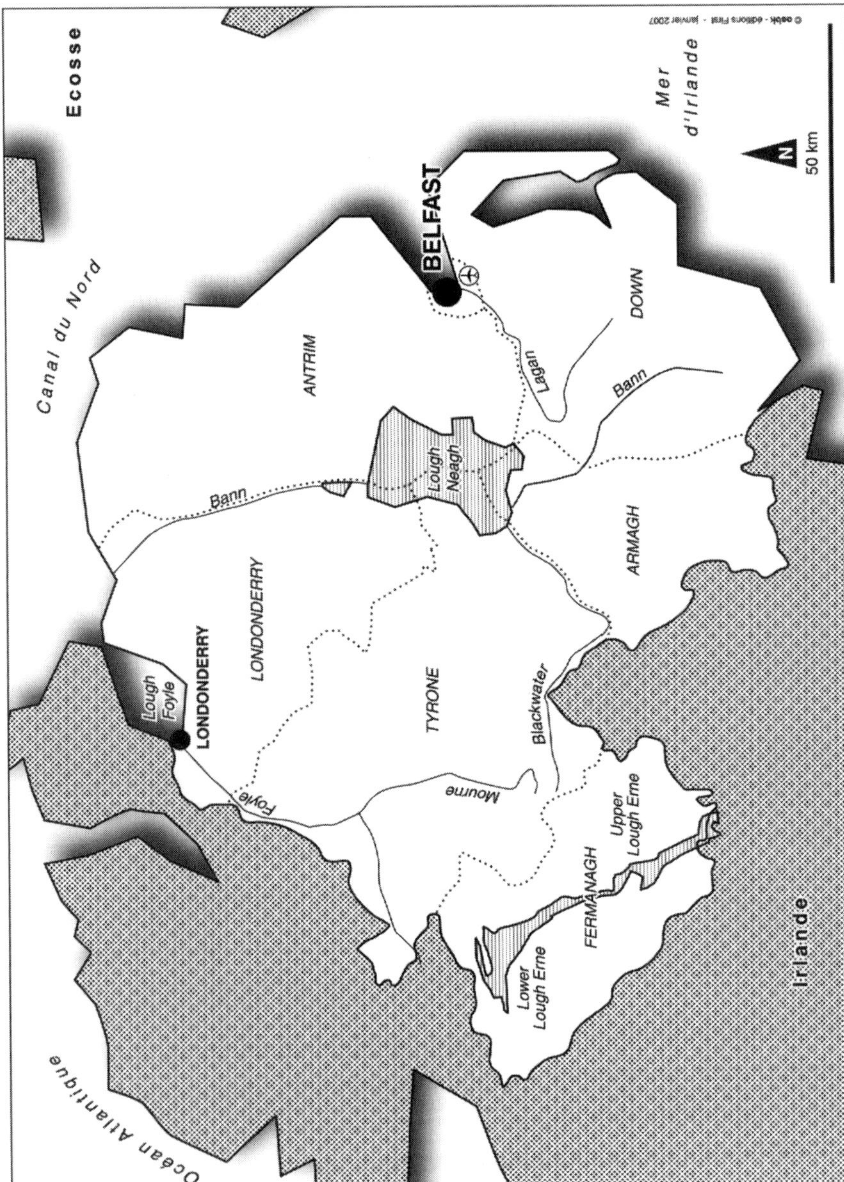

Australie

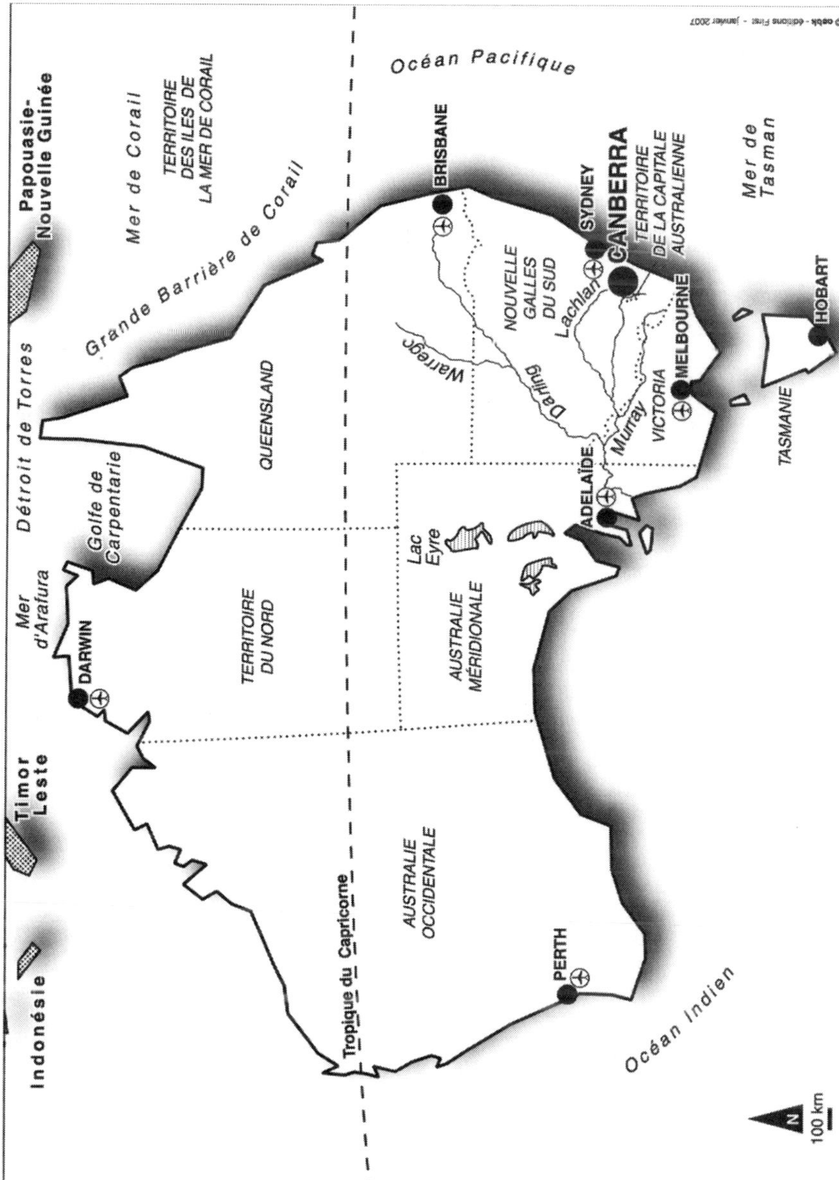
Papouasie-Nouvelle Guinée
Mer de Corail
TERRITOIRE DES ILES DE LA MER DE CORAIL
Océan Pacifique
Grande Barrière de Corail
Détroit de Torres
Golfe de Carpentarie
Mer d'Arafura
BRISBANE
SYDNEY
CANBERRA
TERRITOIRE DE LA CAPITALE AUSTRALIENNE
Mer de Tasman
HOBART
NOUVELLE GALLES DU SUD
Lachlan
MELBOURNE
VICTORIA
Murray
Darling
Warrego
QUEENSLAND
DARWIN
TERRITOIRE DU NORD
ADELAÏDE
Lac Eyre
AUSTRALIE MÉRIDIONALE
TASMANIE
Timor Leste
AUSTRALIE OCCIDENTALE
Tropique du Capricorne
PERTH
Indonésie
Océan Indien
N
100 km
© cebk - éditions First - janvier 2007

Canada

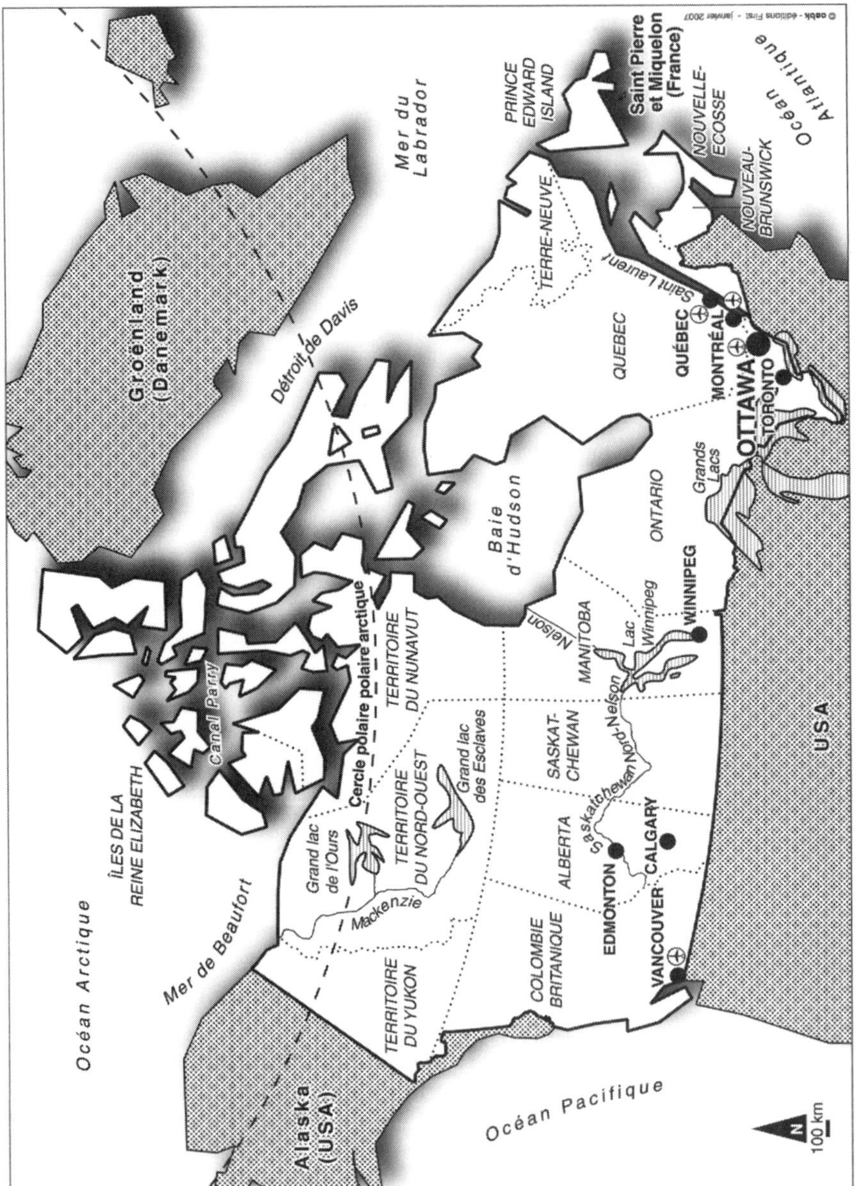
Océan Arctique
Alaska (USA)
Océan Pacifique
Mer de Beaufort
ÎLES DE LA REINE ELIZABETH
Groenland (Danemark)
Détroit de Davis
Mer du Labrador
Canal Parry
Cercle polaire arctique
TERRITOIRE DU NUNAVUT
TERRITOIRE DU NORD-OUEST
TERRITOIRE DU YUKON
Grand lac de l'Ours
Grand lac des Esclaves
Mackenzie
COLOMBIE BRITANIQUE
ALBERTA
SASKAT-CHEWAN
MANITOBA
ONTARIO
QUEBEC
TERRE-NEUVE
PRINCE EDWARD ISLAND
NOUVELLE-ECOSSE
NOUVEAU-BRUNSWICK
Saint Pierre et Miquelon (France)
Océan Atlantique
Saint Laurent
Baie d'Hudson
Nelson
Lac Winnipeg
Saskatchewan Nord
Saskatchewan
Grands Lacs
USA
VANCOUVER
EDMONTON
CALGARY
WINNIPEG
OTTAWA
TORONTO
MONTRÉAL
QUÉBEC
N
100 km
© cabk - éditions First - janvier 2007

Afrique du Sud

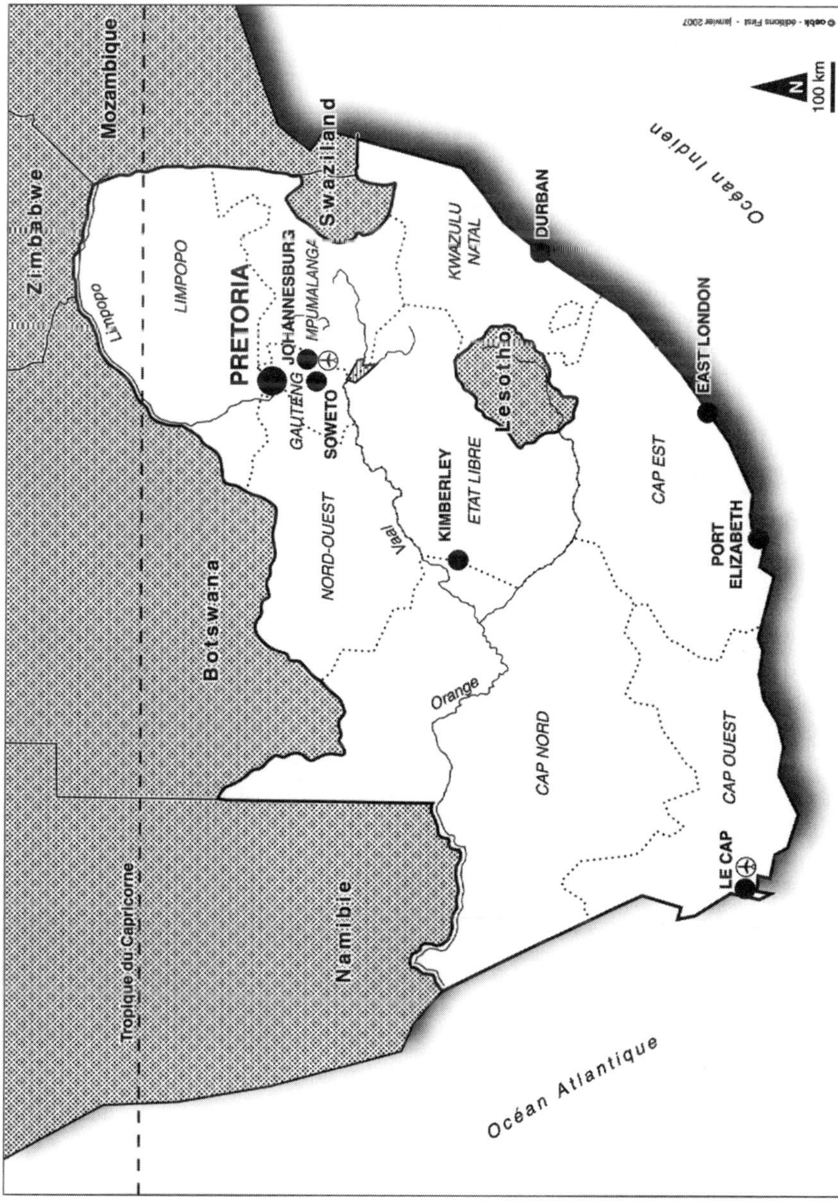

États-Unis d'Amérique

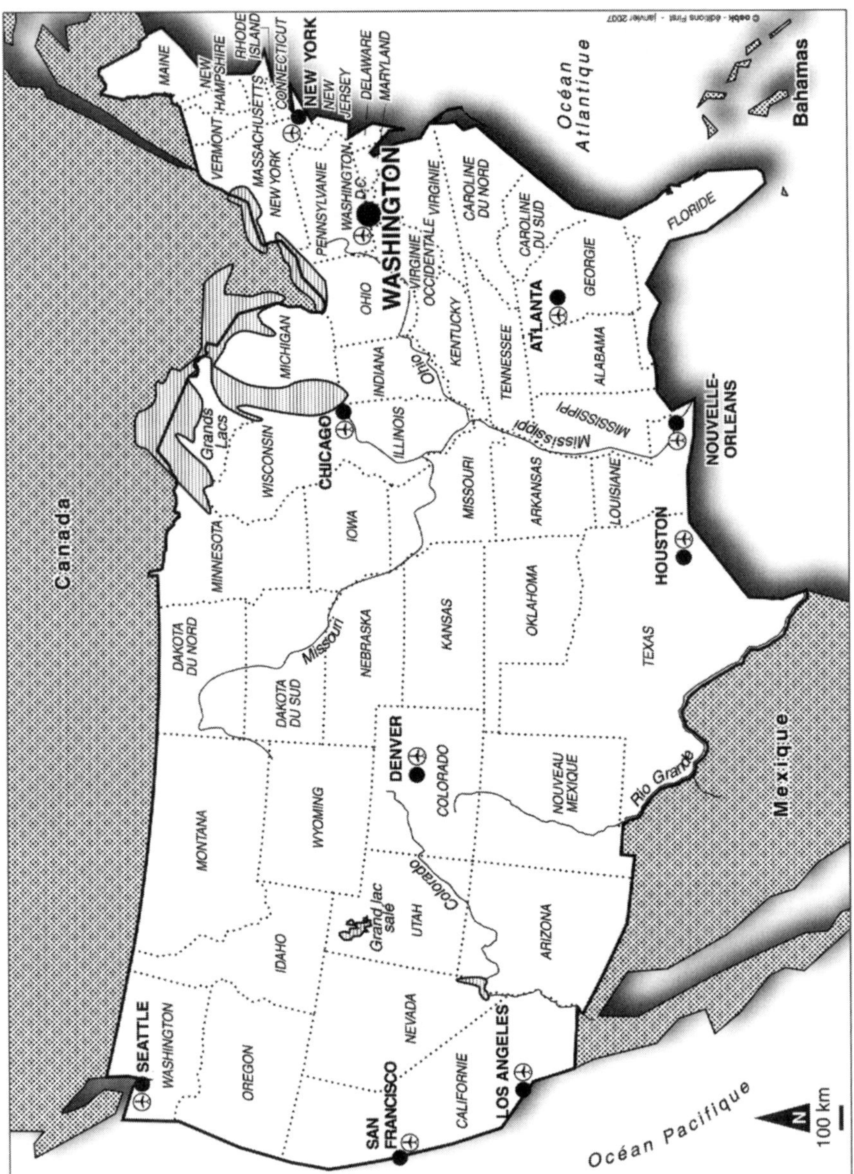

Alaska

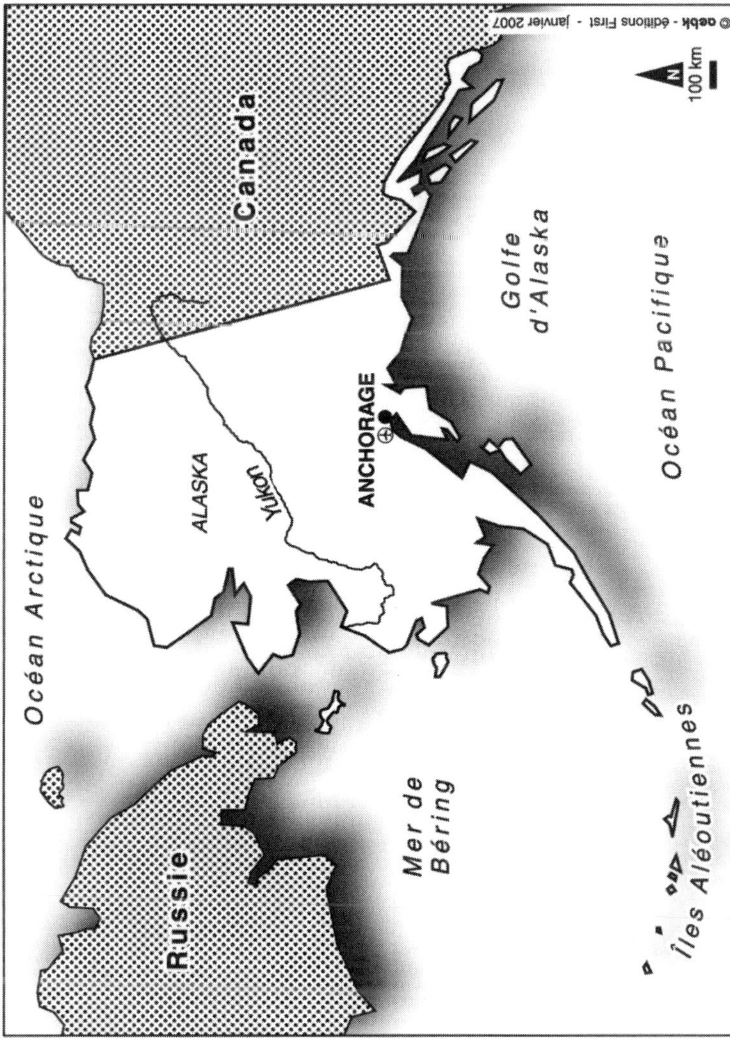
© aebk - éditions First - janvier 2007
N
100 km
Canada
Golfe
d'Alaska
Océan Pacifique
ANCHORAGE
ALASKA
Yukon
Océan Arctique
Mer de
Béring
Russie
Îles Aléoutiennes

Nouvelle-Zélande

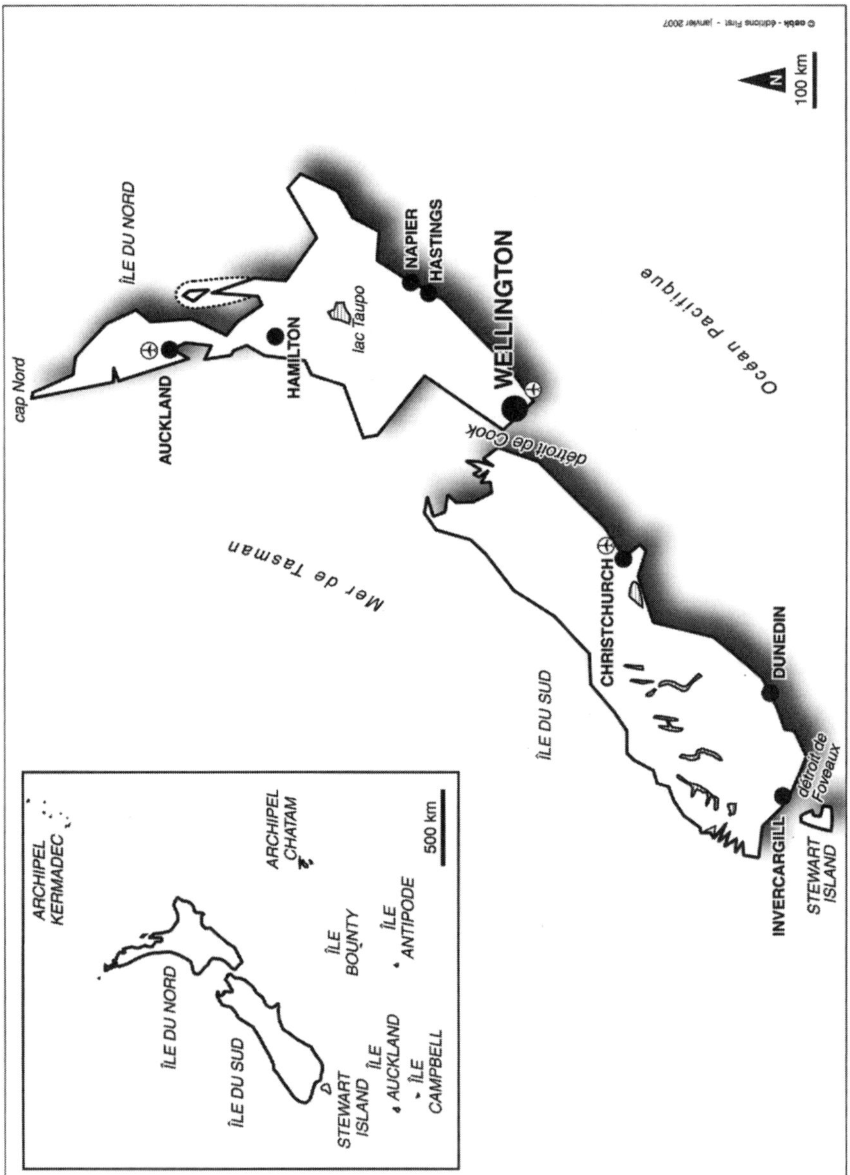

Chapitre 22

Dix fautes de… français

S'il faut soigner votre anglais, n'oubliez pas que vous pouvez avoir à traduire un passage en français et que le français ne doit pas être considéré comme la cinquième roue du carrosse. Comme il a été dit plus haut, la version n'est pas le moment où l'on souffle en croyant avoir affaire à un exercice des plus reposants. Ce n'est pas du tout le cas, en grande partie parce que, contrairement à ce que pensent nombre de candidats, écrire en français n'a rien d'« évident », même pour un *native speaker*. Voici donc une petite liste de fautes allégrement commises par les Français en général, les candidats aux examens et concours en particulier…

amener, ramener, emmener, remmener/apporter, rapporter, emporter, remporter

La distinction en français, claire, nette et classique, est loin d'être respectée dans la conversation courante ! La voici :

« amener », « ramener », « emmener », « remmener » **quelqu'un**

« apporter », « rapporter », « emporter », « remporter » **quelque chose**

Take an umbrella with you. – Emporte un parapluie.

Bring your friend to the concert. – Amène ton ami au concert.

se rappeler / se souvenir de

« Se souvenir de » est un verbe transitif **indirect** ; « se rappeler » est un verbe transitif **direct**, c'est-à-dire ne se construit pas avec « de ». C'est bien de le savoir, mais il faut en tirer les conclusions !

I remember our holidays together. – Je me souviens **de** nos vacances ensemble. = Je me rappelle nos vacances ensemble.

Et non : ~~*Je me rappelle de nos vacances*~~.

I remember that. = Je me souviens de cela. = Je m'en souviens. = Je me rappelle cela.

Et non : ~~Je m'en rappelle~~.

bien que / quoique / quoi que

Tout d'abord, n'utilisez que les conjonctions « bien que » ou « quoique », et rangez « malgré que » au magasin des accessoires dépassés, vu que l'emploi de cette conjonction est réputé fautif par bien des grammairiens. Deuxièmement, n'oubliez pas que ces conjonctions de concession sont **obligatoirement** suivies en français du... **subjonctif**.

Although he was tired... – Bien qu'il *fût* fatigué...

Though he knew it was true... – Quoiqu'il *sût* que c'était vrai...

Autrement dit, vous avez tout intérêt à réviser, entre autres, votre imparfait du subjonctif. Il vous rendra service !

D'autre part, faites bien la distinction entre « quoique » (= « bien que ») et « quoi que » (= « quelle que soit la chose que »)

Whatever you may think... – Quoi que vous puissiez penser...

prétendu / soi-disant

« Soi-disant » ne devant s'utiliser qu'avec un **nom de personne**, c'est « prétendu » qu'il faut utiliser devant un **nom de chose**.

a so-called expert : un soi-disant expert

Tout va bien dans le cas précédent, mais :

a so-called problem : un prétendu problème

Et non : ~~un soi-disant problème~~

de suite / tout de suite

La locution « de suite », qui signifie « d'affilée », « sans interruption », ne doit pas s'utiliser à la place de « tout de suite », seule locution signifiant « immédiatement ».

Do it at once (= immediately)! – Fais-le **tout** de suite !

I'll be right back! – Je reviens **tout** de suite !

three days in a row : trois jours **de suite**

commencer / débuter

Le verbe « débuter » **n'est pas un verbe transitif !** On ne peut pas « débuter » quelque chose ! Il faut donc employer dans ce cas « commencer », « entamer », voire « attaquer ».

He started his career in 1985. – Il a commencé (= entamé) sa carrière en 1985.

Et non : Il a ~~débuté~~ sa carrière…

En revanche, la traduction suivante est tout à fait correcte :

That started in 1985. – Cela a débuté en 1985.

« Débuter » est ici, à juste titre, utilisé intransitivement.

s'avérer / se révéler

Le verbe « s'avérer » signifiant, lorsqu'il est bien employé, « se révéler vrai », il est assez ridicule et considéré comme fautif de dire « s'avérer faux ». Donc : à éviter soigneusement. De même que « s'avérer vrai », réjouissant pléonasme. Avec les adjectifs « vrai » et « faux » on utilise donc « se révéler ». En revanche, « s'avérer » peut s'utiliser avec d'autres adjectifs.

It turned out to be true. = *It proved true.* – Cela se révéla vrai.

It turned out to be very useful. = *It proved very useful.* – Cela s'avéra très utile.

basé sur

Étant donné que cette expression est encore critiquée par de nombreux puristes en français, il est préférable de traduire autrement *based on.*

This opinion is based on facts. – Cette opinion repose sur (= s'appuie sur = est fondée sur) des faits

espèce de

Rappelons qu'en français correct, on doit dire (tout à fait logiquement) « **une** espèce » et non « ~~un~~ espèce de »…

a kind of exam = *a sort of exam* : **une** espèce d'examen, une sorte d'examen

pallier

Ce verbe est transitif direct : on ne pallie pas **à** quelque chose.

to make up for the lack of… : pallier le manque de…

Chapitre 23

Dix sites internet

Comme pour tout, Internet est une incomparable mine de ressources sans fin.

Ce chapitre recense des sites très différents :

- tout d'abord des sites en rapport direct avec le bac, plus précisément avec les épreuves du bac en anglais : on y trouvera de nombreuses annales des épreuves, des explications, des corrigés, les barèmes, des exercices d'entraînement généraux, etc. ;
- l'encyclopédie en ligne (gratuite) Wikipedia, certes bien connu du grand public, mais qui offre ses articles **en plusieurs langues** (dont l'anglais naturellement) ; inestimable sur le plan des connaissances culturelles sur tel ou tel sujet « de cours » ; il faudra bien entendu entrer le mot clé en… anglais ;
- un site consacré aux grands textes de la littérature anglo-saxonne ;
- un site (parmi bien d'autres) d'accès à un quotidien anglais ;
- le site de la BBC ;
- un site sur les loisirs culturels.

Cette miniliste est donc hypersélective. Mais il est évident que l'on trouve sur Internet (presque) tout ce que l'on voudra pour s'entraîner en anglais dans tel ou tel domaine de l'oral ou de l'écrit. Certains sites sont (partiellement) payants, d'autres non. Il suffit pour s'orienter de taper sur **google.fr** ou sur un autre moteur de recherche (par exemple, moins connus, **altavista.com** ou **dogpile.com**) les mots clés qui vous indiqueront les sites en rapport avec votre recherche.

www.bacanglais.com

Tout sur le bac en anglais ! Description des épreuves, coefficents, conseils, ressources lexicales.

www.lewebpedagogique.com

Annales de baccalauréat (entre autres), sujets corrigés, conseils de révision, fiches, informations sur le bac en général toutes séries et le bac anglais en particulier.

www.tolearnenglish.com

Exercices, ressources culturelles.

www.letudiant.fr/examen/baccalaureat.html

Sujets et corrigés du bac de l'année, forums, conseils, révisions, vidéos (par exemple : « Bac : une prof d'anglais vous coache »).

www.e-anglais.com

Ce site propose des annales du bac en anglais qui datent un peu, mais aussi beaucoup d'exercices de grammaire, de tests divers, de conseils pour choisir un dictionnaire d'anglais, écouter la radio... On peut aussi y trouver des cours d'anglais en ligne.

www.wikipedia.com

L'encyclopédie universelle, actualisée en permanence par des internautes spécialistes de chaque question. En français et en anglais. Une véritable mine sur tous les sujets.

www.classicreader.com

Pour lire ou télécharger des œuvres anglaises et américaines en ligne. Un site très riche en romans et nouvelles dans le domaine public.

www.bbc.co.uk

Un site d'informations incomparable ! On peut y lire des articles en ligne, les écouter, les imprimer. On y trouve aussi pas mal de ressources pour travailler son anglais, des quizzes, des études de vocabulaire, etc. Excellent bain d'anglais !

www.guardian.co.uk

Nombreux articles d'archives du journal *The Guardian* accessibles gratuitement en ligne. On peut facilement effectuer une recherche sur un sujet par mot clé.

www.yahoo.com/Entertainment

Une mine pour tout ce qui concerne les loisirs culturels, notamment les films, les acteurs, les livres, les musiques, les émissions de télévision,etc. Très nombreux liens. Recherche possible par mot clé.

Disponibles dans la collection « Pour les Nuls »

Culture générale

Histoire

Titre	*Auteur*	*Prix*	*ISBN*
L'Histoire du monde	Philippe Moreau Defarges	22,90 €	978-2-7540-1265-2
L'Histoire de la Belgique	Fred Stevens, Axel Tixhon	22,90 €	978-2-7540-1482-3
La Préhistoire	Gilles Gaucher	22,90 €	978-2-7540-2185-2
La Rome antique	Guy de la Bédoyère, Catherine Salles	22,90 €	978-2-7540-1822-7
La Grèce antique	Stephen Batchelor, Marie-Dominique et Marc Porée	22,90 €	978-2-7540-1602-5
Le Gaullisme	Chantal Morelle	22,90 €	978-2-7540-0821-1
La Chine	Angélina Boulesteix	22,90 €	978-2-7540-1145-7
La Culture générale, 2e édition	Florence Braunstein, Jean-François Pépin	22,90 €	978-2-7540-1628-5
La Culture générale illustrée, 2e édition	Florence Braunstein, Jean-François Pépin	29,90 €	978-2-7540-1275-1
La Révolution française	Alain-Jacques Czouz-Tornare	22,90 €	978-2-7540-0811-2
Les Années 60	Stéphane Benhamou	22,90 €	978-2-7540-0610-1
La Mythologie illustrée	Collectif	29,90 €	978-2-7540-0989-8
Les Grandes Civilisations	Florence Braunstein, Jean-François Pépin	22,90 €	978-2-7540-0605-7
La Première Guerre mondiale	Jean-Yves Le Naour	22,90 €	978-2-7540-0616-3
La Ve République	Nicolas Charbonneau, Laurent Guimier	24,90 €	978-2-7540-0620-0
Le Moyen Âge	Pierre Langevin	22,90 €	978-2-7540-0563-0
Paris	Danielle Chadych, Dominique Leborgne	22,90 €	978-2-7540-0168-7
L'Égypte ancienne	Florence Maruéjol	22,90 €	978-2-7540-0256-1
La Mythologie	Christopher W. Blackwell, Amy Hackney Blackwell	22,90 €	978-2-7540-0257-8

Titre	*Auteur*	*Prix*	*ISBN*
L'Histoire de France illustrée	Jean-Joseph Julaud	29,90 €	978-2-7540-0110-6
L'Histoire de France	Jean-Joseph Julaud	22,90 €	978-2-8769-1941-9

Religion et ésotérisme

Titre	*Auteur*	*Prix*	*ISBN*
Le Coran	Malek Chebel, Sohaib Sultan	22,90 €	978-2-7540-0982-9
La Torah	Arthur Kurzweil, Victor Malka	22,90 €	978-2-7540-0978-2
Le Christianisme	Richard Wagner, Père Denis Metzinger	22,90 €	978-2-7540-0991-1
L'Islam	Malcolm Clark, Malek Chebel	22,90 €	978-2-7540-0531-9
Le Judaïsme	Josy Eisenberg	22,90 €	978-2-7540-0596-8
La Bible illustrée	Éric Denimal	29,90 €	978-2-7540-0274-5
Le Catholicisme	John Trigilio, Père Pierre Lartigue	22,90 €	978-2-7540-0182-3
La Franc-Maçonnerie	Christopher Hodapp, Philippe Benhamou	22,90 €	978-2-7540-0150-2
Le Bouddhisme	Jonathan Landaw, Stephan Bodian	22,90 €	978-2-7540-0062-8
La Bible	Éric Denimal	21,90 €	978-2-8769-1800-9
Sagesse et Spiritualité	Sharon Janis	21,90 €	978-2-8769-1769-9

Société

Titre	*Auteur*	*Prix*	*ISBN*
L'ONU	Yves Berthelot, Jean-Michel Jakobowicz	22,90 €	978-2-7540-1411-3
La Mondialisation	Francis Fontaine, Sylvie Goulard, Brune de Bodman	22,90 €	978-2-7540-0778-8
L'Instruction civique	Guillaume Bernard, Frédéric Monera	22,90 €	978-2-7540-0979-9
L'Europe, 2e édition	Sylvie Goulard	22,90 €	978-2-7540-1213-3
L'Écologie	Franck Courchamp	22,90 €	978-2-7540-0554-8
La Géopolitique	Philippe Moreau Defarges	22,90 €	978-2-7540-0623-1
La Justice	Emmanuel Pierrat	22,90 €	978-2-7540-0553-1
La Philosophie, 2e édition	Christian Godin	22,90 €	978-2-7540-0460-2
L'Économie	Michel Musolino	22,90 €	978-2-7540-0351-3
La Politique	Philippe Reinhard	22,90 €	978-2-7540-0335-3
La Géographie française	Jean-Joseph Julaud	22,90 €	978-2-7540-0245-5

Sciences et techniques

Titre	*Auteur*	*Prix*	*ISBN*
L'Histoire de l'aviation	Philippe Benhamou	22,90 €	978-2-7540-1146-4
L'Histoire des sciences	Vincent Jullien	22,90 €	978-2-7540-0977-5
La Physique	Dominique Meier (sous la dir. de)	22,90 €	978-2-7540-0915-7
La Conquête spatiale	Michel Polacco	22,90 €	978-2-7540-1143-3
Les Maths	Jean-Louis Boursin	22,90 €	978-2-7540-0093-2
L'Astronomie	Stephen Maran, Pascal Bordé	21,90 €	978-2-8769-1634-0

Beaux-arts

Titre	*Auteur*	*Prix*	*ISBN*
Le Louvre	Daniel Soulié	22,90 €	978-2-7540-1404-5
La Télévision	Marie Lherault, François Tron	22,90 €	978-2-7540-0976-8
Les Séries télé	Marjolaine Boutet	22,90 €	978-2-7540-0912-6
Le Rock	Nicolas Dupuy	22,90 €	978-2-7540-0819-8
L'Histoire de la peinture	Jean-Jacques Breton, Dominique Williatte	22,90 €	978-2-7540-0812-9
La Danse classique	Evelyne Cisneros, Scott Speck, Florence Balique	22,90 €	978-2-7540-1045-0
L'Histoire du cinéma	Vincent Mirabel	22,90 €	978-2-7540-0609-5
Le Jazz	Dirk Sutro, Stéphane Koechlin	22,90 €	978-2-7540-0779-5
L'Histoire de l'art illustrée	Jean-Jacques Breton, Philippe Cachau, Dominique Williatte	29,90 €	978-2-7540-0493-0
L'Histoire de l'art	Jean-Jacques Breton, Philippe Cachau, Dominique Williatte	22,90 €	978-2-7540-0229-5
L'Opéra	David Pogue, Claire Delamarche	22,90 €	978-2-7540-0244-8
La Musique classique	David Pogue, Claire Delamarche	22,90 €	978-2-7540-0151-9

Langue française

Titre	*Auteur*	*Prix*	*ISBN*
L'Humour	Gordon Zola	22,90 €	978-2-7540-1956-9
La Poésie française	Jean-Joseph Julaud	22,90 €	978-2-7540-1700-8
La Littérature française	Jean-Joseph Julaud	22,90 €	978-2-7540-0061-1
Le Français correct	Jean-Joseph Julaud	21,90 €	978-2-8769-1640-1

Régionalisme

Titre	*Auteur*	*Prix*	*ISBN*
L'Alsace	Pierre Kretz, Astrid Ruff	22,90 €	978-2-7540-1994-1
La Corse	Thierry Ottaviani	22,90 €	978-2-7540-1546-2

... en Poche

Titre	*Auteur*	*Prix*	*ISBN*
L'Histoire de la Suisse – tome 1 Des origines à 1815	Georges Andrey	11,90€	978-2-7540-2262-0
L'Histoire de la Suisse – tome 2 De 1815 à nos jours	Georges Andrey	11,90€	978-2-7540-2263-7
Sagesse et Spiritualité	Sharon Janis	11,90 €	978-2-7540-1758-9
L'Égypte ancienne	Florence Maruéjol	11,90 €	978-2-7540-1739-8
L'Histoire de France – tome 1 Des origines à 1789	Jean-Joseph Julaud	11,90 €	978-2-7540-0180-9
L'Histoire de France – tome 2 De 1789 à nos jours	Jean-Joseph Julaud	11,90 €	978-2-7540-0181-6
Paris Rive droite	Danielle Chadych, Dominique Leborgne	11,90 €	978-2-7540-0694-1
Paris Rive gauche	Danielle Chadych, Dominique Leborgne	11,90 €	978-2-7540-0695-8
La Culture générale – Histoire, géographie, art et littérature	Florence Braunstein, Jean-François Pépin	11,90 €	978-2-7540-0798-6
La Culture générale – Sciences, sports, loisirs et spiritualité	Florence Braunstein, Jean-François Pépin	11,90 €	978-2-7540-0799-3
La Franc-Maçonnerie	Philippe Benhamou	11,90 €	978-2-7540-0696-5
Le Bouddhisme	Jonathan Landraw, Stephan Bodian	11,90 €	978-2-7540-03148
La Philosophie – tome 1 Antiquité, Moyen Âge et Renaissance	Christian Godin	11,90 €	978-2-7540-0796-2
La Philosophie – tome 2 Du XVIIe siècle à nos jours	Christian Godin	11,90 €	978-2-7540-0797-9
L'Astrologie	Rae Orion	11,90 €	978-2-8769-1999-0
La Littérature française – tome 1 Du Moyen Âge au XVIIIe siècle	Jean-Joseph Julaud	11,90 €	978-2-7540-0611-8

Titre	*Auteur*	*Prix*	*ISBN*
La Littérature française – tome 2 Du XVIIIe siècle à nos jours	Jean-Joseph Julaud	11,90 €	978-2-7540-0612-5
Le Français correct	Jean-Joseph Julaud	11,90 €	978-2-8769-1924-2

Vie pratique

Cuisine

Titre	*Auteur*	*Prix*	*ISBN*
La Cuisine, 2e édition	Bryan Miller, Hélène Darroze	22,90 €	978-2-7540-1989-7
Le Vin, 5e édition	Ed McCarthy, Mary Ewing Mulligan, Eric Beaumard	22,90 €	978-2-7540-1547-9
Les Cuisines du monde	Philippe Chavanne	22,90 €	978-2-7540-0103-8

Santé

Titre	*Auteur*	*Prix*	*ISBN*
Maigrir avec la méthode Montignac	Michel Montignac	22,90 €	978-2-7540-1586-8
Le Cancer	Pr Jean-François Morere	22,90 €	978-2-7540-2131-9
Contrôler son cholestérol	Carol Ann Rinzler, Pr Eric Bruckert	22,90 €	978-2-7540-1751-0
Le Cerveau	Dr Frederic Sedel, Pr Olivier Lyon-Caen	22,90 €	978-2-7540-2072-5
L'Homéopathie	Daniel Scimeca	22,90 €	978-2-7540-1761-9
Les Maladies cardiovasculaires	Dr Philippe Abastado	22,90 €	978-2-7540-1591-2
Le Sexe, 2e édition	Dr Ruth K. Westheimer, Dr Marianne Pauti	22,90 €	978-2-7540-1497-7
Le Corps humain	Dr Patrick Gepner	22,90 €	978-2-7540-1121-1
La Maladie d'Alzheimer	Christian Derouesne, Jacques Selmes	22,90 €	978-2-7540-1058-0
Améliorer sa mémoire	John B. Arden	22,90 €	978-2-7540-0323-0
Maigrir	Jane Kirby, Dr Jocelyne Raison	22,90 €	978-2-7540-0005-5
Bien s'alimenter	Carol Ann Rinzler	21,90 €	978-2-8769-1897-9

Bien-être

Titre	*Auteur*	*Prix*	*ISBN*
Les Huiles essentielles	Elske Miles	22,90 €	978-2-7540-1596-7
Shiatsu et Réflexologie	Synthia Andrews, Bobbi Dempsey, Michel Odoul	22,90 €	978-2-7540-0981-2
Le Développement personnel	Collectif	29,90 €	978-2-7540-0865-5
Zen ! La Méditation, 2e édition	Stephan Bodian	22,90 €	978-2-7540-0322-3
Le Tai-Chi	Therèse Iknoian	22,90 €	978-2-7540-0137-3
Les Massages	Steve Capellini, Michel Van Welden	22,90 €	978-2-7540-0060-4
La Méthode Pilates	Ellie Herman	21,90 €	978-2-8769-1767-5
Le Yoga	Georg Feuerstein	21,90 €	978-2-8769-1752-1
Le Feng Shui	David Kennedy	21,90 €	978-2-8769-1687-6

Psychologie

Titre	*Auteur*	*Prix*	*ISBN*
L'EFT (Techniques de libération émotionnelle)	Jean-Michel Gurret, Helena Fone	22,90 €	978-2-7540-2067-1
La Pensée positive	Averil Leimon, Gdadeana McMahon, Béatrice Millêtre	22,90 €	978-2-7540-1821-0
L'Adolescence	Michel Fize	22,90 €	978-2-7540-1412-0
Exercices de programmation neuro-linguistique	Romilla Ready, Kate Burton, Béatrice Millêtre	19,90 €	978-2-7540-1593-6
Exercices de thérapies comportementales et cognitives	Rhena Branch, Rob Willson, Béatrice Millêtre	19,90 €	978-2-7540-1592-9
Les Relations amoureuses	Florence Escaravage, Kate M. Wachs	22,90 €	978-2-7540-1499-1
Apprendre mieux	Marie Joseph Chalvin	22,90 €	978-2-7540-1261-4
Le Langage des gestes	Joseph Messinger	22,90 €	978-2-7540-0597-5
La Confiance en soi	Kate Burton	22,90 €	978-2-7540-0647-7
Le Coaching	Jeni Mumford	22,90 €	978-2-7540-0353-7
La PNL	Romilla Ready, Kate Burton	22,90 €	978-2-7540-0169-4
L'Hypnothérapie	Mike Bryant, Peter Mabbutt	22,90 €	978-2-7540-0504-3
Les Thérapies comportementales et cognitives	Rob Willson, Rhena Branch	22,90 €	978-2-7540-0246-2
La Psychologie	Dr Adam Cash	21,90 €	978-2-8769-1802-3

Puériculture

Titre	*Auteur*	*Prix*	*ISBN*
La 1re année de Bébé	James Gaylord, Michelle Hagen, Dr Eric Saban	22,90 €	978-2-7540-1511-0
La Grossesse, 2e édition	Dr Joëlle Bensimhon, Dr Eddleman, Dr J. Stone	22,90 €	978-2-7540-1429-8

Droit pratique

Titre	*Auteur*	*Prix*	*ISBN*
Le Droit du travail	Me Julien Boutiron, Jean-Philippe Elie	22,90 €	978-2-7540-1422-9
Organiser son mariage	Peggy Mignot, Peggy Frey	22,90 €	978-2-7540-1676-6
L'Assurance	Laurence de Percin	22,90 €	978-2-7540-1073-3
Le Divorce	Martine Valot-Forest	22,90 €	978-2-7540-1479-3
L'Immobilier, 2e édition	Laurence Boccara, Catherine Sabbah	22,90 €	978-2-7540-0530-2

Finances personnelles

Titre	*Auteur*	*Prix*	*ISBN*
Payer moins d'impôts, 4e édition	Robert Matthieu	22,90 €	978-2-7540-2397-9
La Bourse	Gérard Horny	22,90 €	978-2-7540-0637-8
Les Finances personnelles	Pascale Micoleau-Marcel (sous la dir. de)	22,90 €	978-2-7540-0630-9

Maison

Titre	*Auteur*	*Prix*	*ISBN*
Un potager	Charlie Nardozzi	22,90 €	978-2-7540-1675-9
Le Bricolage, 2e édition	G. et K. Hamilton, Frank Lecor	24,90 €	978-2-7540-1426-7
Vivre écolo	Liz Barclay, Michael Grosvenor, Franck Laval	22,90 €	978-2-7540-0707-8

… En Poche

Titre	*Auteur*	*Prix*	*ISBN*
Le Code de la route, édition 2011	Permisecole	14,90 €	978-2-7540-2387-0
La Table des calories	Jean-Paul Blanc, Catherine Poggi	11,90 €	978-2-7540-2087-9
Améliorer sa mémoire	John B. Arden	11,90 €	978-2-7540-2388-7
La Cuisine pas chère	Héloïse Martel, André Le Letty	11,90 €	978-2-7540-1772-5

Titre	*Auteur*	*Prix*	*ISBN*
L'Armagnac	Chantal Armagnac	11,90 €	978-2-7540-1613-1
Le Diabète	Dr Alan Rubin, Dr Marc Levy	11,90 €	978-2-7540-1436-6
Les Massages	Steve Capellini, Jocelyne Rolland, Michel Van Welden	11,90 €	978-2-7540-1330-7
S'arrêter de fumer	Pr B. Dautzenberg, Dr D. Brizer	11,90 €	978-2-7540-1293-5
Les Tests du Code de la route	DFC Production	14,90 €	978-2-7540-0751-1
Le Vin	Laure Liger, Yvan-Paul Cassetari	11,90 €	978-2-7540-0087-1
La Cuisine	Brian Miller, Alain Le Courtois	11,90 €	978-2-8769-1872-6
Le Sexe	Dr Ruth	11,90 €	978-2-8769-1956-3
Maigrir	Jane Kirby	11,90 €	978-2-8769-1870-2
Zen ! La Méditation	Stephan Bodian	11,90 €	978-2-7540-0000-0
Le Feng Shui	David D. Kennedy	11,90 €	978-2-8769-1871-9
Un bureau feng shui	Holly Ziegler, Jennifer Lawler	11,90 €	978-2-8769-1949-5
La Méthode Pilates	Ellie Herman	11,90 €	978-2-7540-0223-3
Le Yoga	Georg Feuerstein, Larry Pane	11,90 €	978-2-7540-0063-5
Guérir l'anxiété	Dr Martine André, Dr Charles Eliott, Dr Laura Smith	11,90 €	978-2-7540-1195-2
Les Thérapies comportementales et cognitives	Rob Willson, Rhena Branch	11,90 €	978-2-7540-1074-0
La PNL	Romilla Ready, Kate Burton	11,90 €	978-2-7540-0879-2
La Psychologie	Dr Adam Cash	11,90 €	978-2-8769-1957-0
Le Bricolage	Gene Hamilton, Katie Hamilton	11,90 €	978-2-7540-0373-5

Business

Titre	*Auteur*	*Prix*	*ISBN*
Les Marques	Bill Chiaravalle, Barbara Findlay, Benoît Heilbrunn	22,90 €	978-2-7540-2127-2
Le Marketing opérationnel	Alexander Hiam, Benoît Heilbrunn	22,90 €	978-2-7540-1981-1
Le Service client	Keith Bailey, Karen Leland, Ralph Hababou	22,90 €	978-2-7540-1827-2
Trouver un job	Joyce Lain Kennedy, Nicolas Barrier	22,90 €	978-2-7540-1092-4
Le Marketing, 2e édition	Alexander Hiam	22,90 €	978-2-7540-0688-0
La Comptabilité	Laurence Le Gallo	22,90 €	978-2-7540-0617-0

Titre	*Auteur*	*Prix*	*ISBN*
Créer sa boîte	Laurence de Percin	22,90 €	978-2-7540-0492-3
Le Management	Bob Nelson	21,90 €	978-2-8769-1952-5
Business Plans	Paul Tifany, Steven D. Peterson	21,90 €	978-2-8769-1712-5
La Vente	Tom Hopkins	21,90 €	978-2-8769-1670-8

… en Poche

Titre	*Auteur*	*Prix*	*ISBN*
L'Auto-entrepreneur	Grégoire Leclercq, Marie Gouilly-Frossard	11,90 €	978-2-7540-2025-1
Le Marketing	Alexander Hiam	11,90 €	978-2-7540-1598-1
Le Management	Bob Nelson	11,90 €	978-2-7540-0454-1
Business Plans	Paul Tiffany, Steven D. Peterson	11,90 €	978-2-7540-0094-9
La Vente	Tom Hopkins	11,90 €	978-2-8769-1950-1

Loisirs

Sports

Titre	*Auteur*	*Prix*	*ISBN*
Le Tennis	Patrick McEnroe, Peter Bodo, Guy Tambon	22,90 €	978-2-7540-1757-2
Les Arts martiaux	Jennifer Lawler, Nicolas Dupuy, Éric Le Cam	22,90 €	978-2-7540-1052-8
Courir	Tere Stouffer Drenth, Philippe Maquat	22,90 €	978-2-7540-1044-3
Gym et Musculation	Cyndi Targosz, Jean-Pierre Clémenceau	22,90 €	978-2-7540-1059-7
L'Équitation	Audrey Pavia, Marie Martin	22,90 €	978-2-7540-0732-0
Le Golf	Gary McCord	22,90 €	978-2-7540-0078-9
La Voile	J.-J. Isler, Peter Isler	22,90 €	978-2-7540-0059-8

Musique

Titre	*Auteur*	*Prix*	*ISBN*
Improviser à la guitare	Antoine Polin	14,90 €	978-2-7540-2019-0
Exercices de piano	David Pearl, Marc Rozenbaum	19,90 €	978-2-7540-1337-6
Exercices de guitare	John Chappell, Mark Phillips, Antoine Polin	19,90 €	978-2-7540-1336-9
L'Harmonica	Winslow Yerxa, Jean-Jacques Milteau	22,90 €	978-2-7540-1210-2

Titre	*Auteur*	*Prix*	*ISBN*
DJ	John Steventon, Nicolas Dambre	22,90 €	978-2-7540-1198-3
La Batterie	Jeff Strong, Laurent Bataille	22,90 €	978-2-7540-0352-0
Le Chant	Pamela S. Phillips, Mariette Jost	22,90 €	978-2-7540-0462-6
Le Solfège	Michael Pilhofer, Jean-Clément Jollet	22,90 €	978-2-7540-0586-9
La Guitare basse	Patrick Pfeiffer	22,90 €	978-2-7540-0288-2
Claviers et Synthétiseurs	Christophe Martin de Montagu	22,90 €	978-2-7540-0118-2
La Guitare, 2e édition	Mark Phillips, Jon Chappel	22,90 €	978-2-7540-0124-3
Le Piano	Blake Neely, Marc Rozenbaum	22,90 €	978-2-7540-0102-1
La Guitare électrique	John Chappell	22,90 €	978-2-8769-1983-9

Loisirs créatifs

Titre	*Auteur*	*Prix*	*ISBN*
Créer une BD	Gérald Gorridge	22,90 €	978-2-7540-1883-8
Dessiner des personnages	Kensuke Okabayashi	22,90 €	978-2-7540-1322-2
L'Aquarelle	Colette Pitcher	24,90 €	978-2-7540-0934-8
La Peinture à l'huile	Anita Giddings, Cherry Stone Clifton	24,90 €	978-2-7540-0935-5
Dessiner des mangas	Kensuke Okabayashi, Nobuyuki Anzai	22,90 €	978-2-7540-0494-7
La Couture	Janice Saunders Maresh	22,90 €	978-2-7540-0193-9
Le Dessin	Brenda Hoddinott	22,90 €	978-2-7540-0185-4
Le Tricot	Pam Allen	21,90 €	978-2-8769-1705-7

Nature

Titre	*Auteur*	*Prix*	*ISBN*
Un aquarium	Maddy Hargrove, Mic Hargrove	22,90 €	978-2-7540-0917-1
Le Cheval	Audrey Pavia, Marie Martin	22,90 €	978-2-7540-0367-4
Éduquer son chiot	Sarah Hodgson	22,90 €	978-2-7540-0372-8
Éduquer son chien	Jack Volahrd, Wendy Volahrd	22,90 €	978-2-7540-0152-6

Jeux

Titre	*Auteur*	*Prix*	*ISBN*
Le Scrabble	Eugénie Michel	22,90 €	978-2-7540-1698-8
Les Échecs, 2e édition	James Eade, Vincent Moret	22,90 €	978-2-7540-1870-8
Dungeons & Dragons®	Richard Baker, Bill Slavicsek	22,90 €	978-2-7540-1390-1
Le Casino	Kevin Blackwood, François Montmirel	22,90 €	978-2-7540-0447-3

Titre	*Auteur*	*Prix*	*ISBN*
Le Poker Texas Hold'em	Mark Harlan, François Montmirel	22,90 €	978-2-7540-0448-0
La Magie	David Pogue, Bernard Bilis	22,90 €	978-2-7540-0453-4
Le Bridge	Eddie Kantar, Dominique Portal, Patrice Marmion	22,90 €	978-2-7540-0276-9
Le Poker	Richard D. Harroch, Lou Krieger, François Montmirel	22,90 €	978-2-7540-0123-6

... en Poche

Titre	*Auteur*	*Prix*	*ISBN*
Le Poker en ligne	Mark Harlan, Chris Derossi, François Montmirel	11,90 €	978-2-7540-1871-5
Le Chant	Mariette Jost, Pamelia S. Philips	11,90 €	978-2-7540-1597-4
Le Poker	François Montmirel	11,90 €	978-2-7540-1548-6
La Couture	Janice Saunders Maresh	11,90 €	978-2-7540-1600-1
Un chien	Gina Spadafori, Catherine Collignon	11,90 €	978-2-7540-1320-8
Un chat	Gina Spadafori, Monique Bourdin	11,90 €	978-2-7540-1321-5
Accords de guitare	Antoine Polin	11,90 €	978-2-7540-1009-2
Le Tricot	Pam Allen	11,90 €	978-2-7540-0135-9
Le Dessin	Brenda Hoddinott	11,90 €	978-2-7540-0889-1
La Généalogie	Francis Christian	11,90 €	978-2-7540-0565-4

Langues

Méga kit audio

Titre	*Auteur*	*Prix*	*ISBN*
L'espagnol	Jessica Langemeier	49,90 €	978-2-7540-2024-4
L'anglais	Collectif	49,90 €	978-2-7540-2023-7

Méthodes de langues

Titre	*Auteur*	*Prix*	*ISBN*
L'hébreu	Jil Jacobs, Shifra Jacquet-Svironi	22,90 €	978-2-7540-1752-7
Le latin	Clifford Hull, Steven Perkins, Tracy Barr, Danièle Robert	22,90 €	978-2-7540-0881-5
La Grammaire anglaise	Géraldine Woods, Claude Raimond	22,90 €	978-2-7540-0564-7

Titre	*Auteur*	*Prix*	*ISBN*
Le russe	Vincent Bénet, Oleg Chinkarouk, Serafima Gettys, Andrew Kaufman	22,90 €	978-2-7540-0813-6
Le portugais	Karen Keller, Ricardo Rodrigues	22,90 €	978-2-7540-0831-0
L'arabe	Amine Bouchentouf, Sylvie Chraibi, Aboubakar Chraibi	22,90 €	978-2-7540-0312-4
Le japonais	Eriko Sato, Vincent Grépinet	22,90 €	978-2-7540-0495-4
Le néerlandais	Margreet Kwakernaak, Michael Hofland, Annick Christiaens	22,90 €	978-2-7540-0313-1
Le chinois	Wendy Abraham, Joël Bellassen	22,90 €	978-2-7540-0212-7
L'allemand	Paulina Christensen, Claude Raimond	22,90 €	978-2-7540-0038-3
L'anglais	Gail Brenner, Claude Raimond	22,90 €	978-2-8769-1973-0
L'espagnol	Suzanna Wald, Anne-Carole Grillot	22,90 €	978-2-8769-1974-7
L'italien	Francesca Onufri, Sylvie Le Bras	22,90 €	978-2-7540-0039-0

Guides de conversation

Titre	*Auteur*	*Prix*	*ISBN*
L'espagnol des affaires	David Terradas Agea	5,90 €	978-2-7540-1708-4
L'alsacien	Bénédicte Keck, Léon Daul	5,90 €	978-2-7540-1848-7
Le corse	Jean Chiorboli	5,90 €	978-2-7540-1843-2
L'espagnol du voyageur	David Tarradas	5,90 €	978-2-7540-1709-1
L'anglais des affaires	Claude Raimond	5,90 €	978-2-7540-1519-6
L'anglais du voyageur	Claude Raimond	5,90 €	978-2-7540-1520-2
Le Parler québécois	Marie-Pierre Gazaille, Marie-Lou Guévin, Yannick Resch	5,90 €	978-2-7540-1476-2
Le chti	Pierre-Marie Gryson	5,90 €	978-2-7540-1475-5
Le basque	Jean-Baptiste Coyos, Jasone Salaberria	5,90 €	978-2-7540-1239-3
Le breton	Hervé Le Bihan, Gwendal Denis, Martial Ménard	5,90 €	978-2-7540-1240-9
Le japonais	Eriko Sato, Vincent Grépinet	5,90 €	978-2-7540-0653-8
L'arabe	Amine Bouchentouf, Sylvie Chraïbi, Aboubakr Chraïbi	5,90 €	978-2-7540-0839-6

Titre	*Auteur*	*Prix*	*ISBN*
Le portugais	Karen Keller, Ricardo Rodrigues	5,90 €	978-2-7540-1016-0
Le russe	Vincent Bénet, Oleg Chinkarouk, Serafima Gettys, Andrew Kaufman	5,90 €	978-2-7540-1010-8
L'allemand	Paulina Christensen, Claude Raimond	5,90 €	978-2-7540-0324-7
L'italien	Francesca Onofri, Sylvie Le Bras	5,90 €	978-2-7540-0325-4
Le chinois	Wendy Abraham, Joël Bellassen	5,90 €	978-2-7540-0485-5
Le néerlandais	Margreet Kwakernaak, Michael Hofland, Annick Christiaens	5,90 €	978-2-7540-0484-8
L'espagnol	Suzanna Wald, Anne-Carole Grillot	5,90 €	978-2-7540-0178-6
L'anglais	Gail Brenner, Claude Raimond	5,90 €	978-2-7540-0177-9

Kits audio

Titre	*Auteur*	*Prix*	*ISBN*
Le japonais	Eriko Sato, Vincent Grépinet	17,90 €	978-2-7540-1624-7
Le néerlandais	Michaël Hofland	17,90 €	978-2-7540-1623-0
L'italien	Teresa L. Picarazzi	17,90 €	978-2-7540-1328-4
Le chinois	Mengjun Liu, Mike Packevics	17,90 €	978-2-7540-1329-1
L'anglais	Gail Brenner	17,90 €	978-2-7540-0963-8
L'espagnol	Jessica Langemeier	17,90 €	978-2-7540-0964-5

… en Poche

Titre	*Auteur*	*Prix*	*ISBN*
L'anglais correct	Claude Raimond	11,90 €	978-2-8769-1923-5

Parascolaire

Juniors

Titre	*Auteur*	*Prix*	*ISBN*
L'Égypte ancienne	Florence Maruéjol	14,90 €	978-2-7540-1979-8
L'Histoire de France	Jean-Joseph Julaud	14,90 €	978-2-7540-1978-1

Collège

Titre	*Auteur*	*Prix*	*ISBN*
Maths 6e	Cédric Bertone	7,95 €	978-2-7540-1176-1
Maths 5e	Yann Gélébart	7,95 €	978-2-7540-1178-5
Maths 4e	Jean-Charles Alvado	7,95 €	978-2-7540-1180-8
Maths 3e	Yann Gélébart	7,95 €	978-2-7540-1182-2
Français 6e	Dominique Rat, Anne Lavielle	7,95 €	978-2-7540-1175-4
Français 5e	Nathalie Soihet	7,95 €	978-2-7540-1177-8
Français 4e	Hélène Papiernick	7,95 €	978-2-7540-1179-2
Français 3e	Hélène Papiernick	7,95 €	978-2-7540-1181-5

Lycée

Titre	*Auteur*	*Prix*	*ISBN*
Bac Français	Gilles Guilleron	12,90 €	978-2-7540-2258-3
Bac Philosophie	Christian Godin	12,90 €	978-2-7540-2259-0
Bac Histoire-Géo	Nicolas Arnaud, Hugues Vessemont	12,90 €	978-2-7540-2257-6
Bac Anglais	Jean-Bernard Piat	12,90 €	978-2-7540-2260-6

Cahiers pour adultes

Titre	*Auteur*	*Prix*	*ISBN*
Cahier de Culture générale	Jean-Joseph Julaud	6,90 €	978-2-7540-1834-0
Cahier de Jeux d'esprit et de logique	Nicolas Conti	6,90 €	978-2-7540-1835-7